散户生存攻略

在A股中活下去的投资策略与实战技巧

玉名——著

ZHEJIANG UNIVERSITY PRESS
浙江大学出版社

图书在版编目（CIP）数据

散户生存攻略：在A股中活下去的投资策略与实战技巧 / 玉名著. —杭州：浙江大学出版社，2020.2
ISBN 978-7-308-19666-6

Ⅰ.①散… Ⅱ.①玉… Ⅲ.①股票投资—基本知识—中国 Ⅳ.①F832.51

中国版本图书馆CIP数据核字(2019)第235413号

散户生存攻略:在A股中活下去的投资策略与实战技巧
玉 名 著

策　　划 杭州蓝狮子文化创意股份有限公司
责任编辑 黄兆宁
封面设计 水玉银文化
出版发行 浙江大学出版社
（杭州市天目山路148号　邮政编码310007）
（网址:http://www.zjupress.com）
排　　版 杭州中大图文设计有限公司
印　　刷 杭州钱江彩色印务有限公司
开　　本 710mm×1000mm　1/16
印　　张 21.25
字　　数 300千
版 印 次 2020年2月第1版　2020年2月第1次印刷
书　　号 ISBN 978-7-308-19666-6
定　　价 62.00元

序 言

为什么还要写书？笔者已经出版过 7 本书了，微博上也有数百万粉丝，其中有很多付费订阅用户，每天坚持写 3000 字左右的微博专题文章，交易日还要写早评与收评，已经足够忙碌。但读者们一次又一次的提问，让我又感受到了写书的责任。

有人说："您 10 年前的书中介绍的钻石股，其中有 6 只芯片股，如今已经让我们赚钱了。还有新的研究分享吗？"

有人说："价格显露会暴涨实战系统的内容太好用了，某行业的功课可以反复用。这些书的内容很有价值，还希望有更多。"

还有人说："主体思维选股法的自上而下模式，让我们跟随市场一起发展，永不过时；《股民十大赢家实战系统》让我们受益……你还有没有更多的东西拿出来，让我们去检验，去思考，去开拓思维呢？"

我思考后回答："有，当然有，而且是在下一个 10 年里依然有用的干货，能教会大家如何在股市中生存。"

于是就有了这本书。

如何在股市中生存？首先，要有规则意识。我们平时参加体育运动——哪怕是游戏，都会先问规则是什么。对，赢家各有各的高招，但输家有一个共性就是不懂得规则，因此输给了懂规则的人。规则、规律都不懂，如何在复杂的环境中找到合适的位置,发挥自己的能力呢?

其次,大多数研究股市的书籍会告诉读者要如何做,才会成功。但投资者用了之后会发现有这样那样的问题,因为很多时候,成功是难以复制的,指标、技术都有局限性,会有解释不了的情况。而模糊理论、价值模式,又总是有新问题。最大的问题是股市是动态变化的,投资者尝试的很多理论却停留于过去。

那么投资者要怎么办?必须要从自身的情况出发,学会在市场中生存才行。如何生存?我们需要学会各种技能,尤其是知道哪些适合自己,哪些可以用,如何用。这就是本书要教会大家的。

说明一下:本书数据除特殊说明外截至2019年1月31日,但由于图片进行了多次补充和修改,本着尽量提供最新数据的考虑,一些数据截至2019年4月30日。

目录

1

A 股的生存法则

生存，还是毁灭，这是一个问题。作为投资者，你有足够多的生存技能吗？

在笔者20多年的股市经历中,如果非要总结一段话,笔者认为最重要的是:在时代不发展的阶段,经验最有用,只要听老人的就行了;在时代缓慢发展的阶段,同代人的经验才有用,谁做得好,跟着学就是了;在时代高速发展的阶段,再也不会给你很长时间让你慢慢学习,积累经验,必须先起步再发展,不断更新换代,否则就会被时代淘汰。

如今的股市和实体经济就处在高速发展的阶段。我们必须有独立思考和学习的能力,否则就会在无形中被股市淘汰。中国的股市已经进入弱有效市场阶段。以前,很多人靠打听消息、押宝炒作或大资金买入炒股,尤其是在20世纪末的庄股时代,一些人能打听到各种各样的信息。但这几年投资者发现,打听到消息也没用了,跟着大资金买也不行了,很多明星基金、百亿元私募基金甚至"国家队"、社保、QFII(Qualified Foreign Institutional Investors,合格的境外机构投资者)等持股的个股,也有大量被套的情况。所以,投资者要学会在股市生存,第一步就是要学会自己思考,自己观察市场。

A股是一个牛短熊长、震荡市周期更长的市场。牛市中,不必多言,是比胆大——人有多大胆,就有多大产;熊市比的是休息——猫冬。让人难受的是震荡市,2010—2013年和2016年2月—2019年,都是震荡市行情,这种行情对投资者的考验是全方位的。震荡市中有反弹,有下跌,有风险,也有机会。但更多的时间,投资者是在挣扎——憧憬牛市,体验熊市,但又有希望。这才是最考验生存技能的时刻。

笔者在之前的书中写过这样一段话:"对于盈利模式丰富的大资金来说,其驾驶的车可前进,也可后退,而且可选择的方向四通八达;而盈利模式单一的投资者,其驾驶的车只有前进挡,没有倒挡,方向盘也是固定的,无法转向(即无法进行多品种套利,期权、股指期货等对冲)。换句话说,投资者没有决定方向的权力,只能控制油门的加减与刹车。"这段话让很多投资者感同身受。那么,如何在这样的环境下生存呢?这就是本书要告诉大家的。

第一节 炒股不炒"个股",要炒风险收益比

> 当你陷入困境的时候,是股市在提醒你忽略了一些因素,要转换思维了。炒股是炒个股吗?炒股是投资者对风险收益比的抉择!

炒股炒的是个股吗?并非如此,炒股是投资者对风险收益比的抉择。无论做短线、中线还是长线,都逃不过这个模式。比如说,很多投资者觉得炒短线简单,买和卖都快。但实际上,短线操作由于操作时间短,就需要避免风险因素失控,所以一般会付出3%~5%的风险博一个长阳,风险收益比是1∶3左右。这意味着如果错2次、对1次,就能保本;一旦操作成功率高于33%,就能赚钱(如10次中对4次,错6次,只要保持40%的操作成功率,就可以实现盈利)。无论什么类型的短线股,都可以套用这样的模式,简单而有效。

不过这样做的前提是风险可控,一旦失控,情况就变了。如果一次亏损超过3%~5%,例如达到10%,那么风险收益比就下降到了1∶1;若损失继续扩大而不止损,风险收益比甚至会达到2∶1或3∶1(即亏1次钱就会抵消3次盈利的操作)。那就意味着炒短线的成功率要超过50%(风险收益比1∶1时)甚至66.7%(风险收益比2∶1时,3次操作需要至少成功2次才能维持不亏)才能赚钱。一旦低于这个成功率,投资者就会亏损,而且是亏大钱。如此低的风险收益比,就没有博弈的意义了。

所以,如果投资者频繁换股而不考虑风险控制,那么越操作就亏得越多,而

且无论如何也逃不出这个怪圈。只有明确了风险收益比，才算懂得炒股。大多数投资者头脑中缺乏风险收益比的概念，这是导致他们无法生存的核心因素！

从掷硬币看懂风险收益比

对风险收益比，很多读者肯定还是一头雾水。那么换个角度，以掷硬币猜正反面为例，继续解释一下吧。掷硬币时，猜的次数越多，猜对的概率越接近50%。如果猜对了能拿到1元，猜错了赔1元，那么或许你在一段时间里会有连续赢或连续输的情况，但最终是盈亏平衡的，操作越多，越如此。

但如果猜对了能拿到1元，猜错了赔2元，那么哪怕你一开始连续赢了几次，但只要继续操作，你一定是稳亏不赚的。

相反，如果猜对了能拿到2元，猜错了赔1元，那么哪怕你一开始连续输了几次，但只要继续操作下去，你一定是稳赚不亏的。

从股市操作角度来看，投资者的成功率如果能达到和掷硬币的成功率一致——50%，就不算低了，但这意味着投资者操作的风险收益比必须在1∶2以上。所以，无论做短线还是中长线，投资者的头脑中都得有这样一个概念：我付出3%～5%的止损空间博一个短线，必然得找活跃的品种，爆发后至少有1～2个长阳才行。因为这意味着它的风险收益比在1∶4以上，即成功1次可以抵消4次亏损。这样哪怕成功率只有20%，也是不亏损的。

但是，很多投资者在个股跌破止损位时也不止损，因此收益比就很可能是1∶1、2∶1甚至3∶1；又或是选的个股股性很差，没有爆发力，成功一次的收益比较低，那么即便博弈的成功率很高，但因为一次失败会抵消多次成功的操作，所以也会导致风险收益比不理想。

所以，止损的意义就在于保持风险收益比合理；否则，一旦风险失控，而操作成功率又不高,投资者必然会亏损。投资者的头脑中如果没有这样的概念,那么操作越多,亏得就越多。如图 1-1 所示,这是一个杠杆尺,正好适用于建立风险收益比概念。无论我们是炒股、做买卖还是做其他任何事,都要建立起这个概念。

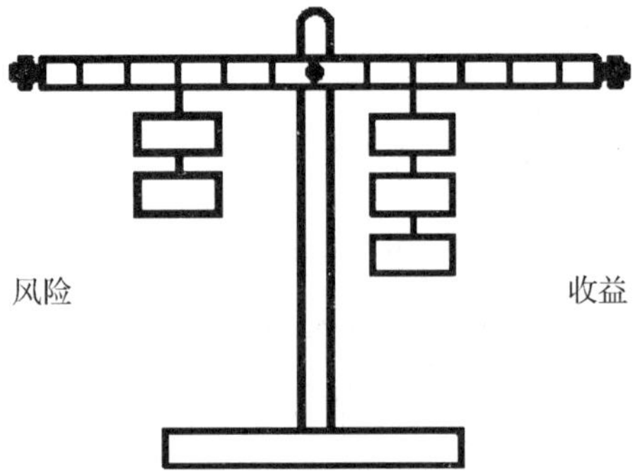

图 1-1 风险收益比

如果这样说读者还觉得晦涩,那就用卖冰棍来打比方吧。夏天商家批发冰棍,冰棍品种多样,价格不同,利润不同,风险也不同(卖不出砸在手里、占用资金等),因此存在不同的风险收益比。至于对冰棍品种的选择,对应炒股,实际上就是对不同盈利模式的选择。次新股实战系统、年报实战系统、重组股实战系统、日历买股法等,提供了不同的盈利模式,供投资者对应选择个股。

但是在实际操作中,很多投资者就是没法理解风险收益比,频繁换股,导致进入怪圈。更有人误入歧途,去买消息、委托操作,那就距离被骗更近了。请记住一点,任何不是自己进行的操作都是不可靠的。只有靠自己做功课、做研究后去操作,才是最可靠的。能力圈决定收益圈,哪怕一开始你只能操作指数,也可以根据相关盈利模式来实现财富增长。

因为搞不懂风险收益比,很多人的思维被限制了。基于一个有问题的思维,是不可能自己解决自己的问题的。只有跳出其中,才有机会解决这个错误思维导致的一切问题。很多人就是不想自己思考,不想自己承担责任,认为一切都是别人的错。这样的人笔者说什么都没用,就不和他们浪费时间了,等他们自己醒悟再说吧。股市没有救世主,只有靠自己醒悟来救自己。

从实战角度体会风险收益比的重要意义

除了国家法律规定的8类不得开设A股证券账户的人,其实每个人都有炒股的权利,却未必都有炒股的能力,就好比生活中,并不是所有人都能做生意、创业。为什么?因为不是每个人都能找到盈利点。炒股不是炒个股,而是炒风险收益比。明确这个概念后,让我们进一步看看实战案例吧。

笔者经常提及一种操作模式——平台止损博弈。这种操作模式未必是最好的、收益最大的,但有明确清晰的风险收益比。即前期低点筑底一段时间,以最低点为止损位,在最低点上方一些位置筑底一段时间,等待中长阳机会。这种操作模式往往成功概率较大,即使失败,也只会损失小的止损位,一般不超过5%,并不会伤元气。

以天坛生物(见图1-2)、木林森(见图1-3)这两只个股为例。它们都出现过类似的情况,有个小的平底走势。投资者在天坛生物2018年9月的17.5元一线时介入,设5%的止损位,随后就博到了一波30%以上的收益。这样操作的风险收益比是1∶6,即只要盈利1次,类似的操作就允许错6次。只要成功率是1/7(即14.2%)以上,就可以保证不亏。

那么失败时怎么办呢?木林森2018年8月下旬在15元构筑底部,投资者15.5元介入,依然设置5%的止损位,一次博弈20%收益率,也有1∶4的风险收益比。随后该股又跌回来了,于是投资者9月底继续操作,没想到赶上了

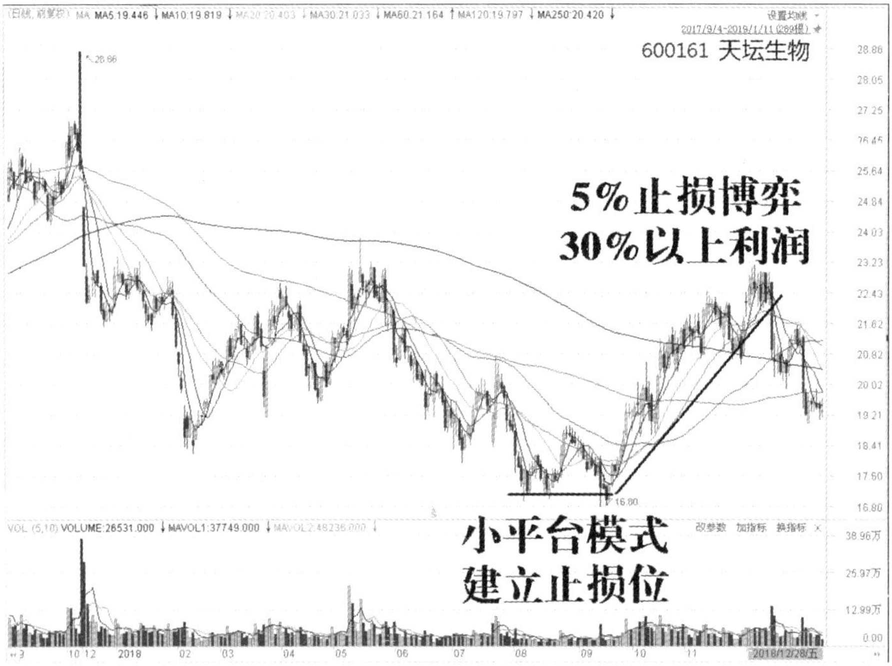

图 1-2　天坛生物 2018 年走势

10 月 11 日 A 股市场的“千股跌停”(这种情况很正常,难免会遇到这样的市场群体性跳水)。破位自然要止损,损失 5%以内。而随后该股一路阴跌了 20%。换句话说,此时风险收益比降至 1∶1 了,即赚一次 20%,赔一次也 20%,且如果继续持股,损失可能更多。这样,即便不计算时间成本,风险收益比也非常低了,赚一次赔一次,无法积累财富。2018 年 11 月时,该股又出现了一次类似的情形。

看过这两个例子,再想想前面提到的风险收益比的概念,是不是又清晰了一些?

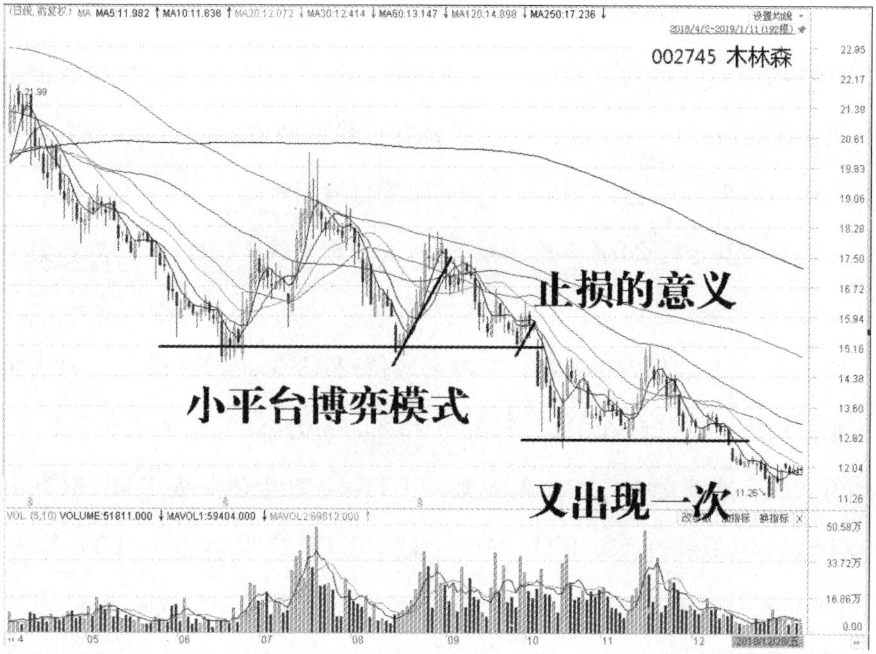

图 1-3 木林森 2018 年走势

当市场出现"异常",必是我们忽略了什么

了解了如何计算风险收益比,那么接下来,笔者就通过具体的投资品种来详细解释。2018 年虽然 A 股指数下跌,投资者大面积赔钱,但有一个现象非常反常,那就是股票型 ETF 的规模持续激增,甚至有一些出现了十几倍、几十倍的增长。但这些股票型 ETF 的净值却在缩水,也就是出现了大跌大买、大买被套、依然继续买入的情况,而且这些 ETF 的投资者是以险资、证金公司(中国证券金融股份有限公司)等为首的机构投资者。这样的操作,背后显然是有原因的。当我们认为市场上出现不合理现象时,一定是因为我们忽略了一些因素,导致不明真相。

2018 年,还有一个场景在散户和机构中频频上演:虽然 2018 年股市不断调整,但机构资金介入的股票 ETF 规模却水涨船高,ETF 俨然成为机构资金逆市布局市场的利器。10 多只股票 ETF 产品年内份额翻倍,57 只股票型 ETF 中,机构占比高达 80%以上。与机构资金的申购热情相对比,以散户为主要发行对象的主动权益基金在 2018 年遭遇寒冬,首发基金半数压线成立,平均募集天数长达 40 天以上。

股票型 ETF 的场内净申购份额持续增长,2018 年 6 月、7 月和 8 月的净申购份额分别达到 50.05 亿份、63.70 亿份和 80.56 亿份,逐月增长;9 月 ETF 净申购份额再度刷新纪录。华安创业板 50ETF、易方达创业板 ETF、南方中证 500ETF、华泰柏瑞沪深 300ETF、华夏上证 50ETF、广发中证 500ETF 等 ETF 自 2018 年 6 月以来的净申购份额均超过 10 亿份。而进一步放眼全年,以华安创业板 50ETF 为例,作为全市场唯一一只跟踪创业板 50 指数的 ETF,该基金 2018 年年初仅 2.88 亿份,但 2018 年年末的份额已超 202 亿份,在不到 1 年的时间里激增近 70 倍,是 2018 年份额增长最快的基金(见图 1-4)。

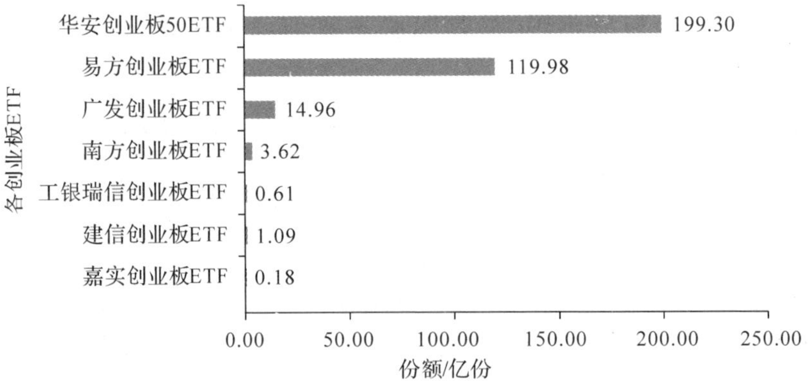

图 1-4　2018 年 ETF 基金份额增长排名数据

(数据来源:WIND、华安基金,截至 2018 年 12 月 24 日)

该如何看待这样的现象？应该考虑以下三个方面：

第一，全球 ETF 规模再创新高，A 股的 ETF 规模增长并不是单独现象。机构热衷 ETF，源于其背后强大的套利模式。这个套利模式的风险较低，笔者在后文还会对此做详细解释。

第二，2018 年大量的机构购买了创业板 ETF，份额明显增加，但创业板新低不断。这其中机构的真正意图和盈利模式值得研究。

第三，全部 ETF 品种的收益排名如何，能带来哪些收益。

接下来，笔者将对这三个方面逐一进行分析。

ETF 收益数据暴露两大套路

什么是 ETF 基金？简单来说，就是根据其模拟的指数，按指数编制的规则、比例、成分标的，百分之百地进行配置，以达到完全复制、最小误差。2018 年，想靠被动持股或指数赚钱几乎不可能，必须要进行明确的波段或模式操作，而 ETF 的套利模式就提供了双向操作和金蝉脱壳的机会。全球 ETF 规模创新高，是因为它甚至成为一些国家资金护盘股市的关键因素。

笔者前面已经提到，2018 年创业板 ETF 基金成为增长最迅猛的 ETF 基金，总份额甚至增长了几倍；创业板 50ETF 的成交量也大幅增长，这代表了交投活跃(见图 1-5)。表面来看，创业板已经跌了 3 年，应该到了极限。于是从 2018 年年初开始，就有一些资金进场抄底，而且只买创业板的大权重，即所谓的“创蓝筹”(指创业板中具有蓝筹特点的个股)。二级市场却不买账，创业板只在 2018 年第一季度上涨了 8.51%，第二季度便大跌近 20%。但这期间创业板 ETF 的规模大幅扩张，很多投资者看到 2018 年上半年创业板 50ETF 份额连续成倍增长，就跟着买进，结果自然被套。

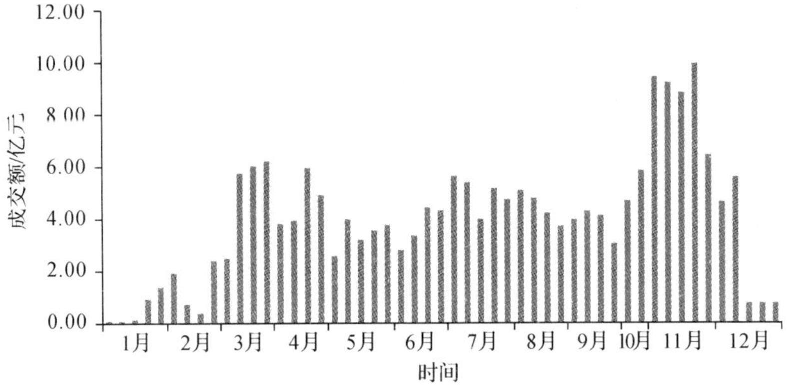

图 1-5 2018 年创业板 50ETF 成交额

（数据来源：WIND、华安基金，截至 2018 年 12 月 24 日）

观察创业板指数走向可以发现，它是持续创新低、走弱的，ETF 净值自然也跟着走弱。也就是说，只要投资者跟着买，大概率会被套（见图 1-6）。2018 年上半年多家创业板 ETF 规模以数倍、数十倍增长，极具诱惑力，但下半年的下跌导致其亏损幅度在 20%以上。因此，投资者必须思考这背后的诸多因素。

那么，问题究竟出在哪里呢？笔者认为在于两个方面：

第一，机构大幅购入基金，未必是因为看好其走势，有时候正好相反，因为市场太恶劣，导致基金净值大幅缩水、逼近成立条件的下限，因此管理人为了保住产品而大幅增加资本金。这种做法在 2015 年股市暴跌时较为普遍。

“大跌大买”被看作是机构资金布局权益 ETF 的象征。但有一个突出现象是，从份额增幅来看，大部分小微基金份额增幅快速上升，不少基金借助资金净流入的趋势，一举站上 2 亿元以上规模。比如国寿安保沪深 300ETF、博时深证基本面 200ETF 的基金份额在 2018 年 10 月增幅翻倍。其中，国寿安保沪深

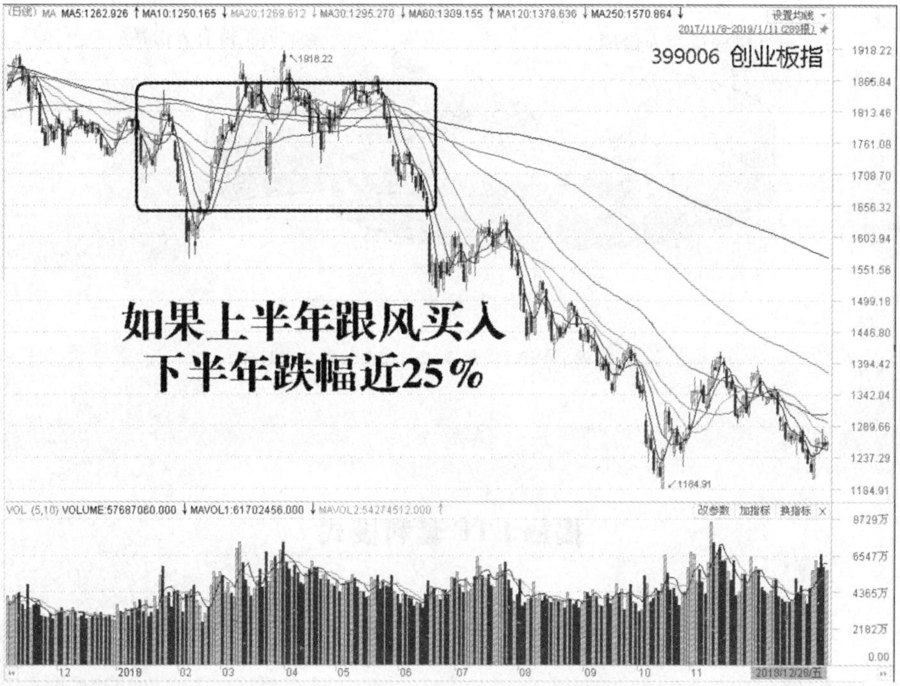

图 1-6　创业板指 2018 年走势

300ETF 基金份额从此前的 1.18 亿份增至 3.7 亿份，单月暴涨 213.6%，摆脱了小微基金的标签。这就是资金流入 ETF 的关键原因——通过机构买入，维持规模。因为同期市场调整，净值下滑明显，此举是为了避免清盘的压力，并不是说大量资金的购买行为是对后市行情的看好。

第二，ETF 的套利模式，是能够带来收益改变的重要盈利模式拓展，是股市生存的核心。如图 1-7 所示，我们可以看到，购买 ETF 的资金大部分来自机构投资者，而机构投资者购买 ETF 主要是用于套利操作。

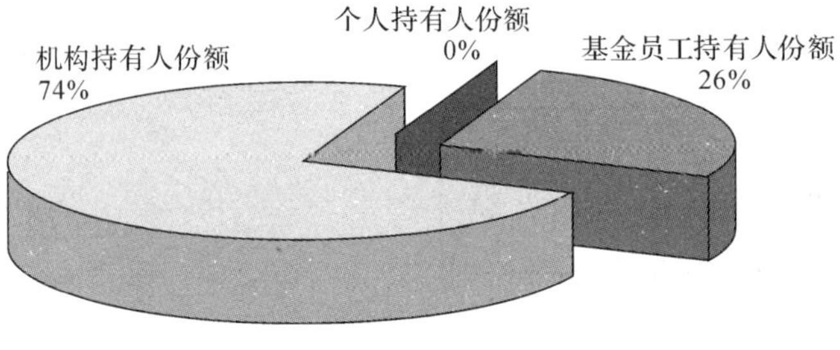

图 1-7　ETF 持有人结构数据

（数据来源：WIND，截至 2018 年 12 月 24 日）

揭秘 ETF 套利模式

ETF 最大的优势就是它的套利模式。ETF 基金的申赎有两种结算方式：现金和实物（就是按比例配置的所有成分股）。当出现套利空间时，嗅觉敏锐的各路机构、大资金凭借先进的交易系统，能够快速套利，也就瞬间填平了价差，所以 ETF 的净值与价格在绝大部分时间里都相差无几。

ETF 有两个价格：净值和交易价格。净值是场外申赎时的价格，也是基金的真实价值。

如果净值小于市价，在二级市场买入该 ETF 所对应的一篮子股票，然后向基金公司申购 ETF 份额（即实物申购），获得 ETF 份额后在二级市场上卖出，赚取差价（忽略交易费）。

如果净值大于市价，在二级市场买入 ETF，然后在场外市场赎回 ETF 份额，得到一篮子股票，再在二级市场卖出这一篮子股票，赚差价（忽略交易费）（见图 1-8）。

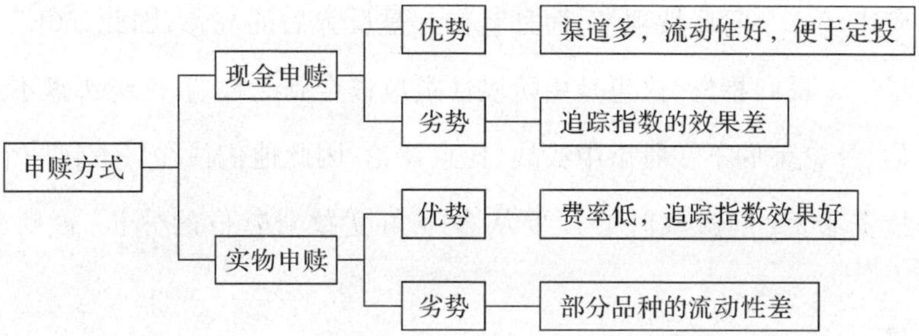

图 1-8　ETF 的现金与实物申赎方式对比

也正是因为这种灵活的模式,不仅 A 股 ETF 份额激增,实际上在 2018 年 7 月,全球 ETF 类基金规模就已达到 5.12 万亿美元,再创历史新高,预计 2020 年将达到 7.6 万亿美元规模。一些国家在股灾发生时,甚至会通过申购 ETF 基金的方式救市。

正是由于 ETF 存在多种套利模式(做空、T+0、借助股票篮出货等),并不是单向做多,所以投资者以单向做多思路盲目跟着买,必然被套。这也是投资者对此模式不熟悉带来的教训,因此需要通过学习来丰富自己的视野和思维模式,这就是笔者反复提醒过的思路决定操作。而且更重要的是,如果仔细研究 ETF 品种会发现,有一些品种提供了明显的风险指标、反向指标等,那就更值得重视;还有一些品种,投资者可利用杠杆来扩大收益。因此说,ETF 提供了三条重要的盈利之路。

全方位思考,获得三条盈利之路

就在外界以单向思路看 ETF,并宣传"国家队"借道 ETF 抄底市场时,投资者是否发现了一个有意思的数据？从50ETF规模的数据来看，2018年的4次高点对应市场4个阶段性顶部，而且它们都是反弹后的高点，因此，50ETF规模反而成了一个反向指标，这也是由阶段性跟风资金到达顶端、后续买盘不足造成的。媒体、评论家们不在股市中实战，任意评论，因此他们往往只看到一个方面；但作为投资者，我们实战时必须要从多个角度做全方位的分析，否则就不能操作。

每个投资者都要找到自己的定位，发现自己的生存技能有哪些，明确自己的能力圈，因为这决定了盈利圈。一开始能力差，投资者可以专门操作一些基金品种，基金的意义是“功能性”，这就是丰富盈利模式的重要一步。股票型基金大多只有在牛市时才有机会，其他时间段鲜有超额收益，所以投资者想通过基金盈利，就要更多地使用各类主题基金、行业指数基金和风格类基金(如分红、货币、债基、QDII等)。即便是ETF基金，也有很多类型，如表1-1所示。

表1-1　目前市场中主要的ETF基金类型

ETF基金类型	该类型基金包括(已推出或计划推出)
宽基ETF	沪深300ETF、上证50ETF、上证180ETF、深100ETF、中小板ETF、创业板ETF
风格ETF	上证价值ETF、上证成长ETF
行业ETF	能源行业ETF、材料行业ETF、消费行业ETF、金融行业ETF、医药行业ETF
主题ETF	治理ETF、消费ETF、红利ETF、央企ETF、民营ETF、TMT(科技、媒体和通信)ETF、周期ETF、非周期ETF……
策略ETF	基本面ETF、等权重ETF……

（续表）

ETF 基金类型	该类型基金包括（已推出或计划推出）
债券 ETF	国债 ETF、企业债 ETF……
商品 ETF	黄金 ETF、石油 ETF、农产品 ETF……
海外成熟市场 ETF	纳指 100ETF、恒生 ETF、恒生 H 股 ETF……
新兴市场 ETF	以金砖国家（巴西、印度、南非、俄罗斯）核心指数为标的的 ETF……

第一条盈利之路，是拓展空间，实现不可能的操作。并不是所有 A 股投资者都可以去美股投资。一方面是精力不够，另一方面是研究能力不够，美股的金融衍生品过于复杂。这些年，我们看到美股持续牛市（从 2009 年至 2018 年，已经持续 9 年多的超长牛市了），其间很多投资者却总是纠结于美股涨，A 股跟跌不涨，甚至写出了各种段子。这有什么用呢？作为投资者，在实战中应该根据这一情况，购买 QDII 基金、纳斯达克指数品种等，这些基金能为无法投资美股的投资者，拓展新的盈利空间。如 2018 年投资境外的 ETF 最赚钱，前 10 个月排名靠前的 ETF 大部分是 QDII 型，并包揽前三——两个纳斯达克的收益率在 20%以上，一个标普 500 的收益率也在 15%以上。

第二条盈利之路，是通过行业基金实现盈利。判断市场或个股的涨跌是有难度的，但判断一个行业的前景是很容易的。统计数据显示，2018 年主动型基金表现不佳，但医药和原油主题基金在局部领跑。如 2018 年上半年医药行业活跃，相关的行业指数基金就很好；下半年石油天然气行业活跃，相关的行业基金就很好。对于很多没有时间盯盘或不会选股的投资者来说，这样的行业基金提供了机会，也拓展了自己的盈利圈。其中，上投摩根医疗健康、交银医药创新、招商医药健康产业、中海医疗保健这 4 个基金位居 2018 年基金行业总排名的前 4 名，它们的重仓股全部是医药股，而且跑赢申万医药生物行业指数 20%。这样的涨幅明显是靠选股，而非单纯的被动操作。这和很多投资者以为的炒股就是买了不动等着涨，是完全不同的。震荡市就是要做好波段，而基金帮我们实现了这样的操作。

此外，原油价格的上涨也让相关主题基金表现抢眼。嘉实原油基金、易方达原油 A 人民币基金等 2018 年年内回报率都达到了 30%。

第三条盈利之路，利用市场节奏，通过杠杆扩大局部收益，利用分级 B 基金的局部放大收益效应去做超跌反弹行情，赚一波就跑。比如，投资者自己的盯盘能力和资金控制力一般，那必然不能频繁操作，或者什么热点都操作，因为很多热点是投资者看不懂或者参与不了的。怎么办呢？笔者对这方面的建议是，就等着市场群体大跌，然后入场做超跌反弹，参与一波分级 B，赚了就跑；看错，就在自己承受范围内止损。这种盈利模式可以保持不败，逐步积累财富。比如，在 2018 年 11 月 5 日，A 股方面多达 22 只股票分级 B 涨停，涨幅超过 5%的股票分级 B 数量达到 60 只，占股票分级 B 总数量的一半，这种现象其实在 2018 年多次超跌反弹时都出现过，也是震荡市的特点——机会多，调整多，波段行情。医药 B 更是在 2018 年 10 月 30 日至 2018 年 11 月 13 日的两周多时间里最大涨幅超过 70%，收益非常可观(见图 1-9)。创业板 B 也在 2018 年多次反弹中出现了涨幅 8%以上的长阳(见图 1-10)。当然，这里也要提醒投资者，分级 B 是投机品种，不可以长期持有，只能局部做波段，按照趋势做，趋势破了就跑。这种操作方式值得很多投资者借鉴，尤其是分级 B 基金在大部分时间里不操作，而是等待，大大降低了难度。

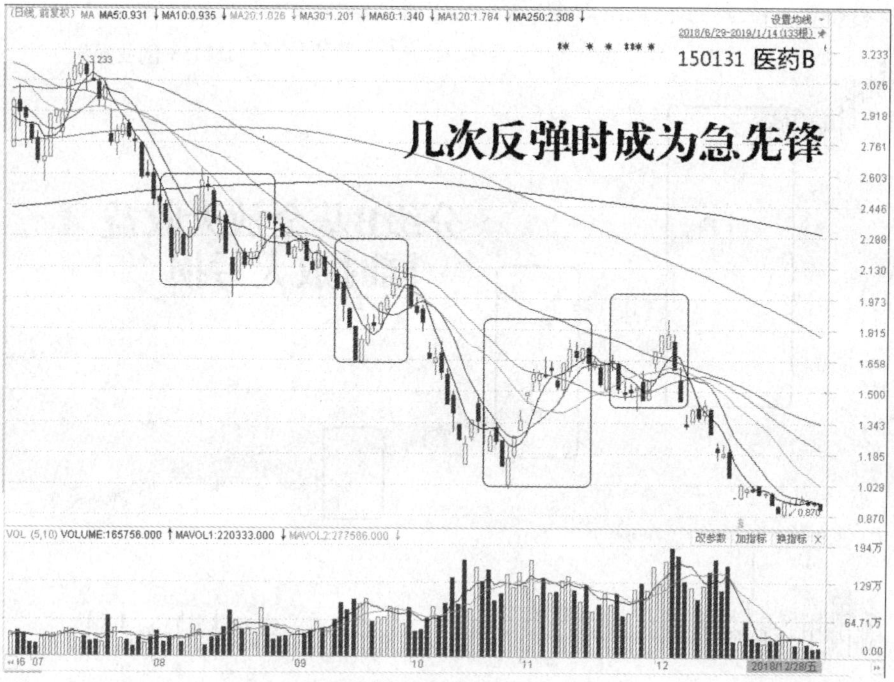

图 1-9　医药 B 基金在 2018 年下半年走势

中国市场已经进入了弱有效市场，开启了指数化投资的时代，被动化的指数投资越来越多了。这样做不仅可以实现不选股模式，而且更关键的是拓展了盈利圈。QDII 的海外投资、行业投资、债券、汇市等投资者无法直接参与的投资方式，都可以通过主题型基金来实现。此外，ETF 产品更是提供了多种套利模式，这是非常重要的。因此，A 股发展过程中，指数产品的意义巨大。

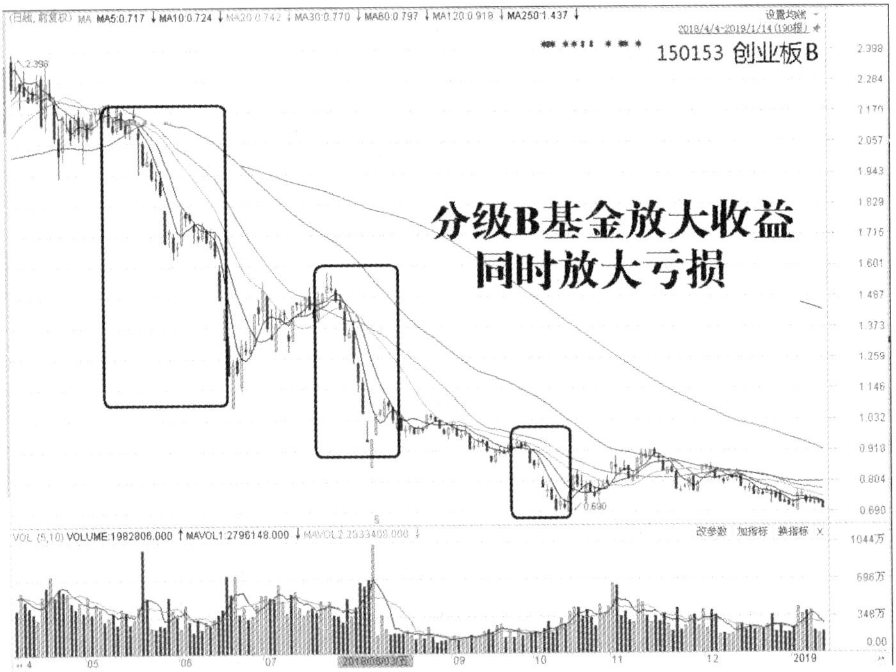

图 1-10　创业板 B 基金在 2018 年下半年走势

期权模式:打破思维禁锢,才有更多收益

可能不少投资者觉得,上面介绍过的很多知识和操作模式是自己从未操作过,甚至从未听说过的。是的,这就是股市,投资者如果不更新自己的思维模式,就无法在市场中生存。除了投资者熟悉的基金拥有诸多模式,其实还有一个新的品种更加值得我们学习,那就是期权。其丰富的盈利模式,能够帮助我们建立更加可靠和稳定的风险收益比。

为什么美股会出现持续9年以上的长牛？并不是说这期间美股没有下跌，局部15%幅度的调整是出现过好几次的，尤其是2016年也和A股一样有过大跌。但其最大的优势是有丰富的金融衍生品，尤其是个股期权，因此资金可以长期沉淀在股市中，无论涨跌。有庞大的资金，就不愁没有行情。但A股则完全不同，好不容易有个股指期货，提供了对冲模式，还被废止了；期权也仅仅在尝试阶段。那么，大量资金要如何对冲风险？除了相互踩踏般的抛售，几乎找不到任何其他途径了。这样一来，市场要么资金失血，要么存量资金博弈，很难沉淀在股市中。资金总是处于搬家状态，导致A股只有"疯牛"，难有"长牛"。

2016年以来，A股市场波动处于低位震荡状态，之前的对冲工具都失效了，因此笔者引入了期权策略。历史数据表明，在这样的市场环境下，期权策略的获利能力较为稳定可观。就以50ETF的历史波动率为例，其存在均值恢复的现象，可在波动率偏离均值较大时进行反向操作，以获取收敛时的收益。市场跳水行情中，这样的策略和操作对减少我们的净值回撤有非常大的帮助。

对普通投资者来说，如果用期指来对冲的话，一手对应的市值就高达几十万元了；但是用期权来进行对冲，单位交易一张期权便对应两万余元的市值，假设持仓有10万市值的话，只需要买四五张期权产品就可以完成覆盖，而5张期权只需要不到3000元钱的资金。所以，期权产品非常适合个人投资者对冲下跌风险。

笔者简单计算了一下，如在2018年10月11日的行情下完成对冲（这一天是市场这波下跌的起点，更是引发恐慌的原点）：假设持有100万元市值的50ETF基金，以买入10月11日50ETF的收盘价（2.439元）及10月平值认沽期权（10月2450认沽期权价格为0.0606元）为例，持有100万元的市值的50ETF基金，需要41张期权（100万/2.439万），以1张期权606

元的价格计算，需要 24846 元(606×41＝24846)。这意味着，仅仅用 2.5 万元就可以保护 100 万元的市值，是典型的以小博大，是大资金必须使用的模式(见图 1-11)。

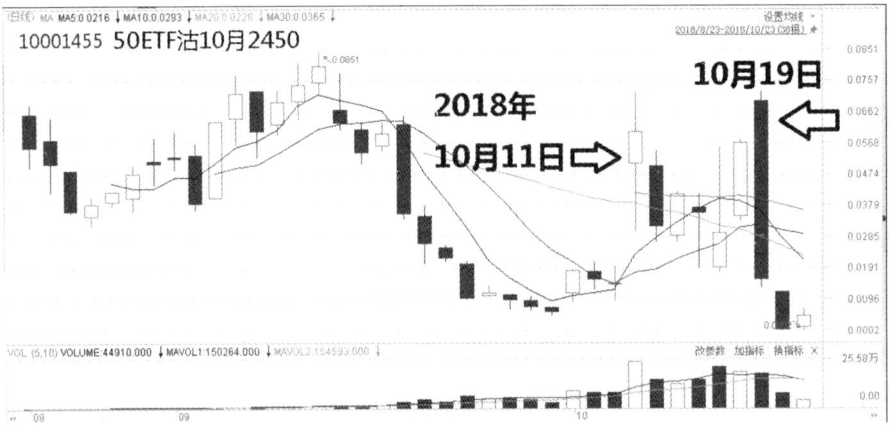

图 1-11　期权 50ETF 沽 10 月 2450 在 2018 年 10 月走势

通过进一步分析，我们看到，2018 年 10 月 19 日和 10 月 22 日指数大反弹，认沽期权也出现了跳水。但即便认沽期权的值跌为 0，投资者也仅仅是损失 2.5 万元，按照 50ETF 的 100 万元市值计算，只要涨幅达到 2.5%，即可对冲期权损失。我们看到，这两天 50ETF 基金分别上涨 2.98%和 4.34%，所以收益是非常稳定的。而我们看到，10 月 8 日和 10 月 11 日的 50ETF 基金单日跌幅都在 4%以上，同期 10 月 2450 认沽期权涨幅分别为 218%和 317%，可以完美对冲风险，且有盈利(见图 1-12)。

所以，50ETF 期权的最大意义是实现对冲操作(以后有了其他指数的期权，也可采用同样的模式；如果出了个股期权，则可直接对冲个股风险，以此类推)，通过小的市值付出，对个股大市值进行保护，而非很多投资者想的那样，通过期

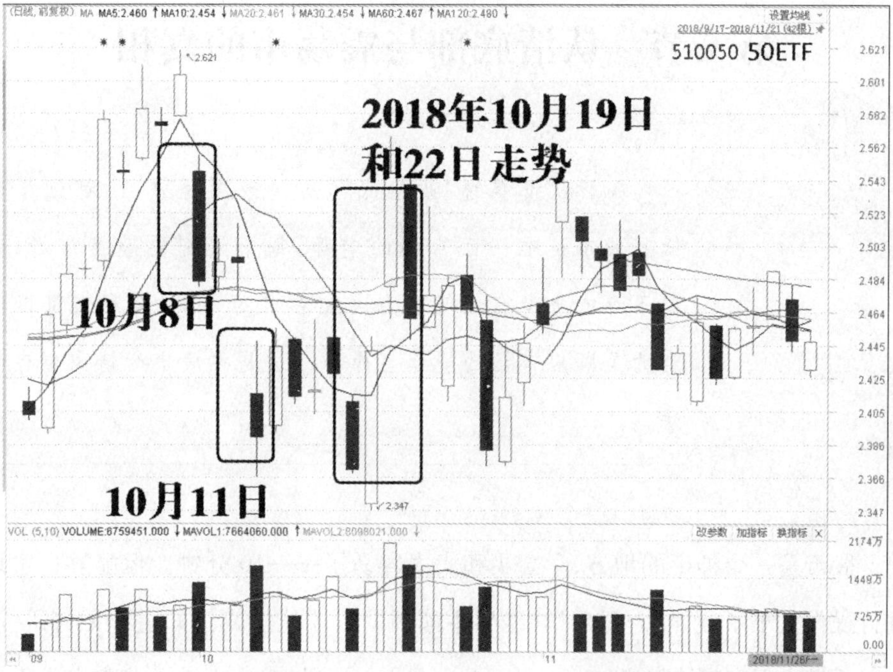

图 1-12　基金 50ETF 在 2018 年 10 月的走势

权投机操作实现大的收益。以后，这样的机会才是股市操作的主流，如果投资者采用单纯的捂股和换股模式，不追求思维上的改变，在未来的股市中操作将越来越困难。所以，投资者应该更多地吸收这样的新模式，去丰富自己的盈利模式，建立合适的风险收益比，在股市中生存，并不断积累财富。

第二节 认清底部与震荡市的真相

A股从没有过“政策底”，历次政策反弹后，都创了新低。股市是唯一而永远的老师，每个人都要敬畏市场，我们不可能也没有任何能力去左右市场行情，但我们可以做到的是顺应市场的规律去操作。这是在股市行情中生存的法则。

股市是一个神奇的地方，学会买和卖太容易了——10分钟。但能够自主地进行操作太难了，可能需要几年(经历牛熊周期)，才能够真正知道要如何研究，如何看懂市场。没有这些实践，永远无法成长。所以，笔者奉劝那些想完全靠别人、自己一点都不努力、不想积累主体优势的投资者，生活中没有免费的午餐，股市中更没有。

一分耕耘，一分收获。既然投资者总是热衷于底部，那么我们不妨了解一下，什么才是底部，什么是牛熊之外的第三种行情——震荡市行情。而且通过研究震荡市行情，我们可以发现，A股从没有过“政策底”，历次政策刺激反弹后，都创了新低。所以，学会在震荡市行情中生存是非常有必要的。

震荡市中重要的是时间而非空间

震荡市不像大熊市那样惨烈，看不到希望——这样很多投资者早就撤离了，不会有丝毫幻想；相反，震荡市时有阳线，且中长阳线并不少，关键是反弹和下跌交替频繁，没有单边行情。即便有反弹，投资者也在担心调整；而调整时，投资者又频繁憧憬随时有反弹。

震荡市，顾名思义，以震荡周期为主，并不是单纯的空间。正如俗话说的“伤筋动骨一百天”，震荡市的意义在于时间。2015 年资金杠杆牛市时，大量资金涌入，市场创历史最大成交量。随后资金杠杆断裂，监管部门多次去杠杆，如今市场量能不及当时的 1/5。这如同一个人大量失血，那么利用造血功能重新恢复自然需要时间，而且是较长的时间。

历史上 2010—2013 年的走势就是这样的典型。2008 年经历大熊市后，经历了 6 年的酝酿，才终于迎来 2014 年下半年开始的资金杠杆牛市。很多投资者总觉得底部重要，但我们可以发现，2013 年创出 1849 点低点之后，持续了 1 年多才有新的反弹趋势，而这期间就是窄幅震荡走势。因此，笔者提醒投资者千万别觉得低点出来了或者说跌到哪里，震荡市就结束了，只要调整的主要因素没有消除，震荡市就很难结束。所以，震荡市考验的是时间，而非空间。

投资者总想着低点，但实际上，震荡市就是不给投资者任何痛快，涨跌都非常频繁。如图 1-13 所示，上一波持续 4 年多的震荡市行情中，15%以上的反弹和下跌行情出现了多次，这期间有各种波段机会；但实际上，每一波下跌和反弹中，投资者都过得不踏实，持股怕跌，持币怕涨。这和 2018 年行情是不是很吻合？尤其是 2018 年 7 月的 2691 点反弹周期中，也有不少品种达到了 30%以上的涨幅。但不少投资者始终担心筑底是否成功，结果错过买点。其实震荡市的底部是非常特殊的，因为阶段性底部很多，所以没有大资金追求所谓的底部，都是赚一波就跑。投资者只有做好波段，才能够在震荡市中生存。所以接下来，笔者就重点解读震荡市中的底部因素和对应的操作策略。

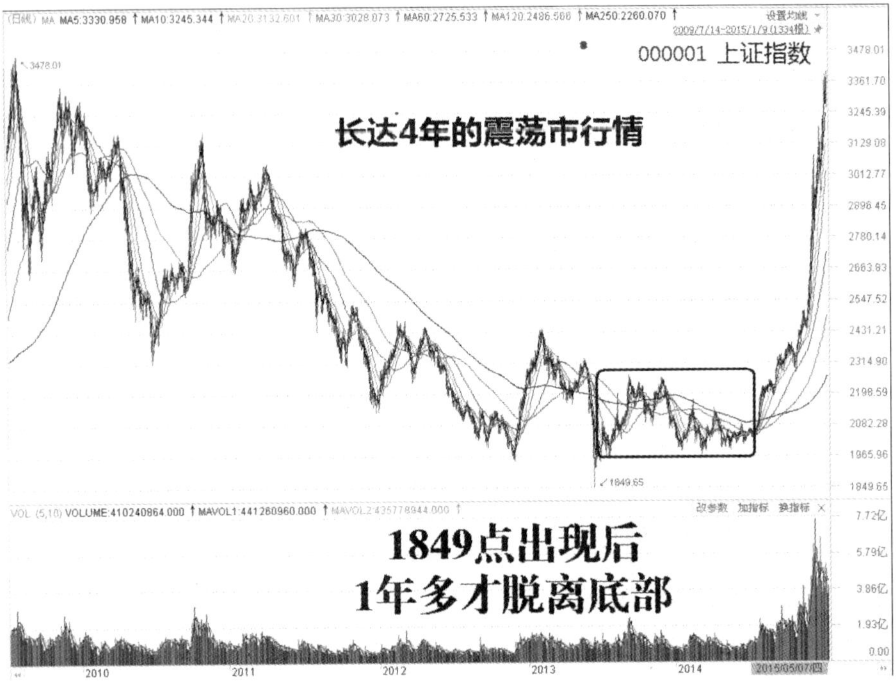

图 1-13　上证指数 2010—2015 年走势

震荡市的底部因素与独特操作模式思考

A 股投资者喜欢阴谋论，并且认为主力资金就盯着散户，想着赚散户口袋里那些钱(其实主力资金是要赚对手盘的钱，无论是机构还是散户)，并常常把 A 股市场的“跌跌不休”看成是一个阴谋，是为了让养老基金和社保基金抄底，甚至莫名其妙地害怕让外国人也抄了 A 股的大底，让他们捡了便宜货。但是这么多年来的实践证明，很多 A 股投资者稀罕的“大底”，养老基金和社保基金并不稀罕,外国人也不稀罕,热衷于抄底的是A股投资者自己。

没有大规模增量资金,就不可能开启大牛市,这是不变的道理。2014年下半年终结2010—2013年震荡市依托的,就是资金杠杆牛市。而2018年我们也看到了市场量能因素,如2018年年初的进攻浪潮中,沪市单边成交额曾一度接近3000亿元。然而随着行情的推进和3587点的见顶,成交额逐步下滑,从2800亿元到2500亿元,再到2000亿元,又跌到了1500亿元,2018年下半年开始,沪市单日成交量甚至连1200亿元都达不到。多头反弹需要真金白银,但下跌则不需要太多因素。所以,笔者反复提醒投资者一点:个股下跌未必都出现利空,很多时候,市场等诸多因素都要考虑。当然,无论是什么因素造成的调整,从操作角度来看,只要破位就要顺应,这就是风险控制,是在股市中生存的重要保证,在选股和制订计划时就要考虑。

没有新增资金维系,所以震荡市只有阶段性底部,没有资金拿这里当底部。但大多数资金会做一波超跌反弹,炒一波就跑,这是震荡市格局。除了机构媒体为博眼球,一天到晚吹嘘底部、牛市,大资金根本不考虑这些。震荡市中做的就是波段,赚了就跑。

震荡市有两个核心思路:第一,市场整体还是难逃震荡市,没有特效药,毕竟土耳其里拉引发的新兴市场考验、中美贸易战和汇率战、经济结构性调整等因素,都是难以在短期内解决的。所以和2010—2013年一样,震荡市中行情反弹和下跌都很多,投资者想要一个痛快的下跌或上涨,是不可能的——就是不给单边行情。哪怕市场前期下跌,投资者也能看到涨跌比是1∶1的,每天都有希望;但市场却新低不断。2018年震荡市也有过几次3～4周的反弹行情,投资者看着有机会,却不敢动,感觉每天都有风险,实际上机会也很多。

第二,热点的结构性分化是市场大势所趋,很难出现持续性的大行情。投资者在震荡市中一定要跟随市场去做波段,不要期待牛市中那种单边逼空的大行情,能够有一段时间稳定的平台就足够了。不少投资者觉得2500点是底,就随意买了股,结果发现没赚钱,甚至亏了大钱;相反,有一些投资者在3500点买对了板块,进行布局,却赚了钱。这就是震荡市中常见的现象——不能根据指数绝对涨跌来做齐涨共跌的热点,而是要利用热点之间的分化。

“3500点买股赚钱,2500点买股赔钱”现象

震荡市行情中,重要的不是点位,而是对节奏和热点类型的把握,这是笔者反复向投资者强调的。但很多人对此却无法理解,甚至有人说,指数跌破2000点就该卖房买股补仓。其实如果大家真的仔细研究这一波行情就可以发现,有一些私募基金5000点逃顶,3000点买股却爆仓甚至被清盘,为何?这是因为它们2017年没买蓝筹股,而押宝ST股、重组股、创业板,结果越买越亏。到了2018年,有人开始买蓝筹股,却发现一批白马股跳水,如万华化学、云南白药、泸州老窖、山西汾酒、双鹭药业、片仔癀等,跌幅都在50%以上(见图1-14)。

一些人在2500点买股,赶上一波跳水,跌幅30%,如康美药业(ST康美)、乐普医疗(见图1-14)等白马股是典型的例子。但也有人在2018年年初3500点时买股,却悄然获得了70%的涨幅,如岷江水电等。其从2018年年初至11月,悄然间走出了一波大行情。还有一批个股,自上证指数3587点到2449点,累计涨幅超过50%,如中国软件、佳发教育、卫宁健康、沪电股份、顺鑫农业、神马股份、大烨智能、创业软件(现名创业慧康)、青松股份等(见图1-15)。显然,震荡市中结构性热点分化是产生这种现象的核心因素。

震荡市中,投资者不要过分在意空间,而是应该关注时间。指数企稳后避免一段时间新低,这期间局部热点的涨幅达到20%~30%是可以预见的,这就是投资者需要关注的。如果没有经历过2010—2013年的行情,那么2018年上半

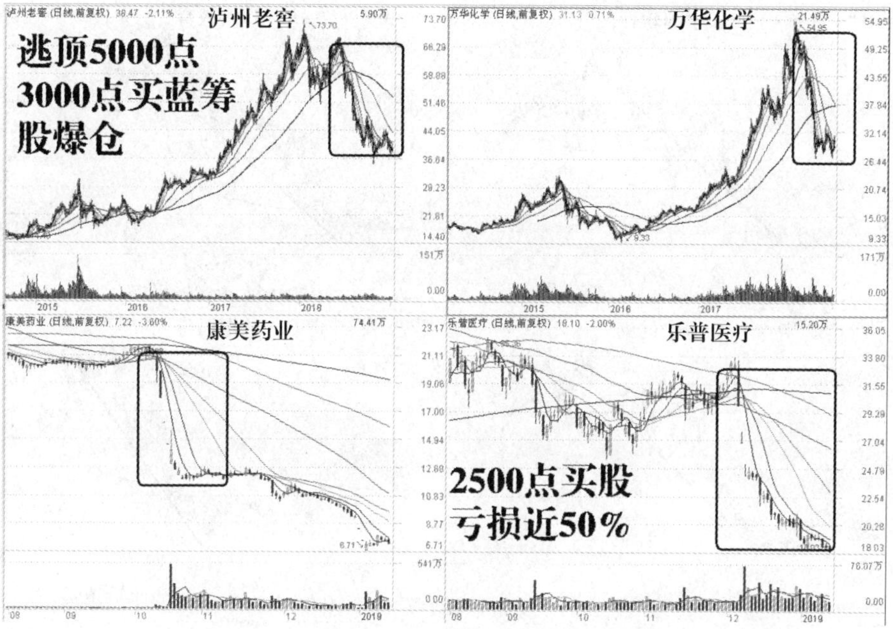

图 1-14 低点买股却被套现象

年的走势至少也会让你有体会吧？机会不少，对节奏和板块热点特性的把握是重点。如2018年石油天然气板块，就是在指数弱势之际，走出了一波30%～40%的反弹（见图1-16）；焦炭、化工等板块也类似，都是穿插其中的。有投资者想着在震荡市行情中找寻无风险的完美模式，这是不存在的。震荡市中永恒的就是波段，就是对风险收益比的抉择。尤其是很多个股频繁处于牛股与熊股交替状态，投资者盲目持股只会"坐过山车"，甚至被套。所以，在这个阶段选股，既考验选股技能，又考验投资者策略。

最后，建议投资者把自己在行情中的感悟和困惑写下来，一段时间过后再看，就会有更多感悟。这也是笔者的个人经验。

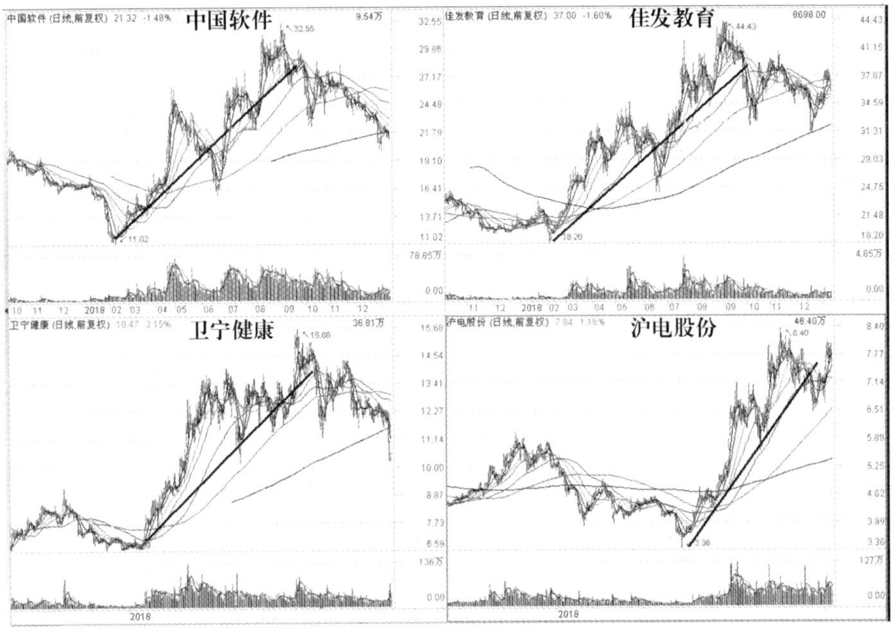

图 1-15　在 3500 点买了能赚钱的个股

A 股“政策底”规律研究

市场调整久了，投资者听得最多的一个词就是“政策底”。旁观者、评论家或者那些所谓的“网红”专家如何说都可以，但作为投资者，我们是要直接在市场中实战的，就不能如此草率地下结论，必须要做相关研究，符合市场逻辑和盈利模式的，才能操作。通过研究我们可以看到，“政策底”是个伪命题，A 股有过政策反弹，但从来没有“政策底”，所有因为政策而形成的底部，都要以新低和打破结束，才有新的行情。

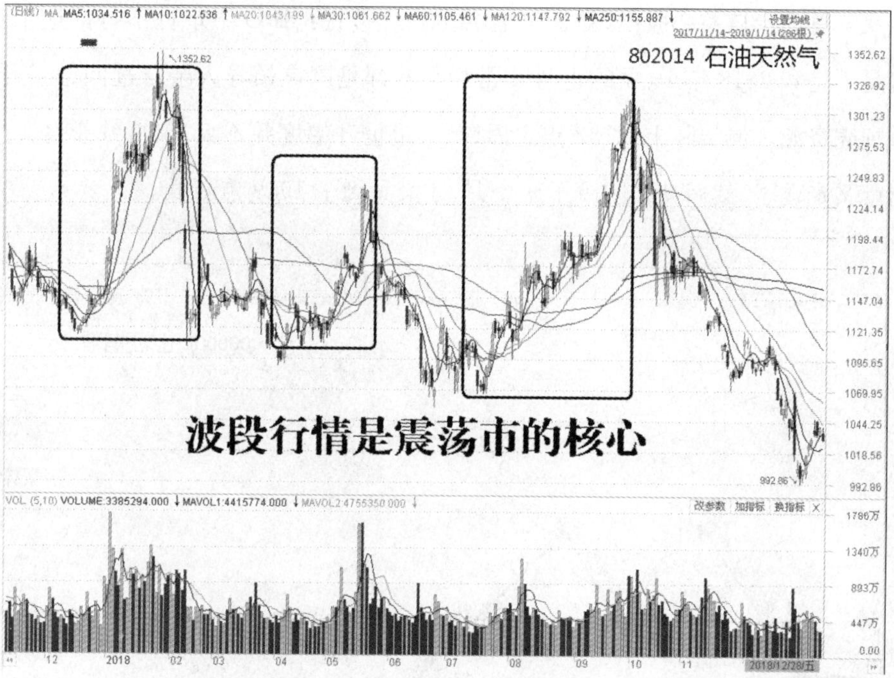

图 1-16　石油天然气板块 2018 年走势

2018 年 1 月底至 12 月底，A 股一跌再跌。国庆节后的 10 个交易日，6 阴 4 阳，跌幅高达 9.6％；10 月 19 日当天，更是最低下探到 2449.2 点。10 月 19 日，国务院和“一行两会”（银保监会、证监会和央行）共同发声，拟推出多项措施来稳定当前股市。随后股市迎来了两天的反弹，尤其是 10 月 22 日，指数一度大涨超过 5％，而且明显是“鸡犬升天”的局面。不少媒体高呼：“‘政策底’出现了！”真的如此吗？A 股在上一波震荡市也有过 2132 点和 1949 点等所谓的“政策底”，虽然最终都被证伪，但留下了两个重要指标，对投资者把握行情格外有用。

首先，从 2010—2013 年震荡市的情况来看，2012 年 1 月 13 日，指数涨幅超过4%(见图1-17)。当时市场认为2132点(2012年1月6日)就是底部了,因为温家宝总理亲自关心股市,新任证监会主席直接说:“IPO不审行不行?”这个走势是不是和2018年10月的走势非常相似?都是国家领导人亲自过问,监管层重视壳资源。但实际上,2132点之后,市场量提升幅度并不大,仅持续震荡1个月就又走弱了,然后持续阴跌了8个月,才又见到了1949点新低。

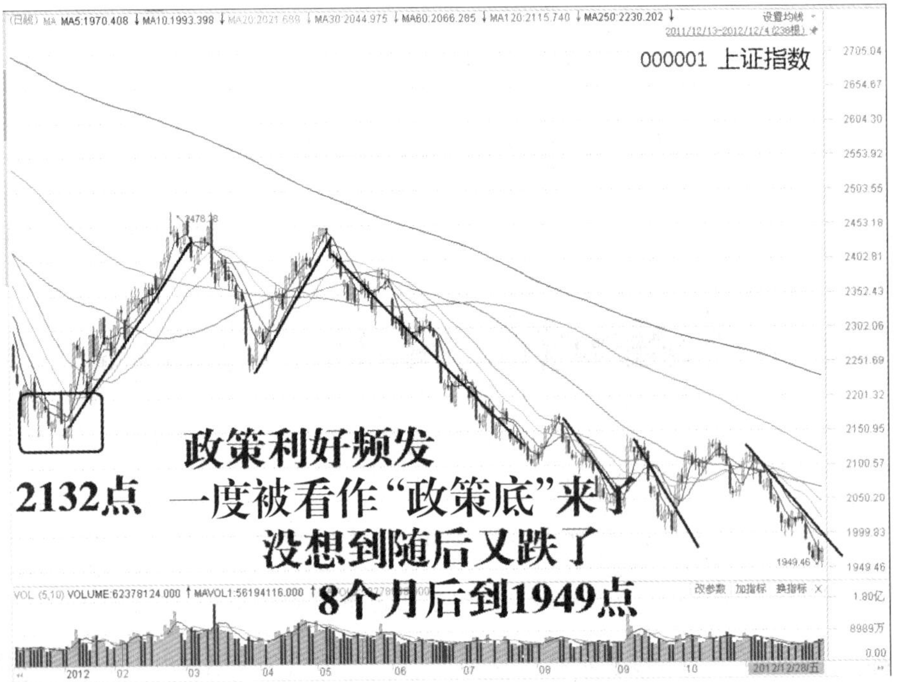

图1-17 “政策底”研究之2132点

2012年12月14日,指数又一次涨幅超过4%。当时市场认为“政策底”是1949点(2012年12月4日)了,后来也被证伪。但这一波行情中,最大的改变是量能提升了一倍以上,所以有了一波持续两个月的行情。随后指数阴跌,然后加速暴跌，再创新低(见图 1-18)。笔者认为，从这两波走势中可以发现两个重要信号：

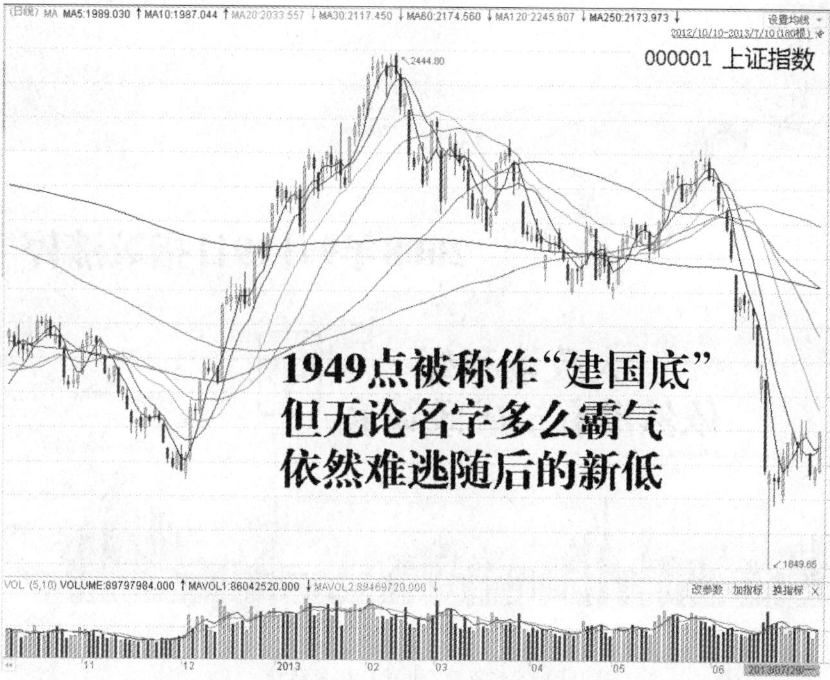

图 1-18 “政策底”研究之 1949 点

第一，指数所谓的“政策底”，哪怕来时多么气势汹汹，都很难成为真正的底部，新低是必然的，只是时间长短问题。有的很快就创新低了，有的则在数月后。比如 2008 年 9 月 18 日，国家出台了三大“救市政策”：印花税从双边改为单边征收，卖出时征收千分之一；汇金公司(中央汇金投资有限责任公司)直接入市，在二级市场自主购入工、中、建三家银行股票；国资委支持央企增持或回购上市公司股份。9 月 19 日，指数涨停，个股全线涨停，但是此后，沪指依然震荡下跌至

1664 点(见图 1-19)。这是级别最大的“政策底”了,但也没能逃过新低。

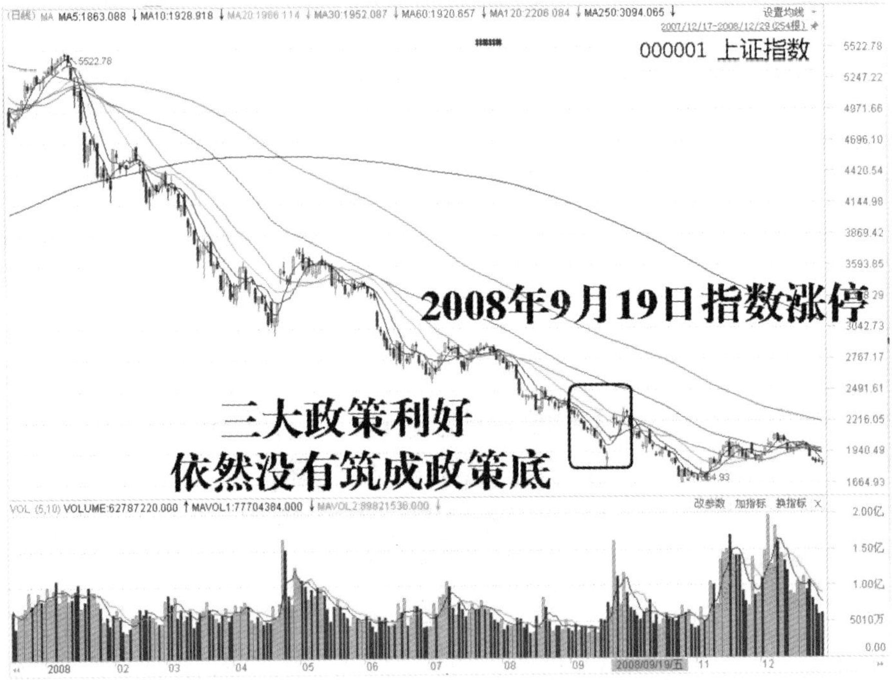

图 1-19 “政策底”研究之指数涨停

第二,量能因素仍然是行情关键。如果市场量能级别没有一倍以上的增幅,那么期待持续两个月规模的反弹,可能都是一种奢望。这一点是要重视的。实际上,“政策底”这个说法本身就很勉强,能改变股价和指数的唯一因素就是资金,只有资金才是行情的核心。所谓的喊话和政策,都需要配合这一因素。

远的不说,2018 年 7 月也有过明显的“政策底”,万亿元城投债放行,大量基建政策上马,市场也有至少两波三根中阳的走势,而且相关热点——基建股、路桥股——有过集体涨停潮,如成都路桥、重庆路桥、北新路桥、山东路桥、西藏天路等。但随后，我们看到这些个股又回到了起点，指数在 10 月创了 2449 点新低（见图 1-20）。如果这些有政策支撑的个股都无法持续太久，那么靠炒壳资源股能走多远，投资者也应该心里有数了，不能总幻想牛市和大底部。实际上，即便 2017 年雄安新区概念股在概念提出的初期有过 6 连板，最后也连续一年阴跌，跌回了起点。

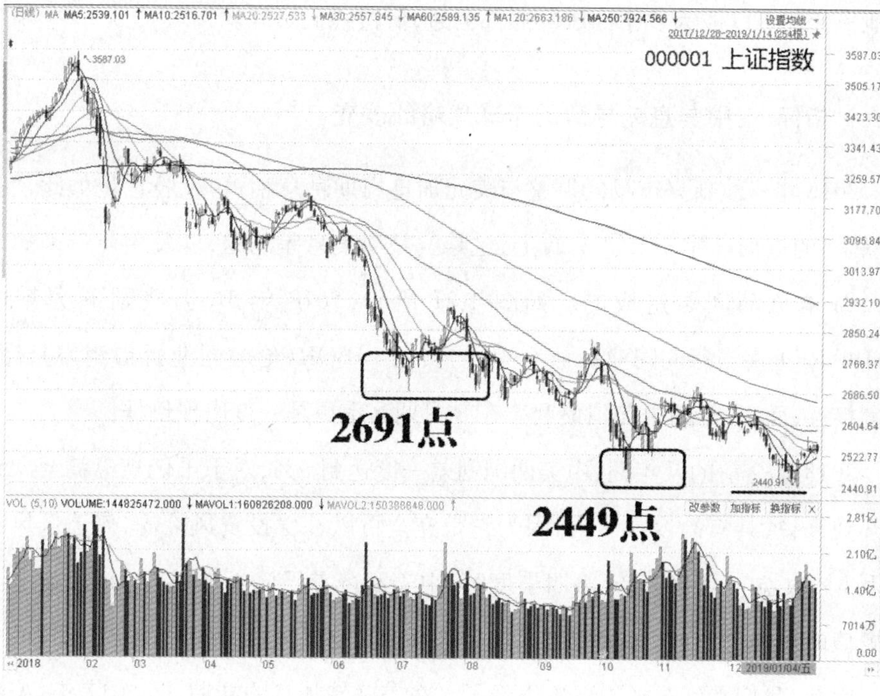

图 1-20 “政策底”研究之 2449 点

从结果来看，2019 年 1 月 4 日，沪指跌破 2449 点，下探至 2440 点，算是再度应验了 A 股从没有过“政策底”，所有政策刺激反弹后都会创新低的规律。

最"灵"的底部先行指标

那么问题来了，什么才是底部的指标呢？这是值得投资者研究的。从美股的情况来看，信用利差是非常准确的指标，因为其与企业现金流及上市公司利润息息相关。但是这个指标在A股却无法使用，这是因为有资金杠杆因素。但有其他指标却可以成为非常准确的底部信号，值得我们研究。

• 指标一：中美息差导致的全球战略的改变

2018年一波新兴市场的调整与美元加息周期息息相关，A股也是如此，"股汇双杀"的局面非常明显。本质上，这其实是中美息差问题，以及由此带来的汇率及资本流动问题造成的。如图1-21所示，2018年10月我国6月期的SHIBOR（上海银行间同业拆放利率）与美元LIBOR（伦敦同业拆借利率）已经高度接近；而10年期中美国债利率在8月期利率更是一度出现倒挂。

2018年之前的几年间，中美两国利差一度达到5%，对于千亿规模甚至广义的热钱来说，具有高度吸引力，因为它是完全可以补偿投资风险的，属于低风险套利5%收益。但2018年第四季度时，中美利率差已降至0甚至为负，加上汇率贬值的压力（央行没有跟随美国加息），意味着这些外资有充分的出逃动力。

因此，我们看到这样的现象出现了。在美联储加息的初期，即2017年，A股走势并不差，蓝筹股一马当先，引领指数，也让基金扎堆赚钱，美其名曰"价值回归"。但一年的炒作之后，白马股透支了业绩空间，这就导致2018年白马股业绩看上去还可以却跳水，就是因为2017年涨过头了。而2018年美联储依然加息，那么就导致了外资的撤离。

我们看到2018年国庆节后，无论是北上资金还是外资，都有过一波加速撤

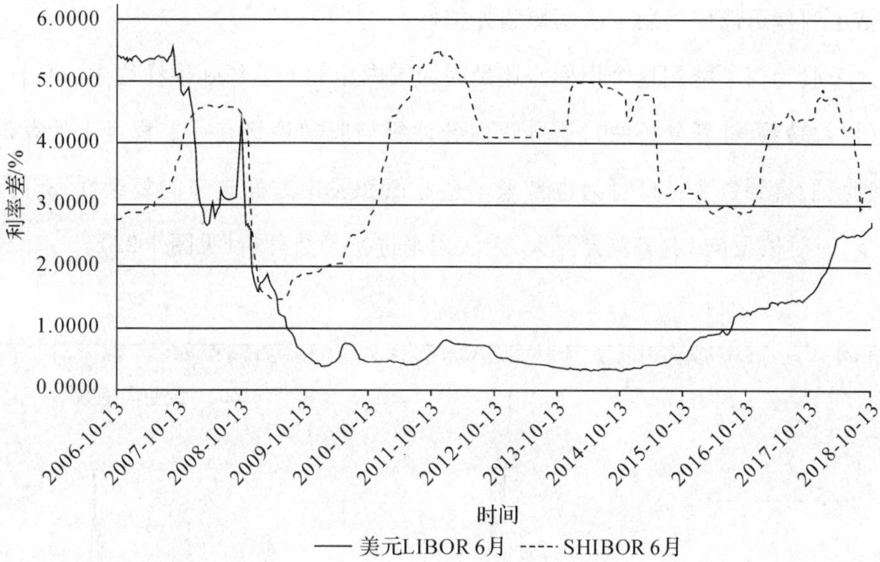

图 1-21　中美利率差对比

离。北上资金连续以百亿元规模撤离,因此才有了 10 月 11 日的跳水,而非 10 月开盘就连续大跳水。因为对于外资来说,A 股的投资价值是战术层面的,而加息周期下的全球资产配置比例,是战略层面的决断,明显后者更为重要。

• 指标二:美股是有领先指标的,那就是信用利差

美股的历史数据告诉我们,信用利差这个指标,是同步甚至小幅领先指标,信用利差是用以向投资者补偿基础资产违约风险的、高于无风险利率的利差。当投资者对信用债偏好较大时,信用利差降低;而当投资者对信用债偏好较小时,信用利差提高。债券市场更注重现金流层面的偿债能力,而企业基本面的触底反弹,往往是先有现金流的改善(存货、应付或贷款),再有利润的改善;而且,

企业的信用利差与经营质量、盈利都高度正相关,从而与股价高度正相关。这使得信用利差可以成为股市的小幅领先指标。

A 股为何不能用这个指标?这是因为国内企业的业绩弹性往往由加杠杆实现(权益乘数、杜邦分析法),这导致债券评级与股票评级在一定程度上的背离。而且我们看到资金杠杆行为也带来了企业债和股市方面走势的复杂性,有时候同步,有时候反向,走势差异巨大,无法用来进行趋势分析(见图 1-22)。

图 1-22 中国企业债指数与 A 股指数走势对比

而随着去杠杆行为的出现,未来 A 股也会有使用类似指标的时刻,即中国企业债信用利差也有可能像美国股市那样,会在未来很长一段时间里指引 A 股的走向。那么,究竟什么才是 A 股的先行见底指标,且在这 20 年来屡屡见效呢?下面给出答案。

• **指标三:GDP、资金与股市底部的关联**

我们总听人说,股市是经济的晴雨表,于是有投资者就认为GDP(国内生产总值)与股市走势相关,但很少有人思考这其中的意义。一些人只看表面现象,就怒斥股市与经济走势不匹配。GDP增速是重要的底部指标吗?很多投资者认为既然中国GDP高速增长,A股就应该大涨,否则就是不合理,真的如此吗?其实,这是一种认识误区。

以美股为例分析GDP增速与股市关系。从20世纪60年代开始,美国GDP增速提升,随后保持了20年的较高增长速度,如图1-23所示。但这20

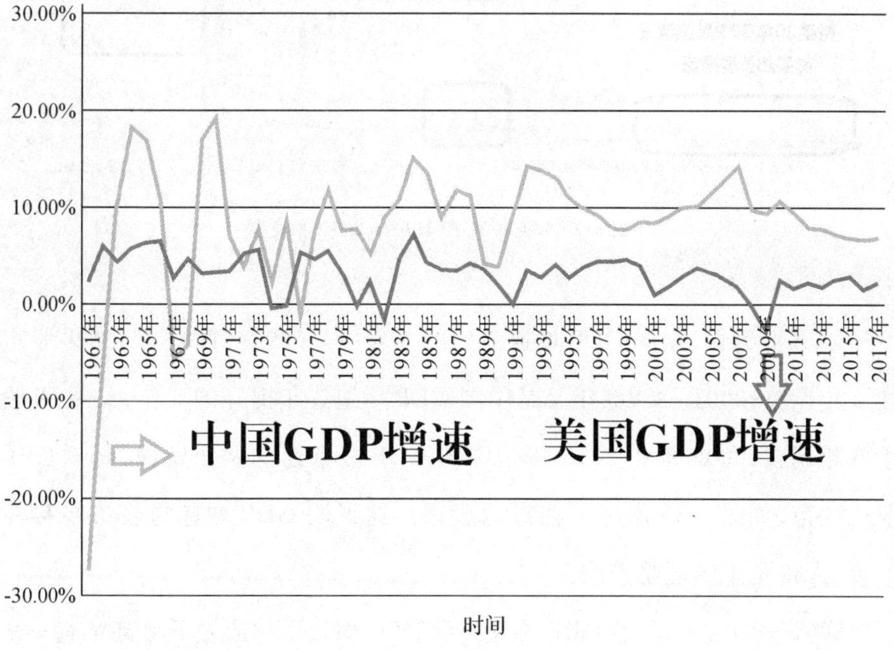

图1-23 1962—2017年中美GDP增速

多年里，美股指数一直横盘，始终在600～800点区间内拉锯。1986—1991年美国GDP增速突然下滑，持续5年，结果股市5年慢牛，指数涨幅超过1倍以上。而最明显的是2008年金融危机之后，美国GDP增速持续下滑，但从2009年开始美股开启了一波持续9年多的长牛(到2019年4月，这一波牛市依然没有结束)(见图1-24)。

图1-24　美国股市1962—2019年走势

以A股为例，中国GDP增速最好的3年——1993—1995年，结果股市连续3年调整；2001—2005年又是中国GDP增速连年提升的5年，结果A股连续5年调整；2009年和2015年是中国GDP最低迷的两个阶段，却对应了A股的牛市，如图1-25所示。神奇的股市！这说明GDP增速与股市趋势并不吻合，无论是中国还是美国。

2001—2005年，虽然GDP增速持续攀升，但货币供应量下滑甚至有一个断崖，所以股市才有了998点。类似的，2009年大幅注资，才有了那一波小牛市。当然，这个周期本身就是GDP低谷期的强刺激导致的。

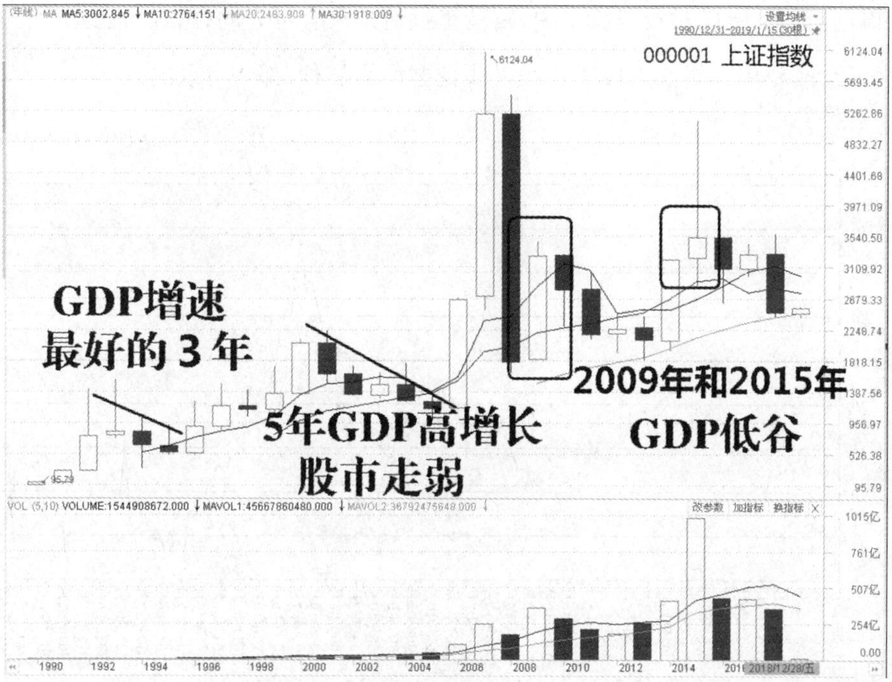

图 1-25　A 股 1990—2018 年年 K 线走势

那么,什么才是 A 股的底部指标呢？笔者在 10 年前出版的书中就提到过,A 股历次底部均有一个重要指标:前所未有的资金面利好。这才是底部的核心。为何必须是“前所未有”？因为原有体系不可能解决自身问题,只有新的因素出现,才有新的底部。

那么我们看一下市场的资金数据。图 1-26 是我国 2000 年 10 月至 2015 年 2 月的货币供应量统计,对应的是 A 股在 2001—2005 年的调整,2008—2009 年的调整,以及 2010—2013 年的震荡市,这些都可以在图上看到对应的数据;2005—2007 年和 2009 年的牛市,在这张图上也有所体现。尤其是 2012—2013

年 A 股震荡市中后期，走势更为明显，利好不断，但资金均是炒一波就跑，且随后再创新低。所以对投资者来说，震荡市行情是大有可为的，做好自己熟悉行业的波段，或利用一些低点按照长线模式挖掘价值品种，都是可以的。

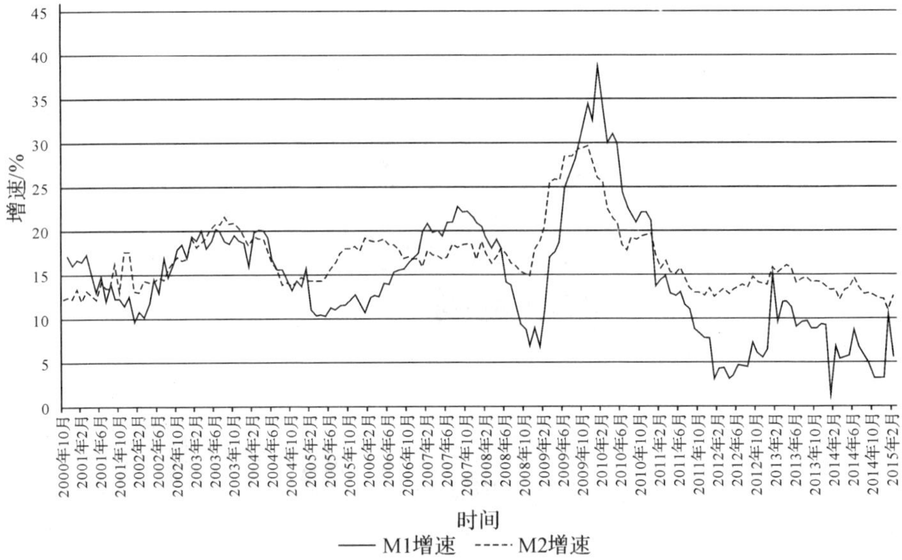

图 1-26　人民币 M1 与 M2 增速对比

2015 年之后，我国的货币供应量及社会融资规模都处于下降周期。至 2018 年年末，情况不仅没有好转，反而进一步走弱。那么对应 A 股自然就是震荡市，不可能短期内进入牛市。即便这个市场有所谓的各种政策刺激，但只要资金这个最核心的因素没解决，一切都无法改变。所以，资金因素才是判断底部的唯一指标。

第三节　对短线和波段操作的理解

股市行情跌宕起伏，想要单纯靠持股在震荡市中生存，是不可能的；个股再好，也不可能没有调整，震荡市中缺乏持续走牛的板块，唯有靠波段操作实现盈利，才是正道。如何做波段？有几个固定套路要记熟。

介绍过了震荡市、底部因素之后，接下来面临的问题就是如何操作了。简单总结：牛市捂股，熊市等待，震荡市靠波段。牛市中，资金泛滥，所以热点精彩纷呈，甚至有多条持续性的主线热点；熊市中，因为下跌惨烈，投资者很快就会失去操作欲望，甘心等待；而震荡市诱惑性强，阶段性反弹多，但市场量能非常有限，很多时候只能"拆东墙、补西墙"，热点持续性较差，投资者只能做波段。但震荡市机会不少，热点轮动明显，所以专心做好一两只个股，或者关注一两个重点方向，就能够有比较好的效果。

2018年赚钱难，这是很多投资者的感受。不仅如此，2018年基金行业排名靠前的十大基金公司，其前十大重仓股调仓的频率也提升了40%。因为操作难度太大了，基金不得不频繁调仓换股应对，利润产出靠波段。但真的赚钱难吗？其实并不难。如果投资者能够接受笔者反复提到的震荡市中的波段策略，遇到局部恐慌砸盘或比较大的调整时，就能发现机会点了。只不过，等待过程和执行过程会遇到很多的考验。

被动操作赚钱难，主动波段求生存

在2017年炒蓝筹，投资者随便选个行业龙头拿着就行，因为机构扎堆，资金局部充沛；但2018年，资金不足的情况非常明显，必须炒波段。无论是从2638点来看，还是从2018年来看，都可以发现牛股的回落现象非常突出，有些股甚至走出了从翻倍到绿盘的走势。投资者如果不做波段，真的很难生存。

如果做不了波段，就只有忍受反复的调整，并且降低盈利预期。医药行业在2018年的1月、3月、4月和5月，局部有过调整，但上半年涨幅依然在12%，是各板块中最好的。如葵花药业上半年涨幅60%，通策医疗涨幅50%，算是不错的；但普洛药业就只有20%，上海医药更是只有10%左右了。如果这期间投资者不做波段，持股又熬不住，那么操作频率一高，错误率一上来，自然就亏损了。如果把时间扩大到下半年，我们可以看到，葵花药业等个股甚至已经回到起涨点了。

无论牛市、熊市还是震荡市，机构总是在宣传各种财富神话，什么个股连续涨停、“妖股”①快速翻倍等，让投资者觉得市场总是有各种机会的。但实际上，在2018年操作，投资者会感觉赚钱很难。不少投资者感慨道：“追这个追那个，真不如踏踏实实操作一两只个股。”这就是震荡市中特殊的生存技巧。2018年，银行、国产芯片、石油天然气、次新股等都在局部有过活跃表现，但都不能持续全年，所以只有做波段才能盈利。

接下来，笔者将通过实战案例，给大家分析如何做波段。

---

① 妖股：指股市上股价走势怪异的股票。

熟悉个股运行模式，才能做波段

任何一次外部冲击带来的股市大跌，都是投资者在震荡市中的机会。因为在存量资金博弈的行情中，想要突破，难度太大了，只有砸出低点才有机会。震荡市就是反复的波段，涨、跌的机会都很多，而且跌也是有节奏的，短期跌多了，就要反弹。但投资者要给市场趋势一个时间，不能刚大跌了就买入，要等待一个消耗的过程。

震荡市考验的是操作纪律，这不仅仅是“跌多了不能恐慌，涨多了不能贪婪”，更是考验执行力——制订了计划，设置了止损止盈位，不执行，就毫无意义了。同样，没有波段能力，选择了持股又熬不住，那一切也是没有意义的。明白这个道理很容易，但承认它很难。我们都容易活在自己幻想的行情中，而不是顺应市场行情。这个毛病包括笔者在内的几乎所有人都有，但经历了惨痛教训，痛得有了感悟，自然就学会了改变。

除了上述要点，还有一个很关键的点，那就是震荡市不要频繁更换个股。很多时候，换股的意义并不大，因为是市场环境因素导致了市场跳水，所以投资者要做的是通过仓位来控制节奏。对个股熟悉，本身就是一个优势，频繁换股，且换的都是不熟悉的品种，只会增加操作错误的概率，导致节奏混乱。因此，波段操作的核心还是在于投资者对行业价值点的挖掘，以及对个股本身股性特点的熟悉。

A股中的案例已经很多了，就说一下2018年笔者在美股的操作吧。笔者为何在美股中选择哔哩哔哩操作？有不少投资者说爱奇艺更好，还有亚马逊、苹果等多踏实。其实，做股票就像寻找适合自己的“马”骑，有些马可能比自己选择的马好，但问题是我们是否可以驾驭。选择哔哩哔哩，最大的原因就是走势我看得懂，股性温和一些，适合做波段。随后它的走势也确实如此，笔者做了几次波段，每次都有20%～30%的盈利区间(见图1-27)。

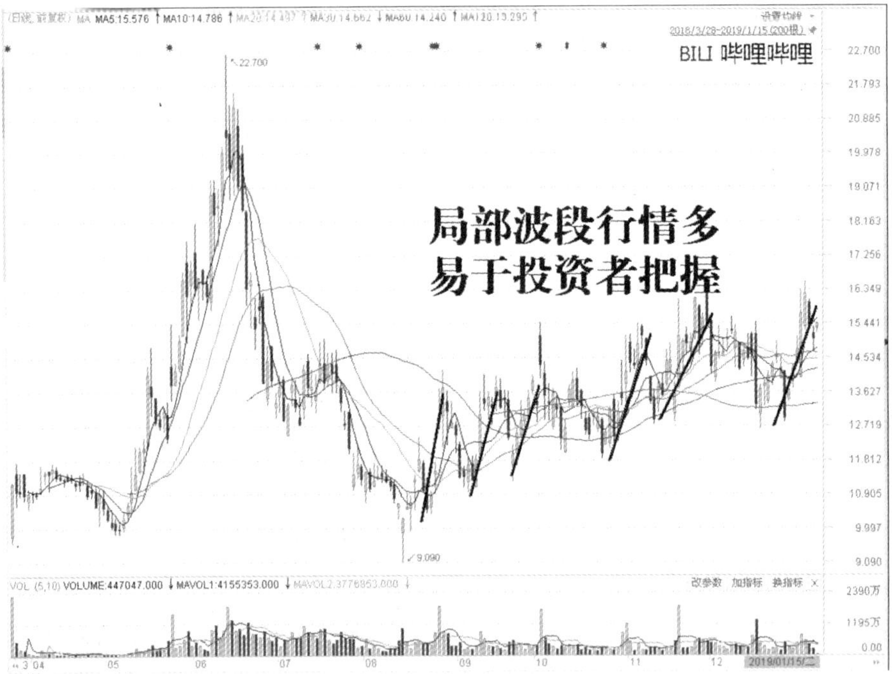

图1-27　美股哔哩哔哩2018年走势

当时，一些读者在看到这样的操作过程后自己摸索，也有了不少收获。实际上，做波段是需要耐心的，没到箱底位置就得等着；到了之后，还要观察是否有反弹动向；有就跟进，在箱底位置设置止损位，跌破撤离，这样相当于有一个自己设定的安全边际，风险可控。到了箱顶阻力位置，就准备卖出。要想持有，就在均线位置设置止盈位，跌破撤离。操作很简单，关键是要耐得住寂寞，因为同期别人也在操作其他品种，各种期权、股票大幅盈利的也很多，但我就专心做好自己的，做看得懂的利润，拒绝诱惑。这也是一种考验。所以说，波段是自己和自己的博弈，考验自己能否按照计划执行。

北新路桥短线操作模式的启示

2018年8月，有几位投资者和笔者聊天说："8月除北新路桥，还做了许多乱七八槽的，都不怎么样。只有北新路桥做三波吃了肉。老师您在文章里说就做一个最好，而我今天基建，明天国改，后天科技，结果一个都没做好。这句话，我这个月算是体会到了。"

笔者答："我们都学过数学，应该明白成功率是小于1的，所以叠加越多，成功率就越低。做一个反而是最好的。而且人的精力有限，只分析一个，盯一个，和分散盯几个完全不一样。人的心态也很有意思，你做一个，心里想着另一个，甚至还要惦记其他的，结果就是啥也做不好。这不是光说你或我，大资金也同样，一般一个团队只能做一个方向。"

熟悉了就是一宝，在震荡市反复做一两只熟悉的个股，就是最好的操作。2018年，很多投资者应该已经有体会了。不少投资者对北新路桥已经做了三波，从一开始不熟悉、战战兢兢，到后来已经非常自如了。毕竟在操作初期，投资者由于对个股的节奏把握不准，势必会有一些问题。但要想熟悉，只有多盯盘、多操作才能积累经验，不存在空中楼阁。笔者最初挖掘北新路桥时，它正好是在小阴线阶段，处于非常好的位置：一方面是下方支撑明显，可用来做止损位，另一方面是市场处于基建股活跃的短线资金风口。随后，投资者在该股连续两个涨停后确保了利润收益，操作就更为自如了。之后它冲高回落又起来的动作，看上去毫无规律，实际上经过一段时间盯盘就可以发现，资金风口始终存在，因此它的股性反复活跃。

其实，这是震荡市中常见的现象。一开始，笔者再怎么和投资者说要做研究、做功课、熟悉个股,投资者都没体会,但一段时间过来,一切就不一样了。因为如果对个股不熟悉,做一只换一只,投资者永远都是在起点。只有对个股熟悉了,不断积累,你的优势才会一步步扩大,从而实现更多操作。笔者选择北新路桥,而不是成都路桥、山东路桥、重庆路桥、四川路桥的原因,也是因为笔者个人操作过多只路桥类个股,最终研究和实践后发现,北新路桥的股性活跃且可把握度高,这些综合因素是其他个股不具备的。有些路桥类个股走势很怪,但可操作度低(如成都路桥),有些稳定度高,但股性不如该股活跃(见图 1-28)。这些经验都是在实战中积累起来的。所以,投资者只要专心做好一类热点,一定会有收获。就怕投资者哪个都想要,哪个都研究不深,一类热点没做好,又做了新的热点,结果哪个利润都没有把握好。

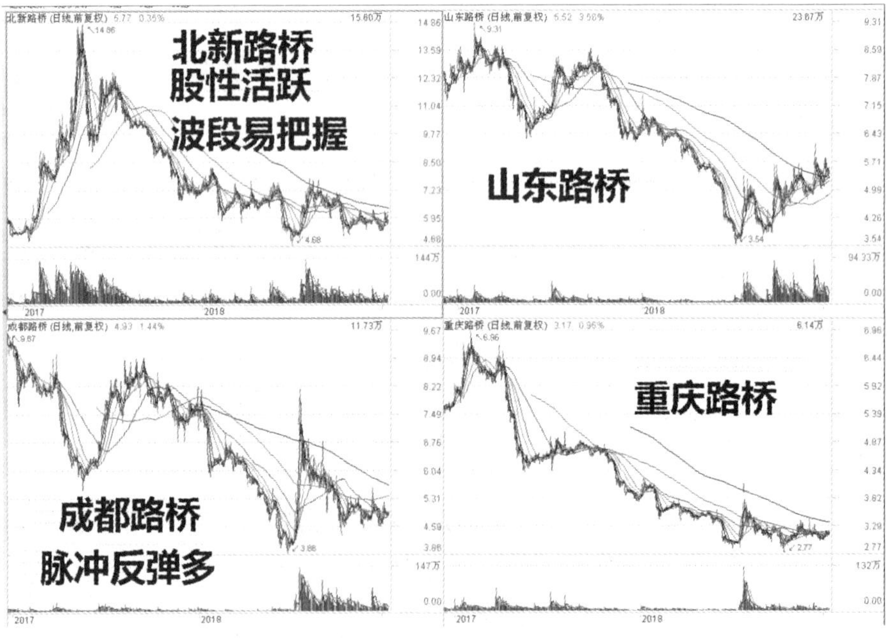

图 1-28　四只路桥股 2017—2018 年走势对比

尊重市场的规律，做好基础功课研究

次新股由于其大起大落的特点，是非常适合短线操作的。但很多投资者操作次新股时，连次新股的运行模式、投机特征、换手率指标、风险控制等都一概不懂，那还怎么操作？笔者认为，除了国家法律规定8类人不得开设A股证券账户，其余的每个投资者都有炒股的权利；但从实际角度来看，真的得问问自己是否有炒股的能力。经常有一些投资者因为不研究而闹出笑话。比如对于不少PPP（政府和社会资本合作）企业来说，由于年底才进行资金结算，前三个季度企业都是自行垫付资金的。结果投资者就认为，这破股，现金流为负，还逐季度增加，这是什么玩意。

还有如供暖季在第四季度和第一季度，所以对于不少天然气公司来说，这两个季度是旺季，是利润的主要贡献期。结果有不知真相的投资者说，这什么破企业，第一季度利润那么多，第二、三季度马上就变微利，变脸真快。一些基建、建材公司也是同理，第一季度由于受到天气和春节假期等因素的影响，处于非开工期，所以就鲜有利润，而第二、三季度是旺季，利润高。

更有一些投资者对市场交易机制都不懂。如尾盘3分钟集合竞价，结果有投资者收盘后大叫，快看快看，某某个股每次收盘前都有大单，这就是主力资金做尾盘吧，这次终于见识到了。

还有投资者高喊：我发现一个大秘密，有一些个股被港资“买买买”，已经快全被买走了。一些个股股东中出现香港中央结算有限公司，是由于它代表了H股股东账户的股份总和，这些股份的权益仍旧归属投资者本身所有。所以对于一些上市公司来说，有A股又有H股的，H股的份额以香港中央结算代理有限公司代持形式体现，却被很多投资者看成A股流通股全被港股资金买走了。

所以很多时候，研究不是嘴上说说的，投资者至少要对A股规则有了解和分析才行，否则如何操作呢？有了这些基本的知识储备之后，才能够进一步研究具体的选股因素。

波段操作的热点品种选择

短线操作靠的是“盘感”和热点逻辑（对此本书后面会有详解，投资者会有更深体会，这里先记住相关概念），这两点是靠投资者自己反复实践、积累经验获得的。如果投资者总是买、卖都想着靠别人，自己一点都不愿意多思考，就会离失败越来越近。如2018年上半年的科技股和医药股行情中，笔者挖掘过风华高科、鲁抗医药等个股。2018年7月中旬，笔者反复提醒要跑，创新高后兑现利润就撤，连续在几篇文章和微博、博文里提到。随后这两只个股下跌，笔者也反复提醒不能碰，都是鱼刺。但结果如何？还是有投资者照样去买、去碰，导致深套其中。所以很多时候，别人说什么，投资者未必能听进去，只有自己的主体优势才是可靠的。就是这么简单。

不仅在操作方面如此，在选股时也要注意。有一些股性相对稳健的品种，是可以反复做波段的。比如说天然气板块中的广汇能源，该股就是明显的波段走势，投资者熟悉之后，反复做波段就可以了；同样，杰瑞股份、陕天然气也都有典型的波段，只不过陕天然气的箱体区间更为明确（见图1-29）。一般来说，走势接近箱顶或前高的阻力区时投资者就要注意了，在均线附近做一个止盈位，一旦无法突破，跌破短期均线就撤离，等待低点后重新接回。

当然，投资者首先要对行业做一个研究，如天然气、焦炭等，要对行业前景做过持续性的分析和跟踪，明确个股不会有大风险，才能安心做波段。同时，

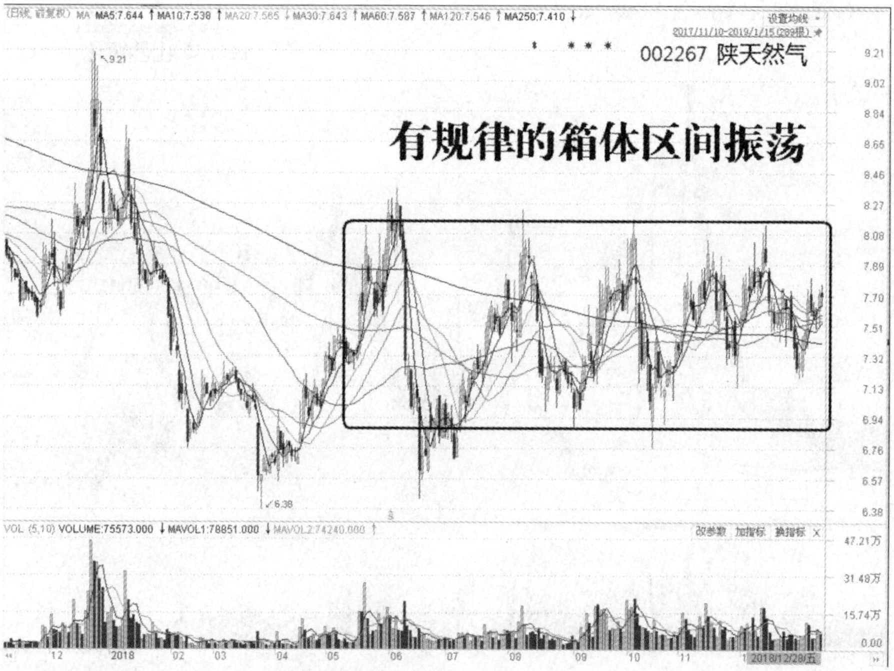

图 1-29 陕天然气 2018 年走势

还要对个股在行业中的地位做好研究。比如说,陕天然气是以天然气长输管网建设运营为核心的企业,所以对天然气价格并不敏感,而是受益于天然气使用量的提高;广汇能源则是 LNG(液化天然气)龙头,对天然气价格敏感;山西焦化是 A 股在焦炭方面的龙头(如图 1-30 所示,其走势与焦炭期货走势方向高度吻合,可以通过期货指标来做波段)。对这些基本知识的了解也是投资者操作的基础。

其实除了这些有行业支撑的品种,还有一些个股是独立存在的。如安凯客车、科迪乳业、赫美集团等。这些个股的共同特征是局部波段模式丰富,趋势交

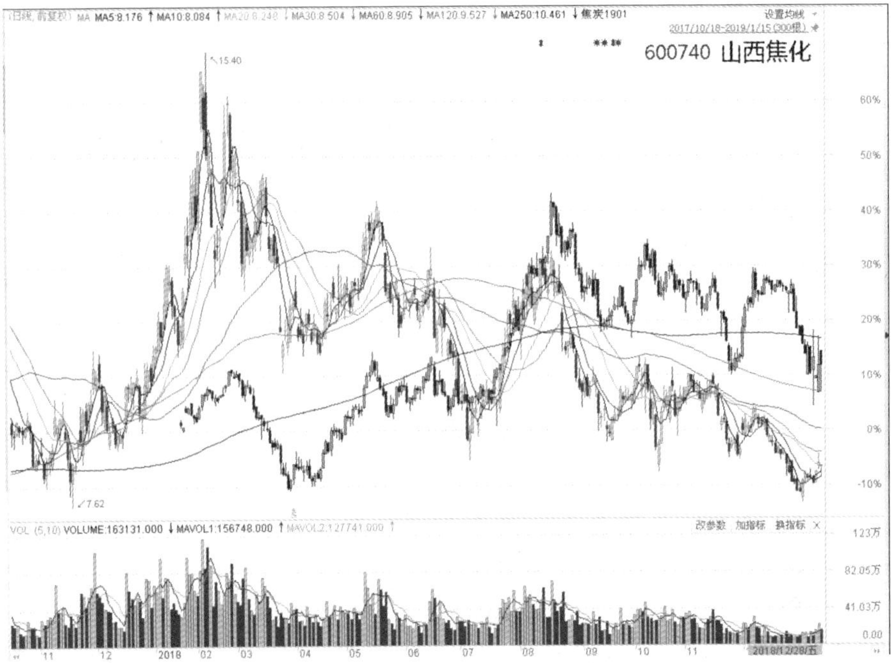

图 1-30　山西焦化与焦炭期货 2018 年对比走势

易差，基本面一般，但局部股性活跃，提供了大起大落的波段空间。投资者只要研究好了股性，反复做一只，在震荡市中就够吃了。

投资是最简单的一件事，就是看风险收益比，付出自己可以付出的风险，博弈对应的利润，超过风险额度就撤离，风险承受期内就博弈，如是而已。信心只能通过不断的实践和研究获得，无法从其他地方获得。只要研究就能收获，但不研究就没饭吃，这就是股市的残酷。在本书第四章中，笔者还会具体教大家如何做好波段。

同样的市场,各有各的"活法"

投资者一定不能和别人比操作,这就是笔者提到过的"小马过河原理"。有一天,小马要过河,老黄牛说河水浅,才过了脚脖子,小松鼠说河水深,会淹死。它们都是按照自己的标准来衡量客观事物。它们错了吗?都没错。以笔者的操作经验来说,明知道自己能力不足,精力有限,于是选择休息、观望,那么行情是伤不到自己的;就怕有些投资者看着高手赚钱,心里痒痒,迎着风险操作,结果往往是苦涩的。比如说弱势行情中,有不少问题股反弹,往往启动前就是阴跌,然后突然爆发,机会稍纵即逝,这种情况有几个投资者能操作好?介入早了,就会遇到每日新低;介入晚了,就没机会。贸然参与,自然难以获得好的走势。

经历过 2018 年第四季度开始的一波全球股市调整行情之后,不少投资者感慨左侧交易太苦了,碰到市场大跳水,根本躲不过去,很容易就跌破平台了。以 2018 年 10 月开始的跳水行情来说,当月半数以上个股跌幅超过 20%,30%以上跌幅的个股也比比皆是。那么,不做左侧只做右侧,就能少受点时间的折磨了吧?但笔者也要提醒投资者,并非如此。实际操作中,投资者也会频频遇到两种右侧风险:第一种是右侧起来一路拉升不停歇,初期买不到,买到了就不涨了。第二种是一波拉升后调整,直接就跌回起点了。那么,右侧交易的"买入就被套,不买就一路涨"现象要怎么破?

如天然气板块的贵州燃气(见图 1-31),很多投资者也关注过,相对了解。该股有过几波行情,在 2018 年 9 月上旬启动过一波,而在此之前,它有过 2 个月的横盘。9 月 6 日的涨停非常迅速,来不及追,马上就是持续 3 个涨停;等到可以买了,却连续 2 天调整,买进就跌 7%~8%;但如果没买,9 月 13 日又是一个涨停;投资者这一次敢追了,结果它又开始调整了,持续 2~3 周阴跌;10 月 8 日它又涨停了,要是追买,后面却又是横盘。笔者认为这种走势非常典型。很多时候,投资者事后看个股会觉得操作简单,但自己实际经历的时候就会发现,处处都面临选择的难题,自己完全不懂得该如何操作,处处碰壁。如何破解呢?也是有方法的。此外,超跌反弹股、中期波段等,都有明确的操作策略。

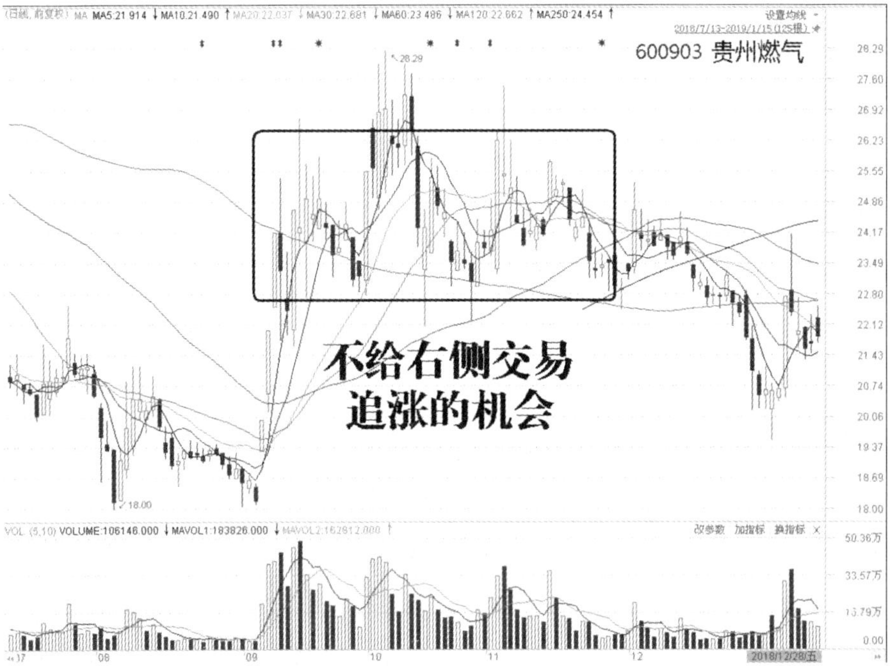

图 1-31　贵州燃气 2018 年下半年走势

懂得行情模式,方能有大成长

太多的经验告诉我们,很多人是在抄底的路上被套牢的:明知市场弱势,却迫不及待地入场买股;明知行情差该控制仓位,却要增仓,原因仅仅是控制不住自己的手。其实,这样的事情每个人都可能会做,不分什么能力高低。但经历多了,投资者就能够管住自己了,不是因为痛了,而是因为懂了,懂得敬畏市场了。

有投资者说,震荡市行情好迷茫,不知是该空仓休息还是操作。其实,该如何操作,关键是要看这样的行情自己是否看得懂,能否找到适合自己的模式。如果答案是否定,那么继续操作就是自取其辱;如果答案是肯定,坚持做就是了。其间可以操作指数,可以操作问题股超跌反弹,也可以做次新股,没有统一标准,关键是投资者的能力做得了哪一个。

2018 年的 6 月 19 日和 10 月 11 日的行情有很多相似之处,超跌反弹后都有过"鸡犬升天"的情况,但每次的热点不太一致,比较复杂,唯一不变的就是"先指数后个股"的分析模式。指数需要考虑的因素比较少,而个股方面,会有较多的干扰因素,也容易让投资者有更多的幻想。所以,笔者反复灌输给大家两个观点:第一,震荡市中的反弹都是超跌反弹,不要幻想什么大底,按照超跌做波段即可;第二,先做指数,指数单日长阳机会多,赚了就跑,不恋战。坚持这两个策略,操作超跌反弹是不难的。

震荡市重要的不是点位,而是时间和节奏。因此从周期来看,每年 1 月、3—4 月、7—9 月算是比较好操作的几个时间点,难度系数很低,此时考验的只是节奏和对同一个板块的熟悉度。说白了就两个板块,医药和石油天然气,还有一个板块是科技,这三个板块反复做,就足够了。笔者做过很多次的通策医疗、广汇能源、杰瑞股份等都是其中比较典型的。这些操作考验的不是所谓的技术,而是是否有耐心和是否耐得住寂寞,能否容忍市场中的高手赚钱,看到别人操作,自己还能忍住不操作或只操作自己看得懂的行情,这才是最关键的。

再仔细分析 2018 年第四季度的热点股,我们可以发现,乔治白、南卫股份、香梨股份、商业城、维宏股份、全新好、新宏泰、百邦科技、同益股份等一批个股,实际上没有给右侧交易的机会就起来了,投资者除非提前布局,否则几乎无法操作。但问题是，左侧操作就意味着持续阴跌。所以市场中往往是没有完美的操作的，更没有无风险操作。

即便是同一批个股，不同的投资者有不同操作，结果也会完全不同。比如说次新股中的皮阿诺，很多投资者也很了解。该股躲过了2018年10月11日大跌的那一波行情，有投资者在10月17日看到启动，就追进去了，这也算是右侧交易了吧。但它随后反而补跌，次日就跌停，随后又跳水。相对幸运的是，它在之后赶上了市场反弹，得以解套（见图1-32）。如果市场跳水，投资者该怎么办？事后看，这样的操作太惊险了。

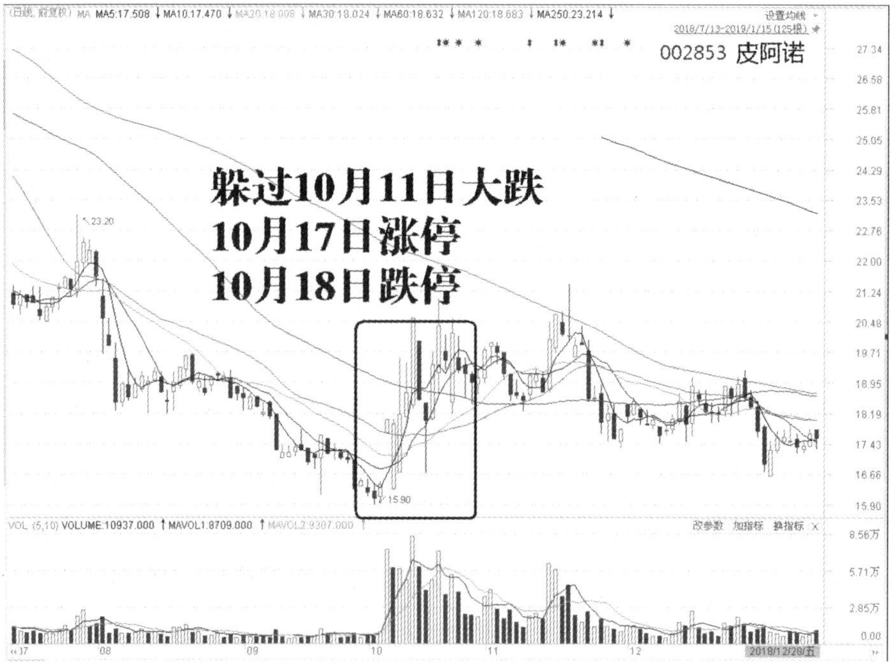

图1-32 皮阿诺2018年10月走势

此外,2018 年第三季度之后什么个股最活跃？对于大跌股、退市风险股,笔者也做过几次专题文章。有投资者热衷于德新交运和千山药机的操作,也是反复做波段,做得很舒服。有些投资者看到别人赚钱,也跟着操作,结果却屡屡被套。因为个股操作并不是说随便拿一只个股就能操作,对个股股性、运行节奏及投资者自身操作习惯与风格都是有要求的。例如次新股中的贵州燃气、皮阿诺局部走势好,但如果不按照其模式操作,而是盲目持股,其重心也是持续下移的。所以说,没有完美的个股和无风险的操作,只有在合理风险收益比之内的操作才有意义,而这需要不断的经验积累。

第四节　震荡市中个股思路梳理

震荡市不需要太热闹，专心做好一两只自己熟悉的个股，就可以在震荡市中有好的收益。

震荡市是非常考验人的，一个很大的原因，是投资者的杂念太多了。这时候应该做减法，而不是加法。所谓减法，就是把握自己可以把握的因素，看不懂的就不去碰。比如说有一些概念股，市场好的时候，资金充沛，那么我们就可以做。最典型的概念股是"炒地图"，如炒作海南、雄安、粤港澳大湾区等，都是如此。但如果市场弱势、低迷了，这种概念股就不能轻易做，因为投资者本身对这种概念把握不了，加上游资炒作非常迅速，投资者来不及做出反应。不是自己的强项，就别贸然参与这些品种。

相反，2018 年笔者反复提到的石油天然气板块，如果是牛市或者熊市，可能机会不大；但在震荡市中，它却有非常好的机会，反复活跃，并且能提供非常多的波段。海油工程、杰瑞股份、陕天然气、广汇能源等都有很好的表现，不少投资者也因此赚得不错的利润。震荡市不需要太热闹，这些个股能让人变得踏实。还有很多这样的板块和个股值得我们一一研究。

从 0 到 100，要逐步实现

震荡市要做熟悉的品种，这一点非常重要。比如说在天然气短线品种选择方面，笔者给大家挖掘的是长春燃气。为什么呢？其实没有什么大道理，只是在实战操作中总结出了一些经验而已。尤其是在没有贵州燃气这个次新燃气股之前,长春燃气就是人气龙头,短线特性好,这些都是笔者实战经验的积累。

经历是财富,没有人能直接做到100分,都是一步步做好的。从0到5,从5到10,一点点,才能接近到90,最终达到100。很多投资者说自己不知道如何做到最好,实际上,很多时候要先做对,再做最好,一些经验也需要靠失败来积累。比如说,有位读者在无意间聊到通策医疗,他曾在2017年9月底按照笔者文章里分析的计划,在24元下方如期买入该股,但最后竟然没赚到钱,是割肉卖出的,卖出之后听朋友介绍买入另一只个股,深套40%。

本来可以赚一倍以上利润,却亏本买入了另一个品种,这种故事如果不是他自己晒图,笔者真的不敢相信。但仔细琢磨,也很容易理解他的操作。通策医疗当时在底部没动静,不知道要多久,于是他希望做一个短线,赚了钱再回来,没想到一直被套。而通策医疗随后启动,一路上行。就是这样的操作,导致了盈亏的天壤之别。

面对分歧,很多时候自己的研究就是最好的信心支撑。如2018年2月至2018年第四季度,指数的弱势没有太多改变,但行业机会并不少。医药、科技之后,有过机械、煤炭、钢铁,随后又是基建。投资者如果总是纠结,希望别人给自己信心,而自己却什么都不做,就有问题了。

比如说铝业板块选股,那么多个股,笔者为何只做神火股份?因为笔者的习惯是把握行业上下游产业链完备的个股,这样的公司抵御行业风险的能力更强,会给投资者一种安全感。当然,这并不是说这样的个股就是最好的,毕竟每次板块中总有一些新品种涨幅较大。但从反复操作的角度来看,操作次数多了,懂得它的好和坏在哪里,就能够轻松控制。而且说实话,震荡市不需要太多个股,做好一两只,反复做,足矣。越熟悉,越好做。当然,这需要投资者在实践中体会,熟悉以后,投资者很可能在今后怀念震荡市这样的日子。

国企改革股在弱势中有奇效

笔者在经历2010—2013年震荡市行情之后也有很多感悟。在弱势行情中，什么才是最大的题材？政策概念股。企业中受政策因素影响最大的就是国企，而且国企往往能以更低的融资成本获得资金，从而获得更大的优势。这也是为何在经济增速放缓的大环境下，国企利润却能保持稳定。2018年，国企利润逆势创出新高。

不仅如此，在A股弱势行情中，国企改革因素也总是屡屡发威。最典型的是2015年6月股灾之后，市场元气大伤，但是以特力A为首的一批国企改革股逆势上扬，成为"妖股"之王。尤其是在随后市场的调整走势中，该股也多次走出过局部50%以上的阶段性短线反弹行情(见图1-33)。

2016年1月A股创历史纪录的大跌之后，我们看到，以洛阳玻璃为首的国企改革股再度发威，成为局部活跃的典型代表(见图1-34)。这类个股(还包括梅雁吉祥等)基本面差、盘子大，但无论是险资、"国家队"还是游资，都盯上过该股，利用国企改革概念，形成局部的脉冲反弹行情。

当然，笔者也要提醒投资者注意一点：这些个股的业绩都比较差，基本面没有亮点，有国企概念，却没有具体的改革动作；另外我们可以看到，局部高换手会带来一波行情，一旦交投活跃度降低，该股就会持续阴跌走势，毫无操作价值。

接下来，笔者就来解释这些个股在弱势行情中活跃的原因。

首先，国企改革股的消息多。2018年1月至2018年7月底，上市国有企业共发生重组事项580件、股权转让120件。进入2018年下半年后重组改革明显加速，仅7月，A股上市国企就发生重组192件、股权转让38件。从这个角度来说，频繁的消息刺激必然会引发一些短线资金的活跃。

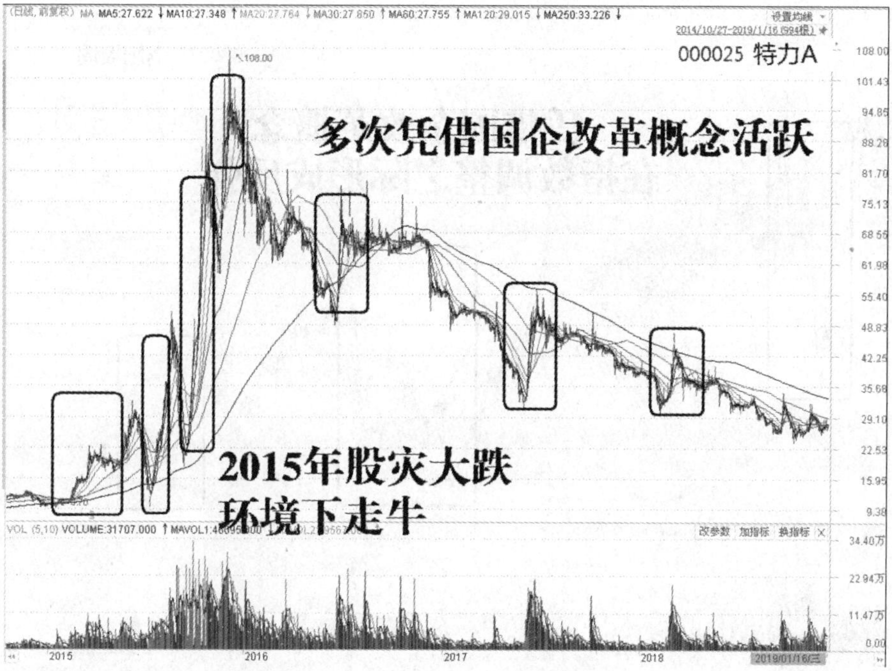

图 1-33 特力 A 2015—2018 年走势

其次,国企改革股数量众多。2018 年 3 月,国资委发布《关于开展"国企改革双百行动"企业遴选工作的通知》,国务院国有企业改革领导小组办公室决定选取百家中央企业子企业和百家地方国有骨干企业,在 2018—2020 年期间实施"国企改革双百行动",深入推进改革。2018 年下半年陆续公布了"双百"名单,最后确定的名单实际上有 400 家左右,其中地方国企超 200 家。A 股中,拥有国企改革概念的个股数量在 400～500 家。

最后,是因为其特殊的炒作模式。国企改革股的概念丰富,业绩差(因为基本面越差,改革越迫切),因此投资者是不是也注意到了,有哪只个股因为国企改

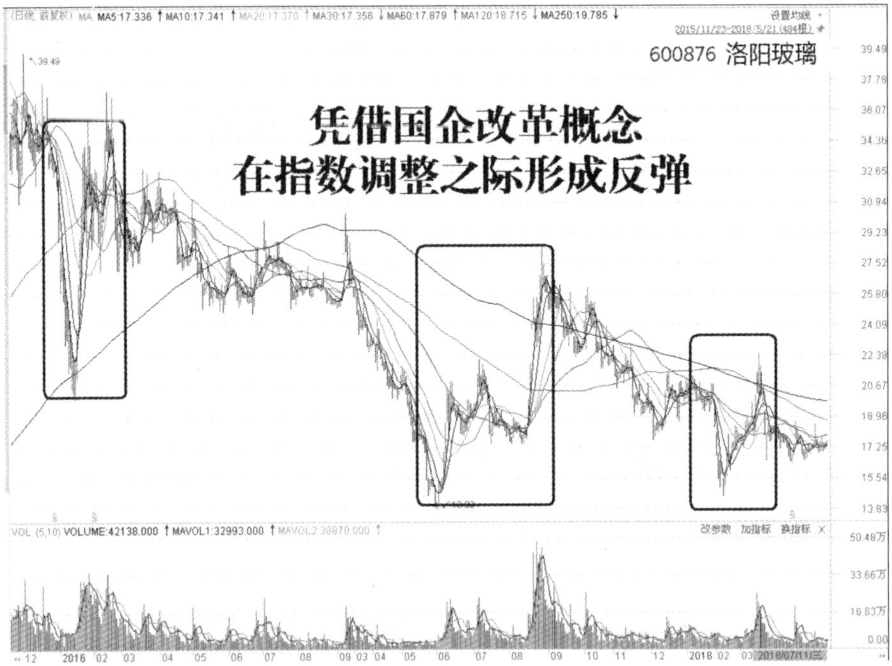

图 1-34 洛阳玻璃 2016—2017 年走势

革或混改,实现大增长,并且拉动股价持续走强的?一时间还真没有明确的案例。这就是最大的问题。博弈国企改革股,就是一种概念股炒作的投机模式,需要对应的策略。尤其是在震荡市中,有不少这样的个股活跃。要熟悉它们的股性特征,特殊策略是关键。

两只国企改革股的模式揭秘

国企改革股很多,感兴趣的投资者可以自己拓展。笔者比较关注的只有两只,一只是大庆华科,另一只是国投中鲁。那么笔者就以自己的操作经验为模板，供大家参考。

大庆华科是中石油集团在A股仅存的资本运作平台。目前中石油集团未上市的资产和业务，按公司口径划分，主要是工程技术服务(上游勘探油服业务)、石油装备制造、科研及事业单位和其他业务，其中油服业务整体上市的预期最为强烈。但2016年上半年，中石油集团在确定全面深化改革实施意见和工程建设业务重组改制框架方案以后，却始终没有进一步的动作。这也是国企改革股的特点之一：基本面没有太多亮点和实质因素，甚至业绩越差，改革预期越强。

在走势方面，从历史股性来看，大庆华科有个明显的特点就是局部非常活跃。如图1-35所示，在上一次2010—2013年的A股震荡市行情中，该股有过多次大起大落的波段走势，即便是在下跌周期中，局部波段机会也非常多。

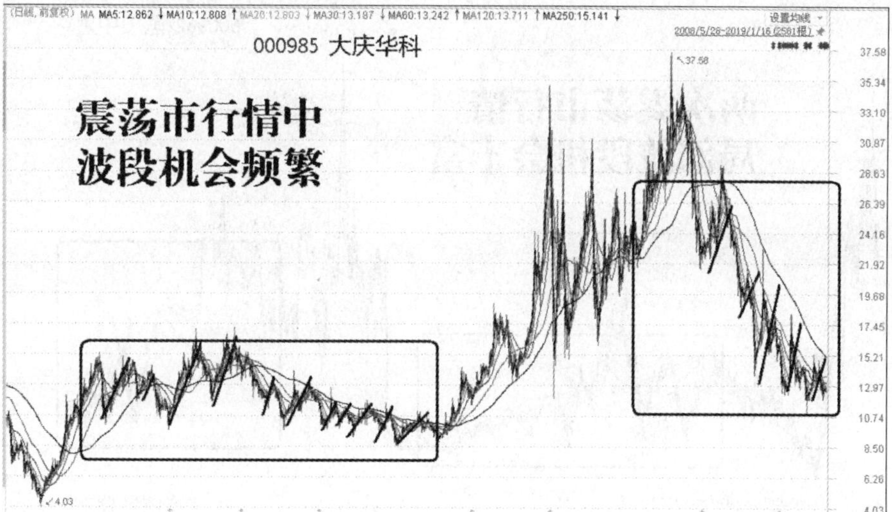

图1-35 大庆华科2009—2018年走势

2016 年 2 月以来的这一波震荡市也是如此。该股缺乏趋势行情，但局部波段冲刺多。这就涉及之前讲解短线操作时说过的两个重要因素——“盘感”和热点逻辑。盘感就是对个股盯盘时间久了之后，对于资金运作手法和节奏的熟悉；热点逻辑是指市场热点活跃的支撑因素，即如今哪一类热点活跃。一旦进入国企改革阶段，就可关注。

国投中鲁的情况也类似。在国家开发投资集团有限公司的大股东背景下，国投系的国改招牌也非常显眼。该股与大庆华科类似，业绩一般，但这不阻碍改革。走势方面，如图 1-36 所示，在 2010—2013 年的震荡市周期中，国投中鲁显露出明显的短线特性——快速拉升又快速跳水，几乎不给趋势投资者机会，就是

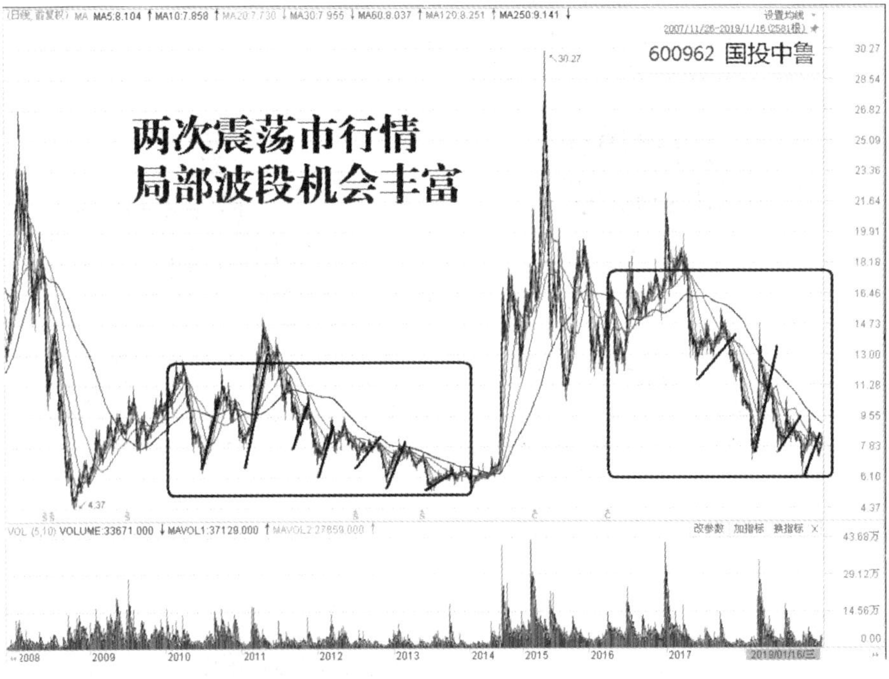

图 1-36　国投中鲁 2009—2018 年走势

频繁的波段。就连下跌周期中，局部中长阳走势也不少。

2016年2月以来，该股走势也很火爆，局部有过至少4次50%的短线阶段性爆发机会，这是非常值得投资者重视的。这样的走势和笔者之前提到的特力A、洛阳玻璃、梅雁吉祥等个股类似，这表明它并不是单一现象，而是已经形成了板块联动特性和固定的资金模式。这就是投资者需要熟悉和研究的了。

因此，无论是国投中鲁还是大庆华科，只要投资者熟悉了，单纯做一只个股的波段就足够了。所以，并不是说震荡市就没有机会，关键在于投资者是否甘愿等待，是否能专心于一类机会的操作。

清盘基金创纪录，环境日趋残酷

2018年11月，笔者做过一个测试，在"中粮地产(现名大悦城)大跌至5元附近，期间股价最低跌至4.58元，较重组草案发行价6.84元已跌逾30%"这样一则消息面前，一些投资者马上就想到这是机会，挖掘一些跌破发行价的个股是不是有戏。而实际上，笔者拿出这条消息，是想告诉大家市场的残酷，这样有重组、国企改革等诸多题材的个股，照样会大跌(见图1-37)，但很多投资者却满脑子只想着买股。

实际上，随着市场环境的走弱，基金和很多机构投资者也很难赚钱了。2018年，70多家公募基金清盘数量多达394只，是2017年基金清盘数量的3.75倍。

如图1-38所示，2018年第一季度，清盘基金数量为61只；第二、三季度，清盘基金数量分别为110只和131只，单季度清盘基金数量就超过2017年全年105只清盘基金数量的总和。进入第四季度，基金清盘数量有所减缓，但92只的清盘基金数量仍旧位居高位。

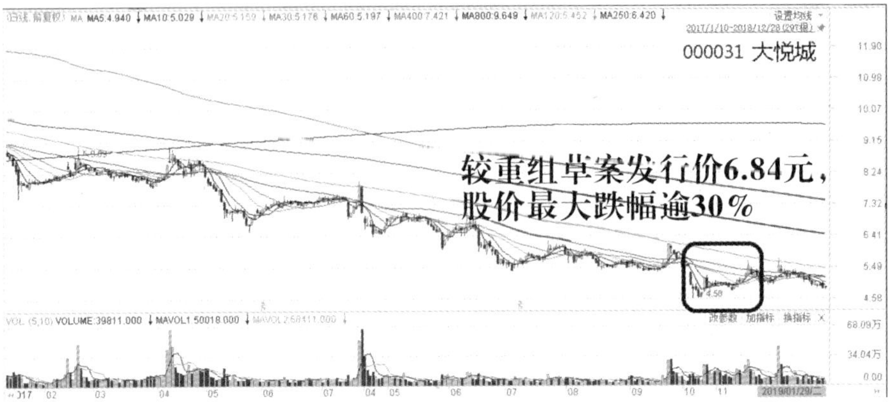

图 1-37　大悦城 2018 年走势

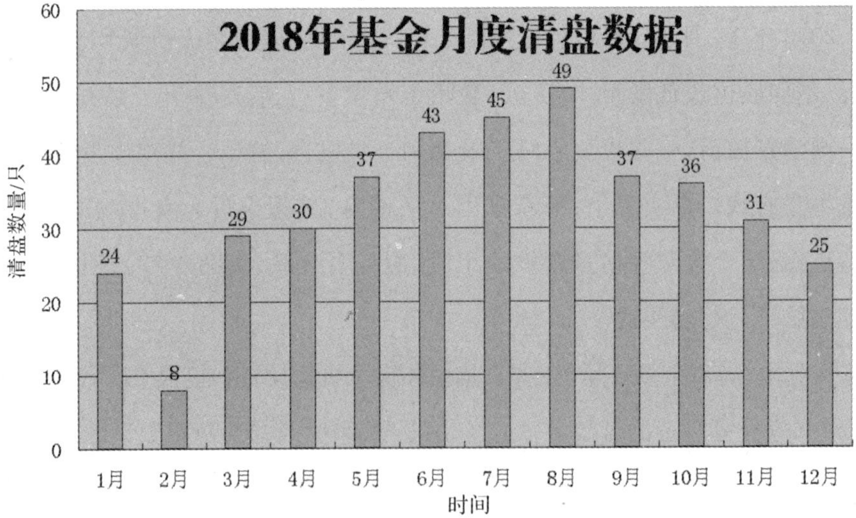

图 1-38　2018 年月度基金清盘数量

从基金管理人来看，博时基金、国泰基金全年清盘基金数量都超过了 20 只；长盛、招商、鹏华等 8 家基金公司的清盘数量也在 10 只以上，基金清盘已经成为相当普遍的现象。一方面，清盘基金数量激增，清盘从个案变成业内常态；另一方面，2018 年以来清盘基金的“寿命”呈现出越来越短的趋势。2016 年、2017 年和 2018 年前三季度，成立不足 1 年即遭清盘的基金分别是 9 只、61 只和 60 只；2018 年前三季度，“活不过”1 年的基金已赶上 2017 年一整年的数量。2018 年 8 月，首次出现成立仅 62 天就遭清盘的基金，且该基金并非定开型基金。

激烈的市场竞争，对投资者的要求也越来越高，如果投资者还用原来的传统选股思路，结果会是残酷的。接下来，就针对投资者经常关注的牛散①、明星基金持股、重组股等做研究，让投资者感受到市场的变化，避免落入陷阱。

“国家队”陷阱效应研究

2018 年基金三季报披露过程中，首份“国家队”基金三季报——易方达瑞惠发起式基金三季报显示，截至 2018 年 9 月底，该基金股票投资、债券投资、贵金属投资、买入返售金融资产等项目配置均为零，表明其确已空仓。该基金期末的基金净资产降至 2 亿元以下，为 1.577 亿元，相比期初(年中)的规模缩水 99%。值得注意的是，2018 年第三季度内，该基金期初份额 120.1 亿份，期末份额 1.23 亿份，期内总赎回份额 118.87 亿份，赎回比例 99%，这也表明该基金的主要持有人证金公司已经基本完成资产赎回。该基金三季报还特地提示，基金已经连续 20 个工作日出现基金份额持有人不足 200 人的情形，面临清

① 指非机构的自然人账户，其择股能力很强，盈利能力非凡，是很“牛”的散户。

盘,这是“国家队”资金逐步撤离市场的重要表现。招商丰庆混合A在2018年10月24日公布的三季报中,也存在类似的情况,可见“国家队”基金已经在全面清盘了。

投资者的第一反应是琢磨这是利空还是利好。笔者当时给投资者解读时,将这个消息本身定性为中性。“国家队”基金的资金量不大,但对市场的影响力大,还被不少投资者当作“遮羞布”。每逢调整,投资者总想着“国家队”救市,而不从市场角度去控制风险。2015年下半年资金杠杆破裂之后,起初是有一批资金选择止损离场的,但是听到“国家队”入场的消息,不少资金放弃了撤离,结果“国家队”救市失败,市场再度跳水,一大批资金爆仓,最终导致了股价更大幅度的下跌。

从这3年多的操作来看,“国家队”模式就是几乎将A股买个遍,哪个涨了就跑,不涨就不动。所以“国家队”的仓位不断下降,有过小幅补仓,但解套和盈利后就撤出了。而且除了2015年股灾的第一波救市,“国家队”之后鲜有具有实际意义的维护稳定或推动反弹的动作,更多的还是减仓。“国家队”的操作模式和平准基金之间差别还是很大的,并没有起到稳定市场的作用。但投资者似乎格外热衷“国家队”,股价一跌就说“国家队”跑了导致下跌,或者说“国家队”没操作所以不会涨。这种结论的逻辑究竟是什么呢?实际上,大部分投资者就是把“国家队”当作一块遮羞布,只要看不懂行情,涨也是“国家队”,跌也是“国家队”。

从实际情况来看,投资者必须注意自己的资金规模和盈利模式,不能盲目跟风大资金。尤其是一些投资者觉得,“国家队”都被套了,有什么可怕的。实际上并非如此。如以“国家队”资金为主的汇金公司、证金公司为例,这两家公司一度几乎买了所有上市公司的股票,很多被套后无法操作,就作为融券标的提供给券商,这样一年下来的利息收入也不菲。但个人投资者却无法得到这样的收入。

很多个股只能研究,不能买,比如说南山铝业,“国家队”资金扎堆,基金、社保等都有介入。但该股自2017年第三季度之后的1年多时间里始终下跌,如果投资者盲目跟风,会赔得很惨,必须反思。不仅如此,机构扎堆的白马股、外资介入的“独角兽”,实际上也有很多类似的要素值得投资者关注。并不是说大资金买的个股都是个人投资者可以参与的。

白马股跳水现象背后的思考

贵州茅台一直被看作白马股的代表,但在2018年10月,该股也出现过一字板跌停的走势,随后又逐步收复失地,创出新高。笔者认为,这一方面说明一些资金在反复做波段,以顺应震荡市行情中的模式——震荡市中没有哪个热点板块是持续活跃的,都是阶段性走强;另一方面,也说明很多投资者对白马股有误区,认为估值低或者市盈率低、业绩好的个股就不会跌。但实际上,2018年不少白马股出现过大跌,甚至有多只股票创出年内新低。

化工行业的白马龙头股之一万华化学,在2018年11月时已经连续3个月下跌,跌幅接近50%(见图1-39)。万华化学的滚动市盈率只有6.5倍,由此可见,估值低的个股并不是不会跌,它们一样会跳水。毕竟,股市不是单纯的金融数据堆积,还有资金情绪、股价趋势、时间周期、市场环境等多重因素。实际上,如果非要说白马股下跌的原因,从2018年三季报中就有一些迹象。如万华化学公布的三季报显示,其实现净利润90.21亿元,同比增长15.49%,这一增速较中期净利增速42.97%有较大回落;公司主营产品MDI价格下跌,将压制全年业绩。但事情又不是这么简单的。

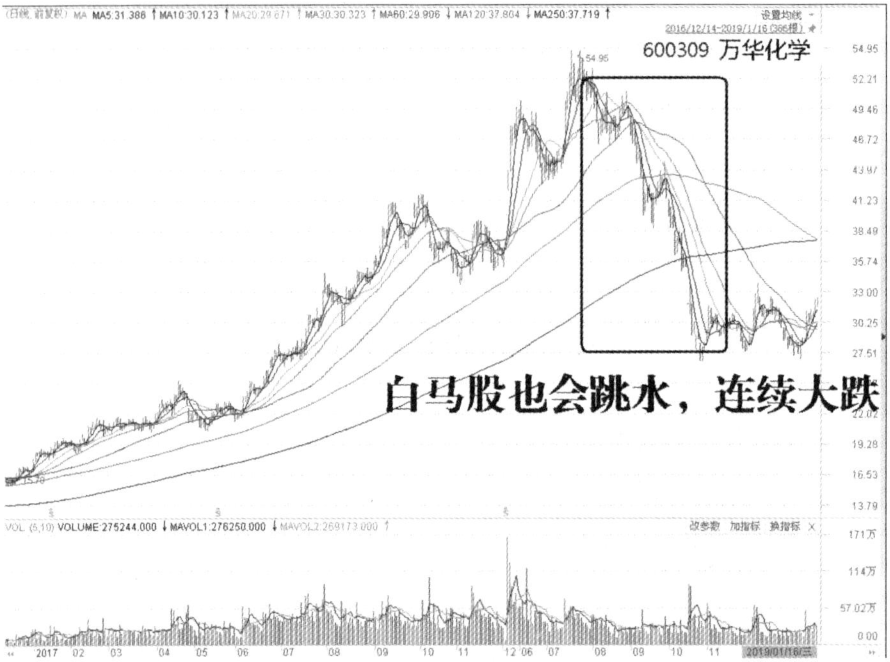

图 1-39　万华化学 2017—2018 年走势

放大视野,我们可以发现,这段时间跳水甚至创新低的白马股并非只有一只,而是一批。如安防板块的海康威视、大华股份等;家电板块的格力电器、青岛海尔(海尔智家)、飞科电器等,染料行业的闰土股份等;医药板块的美年健康、康美药业等(见图 1-40)。但从业绩方面来看,闰土股份年报净利润预增 26.2%～47.62%,美年健康三季报净利润预增 46.85%～85.5%,海康威视年报净利润预增10%～30%;在市盈率方面,多只个股市盈率低于 10 倍。而且这些个股均是机构投资者扎堆,还有外资、社保、险资、沪深港通资金介入,却依然走弱。

为何会如此呢? 笔者认为,有几个因素是要重视的。

第一,估值具有非常强的迷惑性。即便股价不动,业绩下滑,市盈率(市盈率

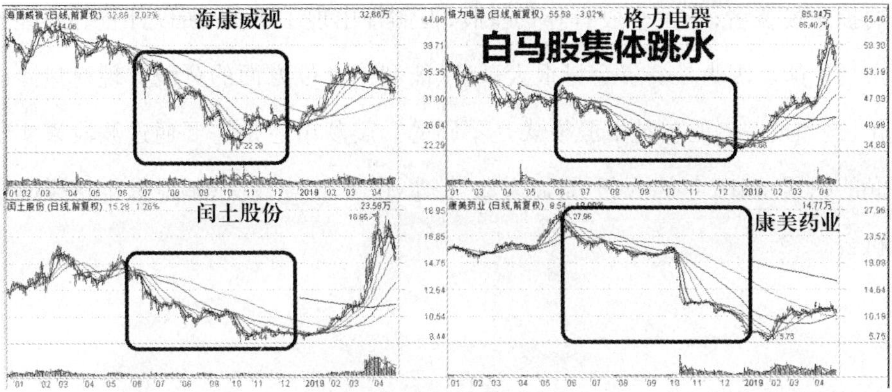

图 1-40 2018 年下半年,白马股群体跳水现象

=股价/业绩)也会上升,这就造成了股价越跌越"贵"现象。尤其是原来市场按照个股增长预期,给予了估值,一旦增长不及预期,也会形成股价泡沫。所以,只有基本面有超预期表现或者重新回归增长,才能让估值形成意义。否则,单纯说估值低而不考虑未来增长因素,投资者只会落入陷阱。

第二,白马股也会跌,也会有调整。尤其是市场环境较差时,白马股会成为机构投资者抛售换取现金、以求自保的关键。2008 年全球金融危机时,不少外资抛售中资银行股,也是为了缓解资金面压力。毕竟大环境走弱,机构扎堆股初期相对其他个股越抗跌,资金后期越需要抛售获得现金(因为其他个股被套,无法操作)。尤其是 A 股缺少对冲风险的个股期权和股指期货等工具,资金只能通过直接抛售来规避风险,因此更要关注市场环境对个股的影响。

第三,要思考趋势因素。没有只跌不涨的个股,近期我们看到的退市风险股、问题股、闪崩股的反弹,就是典型;也没有只涨不跌的个股,白马股的跳水现象正说明了这一点。而且一旦机构投资者相互踩踏抛售,会需要一段时间的消化。前面提到的白酒股自 2018 年 6 月以来有规律的调整,也与此有关系。这里还要提醒投资者,不少个股有外资持股,但照样出现了新低,所以外资并不能超越市场牛熊。因为外资资金量很大,所以能利用仓位方面的分配实现对风险的消化,这和投资者的单纯捂股模式是不同的。震荡市还是需要通过波段来实现利润的积累,2018 年的医药、石油天然气、水泥、基建等板块,都提供了这样的操作机会。

第五节 中长线选股与操作思路

"您给挑一只长线个股吧。就是那种买了之后一路持股赚钱,不用看盘,也不用干任何事,躺着就赚钱的那种。有没有?"这是很多投资者对中长线股的理解。但实际上,真正的中长线股模式并非如此。

看着是个底部区间,就是不涨;大盘涨,它横盘,1分、2分玩一天;大盘跌,它跟跌,跌起来没完没了。这个平台若破了,恐怕又要跳水了,怎么办?卖了吧,盯了这么久,做了这么多研究,真不甘心啊;拿着吧,看着就生气,别人都赚钱了,自己这也太没面子了,不蒸馒头争口气啊……

以上是股市日常操作中,投资者经常碰到的场景,也是笔者的实际体会:度日如年,期待交易日,又害怕交易日;盯盘吧,失望,不盯盘吧,又想着突然来一根中长阳转势。如何度过这样的行情呢?

碰到质疑和困惑,要这样解决

2018年的医药股是笔者看好的,而这个板块经历调整也是最多的,几乎每隔一个月就要来一次较大幅度的调整。这些调整有时候是大盘调整所致,有时候则是自身板块运行进入下跌周期所致。于是,笔者在本节开头提到的感受在这种调整中频繁出现。年初是做年报金股的时间,2018年也不例外。当时笔者挖掘的普洛药业是超跌反弹模式的，初期尝试筑底，并在6.25元一线的平台设置止损位，跌破撤离；1月中上旬，市场指数连阳冲高，该股却表现一般；随后市场跳水，该股下跌却很卖力，直接就跌破止损位了(见图1-41)。这时投资者应该坚定撤离，但很多时候，我们因为心存侥幸而不想割肉，该怎么办？

当时笔者也给投资者做了分析。首先，明确下跌原因。该股明显是跟随市场大跌，并非基本面因素，年报预期的价值点没有变化。那么一旦市场环境修复，该股自然会有机会。所以，如果不想止损出来等低点再入，就必须接受短线一波连续跳水、造成浮亏的情况。这是预期中的，投资者不能既接受不了短期浮亏，又不做出应对——要么就撤离，要么明确有调整，就熬过去。就这两种模式，选择了，就要清楚对应的后果和策略。

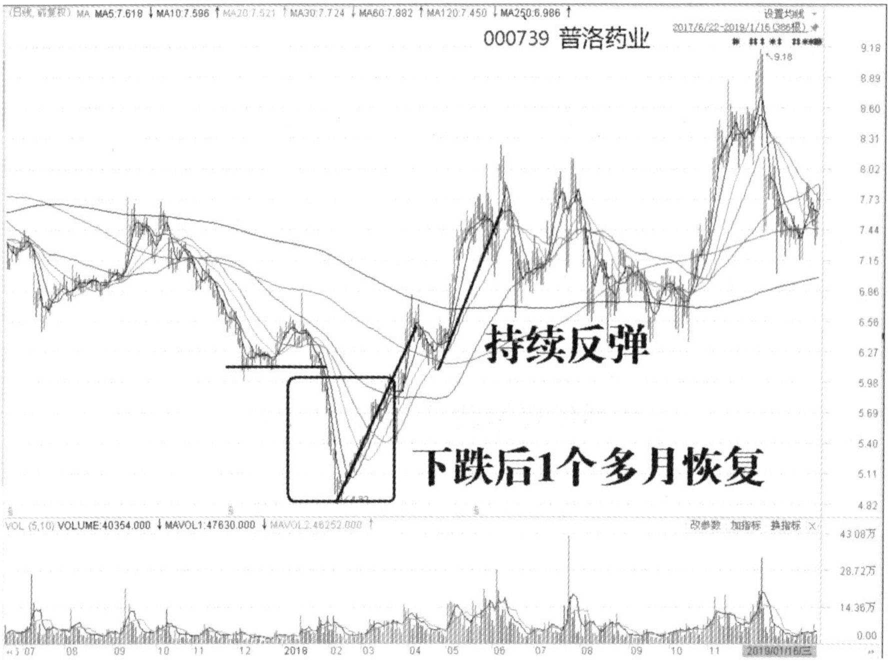

图1-41　普洛药业2018年走势

从结果来看，有一波投资者在调整时选择了止损，躲过了后来一波23%的跳水。同时，采取右侧交易让渡局部空间，在3月1日中阳突破均线后重新介入，随后走出了一波50%以上的反弹。还有一波投资者选择持股不动，就地卧倒，在一波20%的下跌后，该股过了1个月逐步企稳，然后开始小阳修复，构筑缓慢反弹通道，总计2个月才又回到最初止损位的6.25元一线，这就是当时选择不止损而要承担的后果。当时市场还算稳定，该股从4月初开始又走出了一波30%的反弹。

不仅超跌反弹股会有这样的情况，年报周期挖掘的股性活跃品种也会碰到类似的情况。如鲁抗医药，可以说是大起大落。该股在2018年有过四波大的行情，有时候直接跌回起涨点，有时候又突然连续拉升创新高，走势格外激烈。这时的操作，靠的就是投资者对个股股性的熟悉和对基本面因素的研究。接下来，笔者就重点告诉大家如何对这种中线品种进行操作。

中线股价值点的挖掘

说到操作经验，我们依然顺着医药股这条线来看一下。笔者2017年9月下旬挖掘过的通策医疗及2018年挖掘过的葵花药业，都曾受到非常明确的质疑。如，通策医疗有过数月的持续调整，几乎没有任何起色。笔者在9月下旬撰文正式挖掘前，实际上已经盯着该股好几个月了，挖掘该股时，其已经横盘五六个月，终于出现了明显的放量活跃。这是一个欲涨还跌的阶段，但通过研究，笔者认为其基本面已经复苏转暖，价值不止如此。所以可以说，是研究成就了笔者操作的底气。

随后，该股也没让投资者失望，一路走强，截至2019年4月底，该股依然在明显的反弹通道，屡创新高。其间该股也遇到过调整，但每次都能够再度活跃。

可以说，它每过一段时都会遭遇质疑，这时候，谁能为持股者增强信心？不可能靠别人，只能靠自己的研究和积累。2018年年报金股之一的葵花药业也有类似的情况。该股基本面不及其他很多医药股好，走势方面也不及爱尔眼科、乐普医疗等强势，但笔者研究后认为该股的股性活跃，且基本面具有明显特色，一段时间盯盘后，觉得其可操作空间还是很大的。随后，该股果然不负众望，走出了一波80%的反弹（见图1-42）。其间该股也有过调整，但正是对其价值的研究和分析，为笔者提供了操作的支撑。

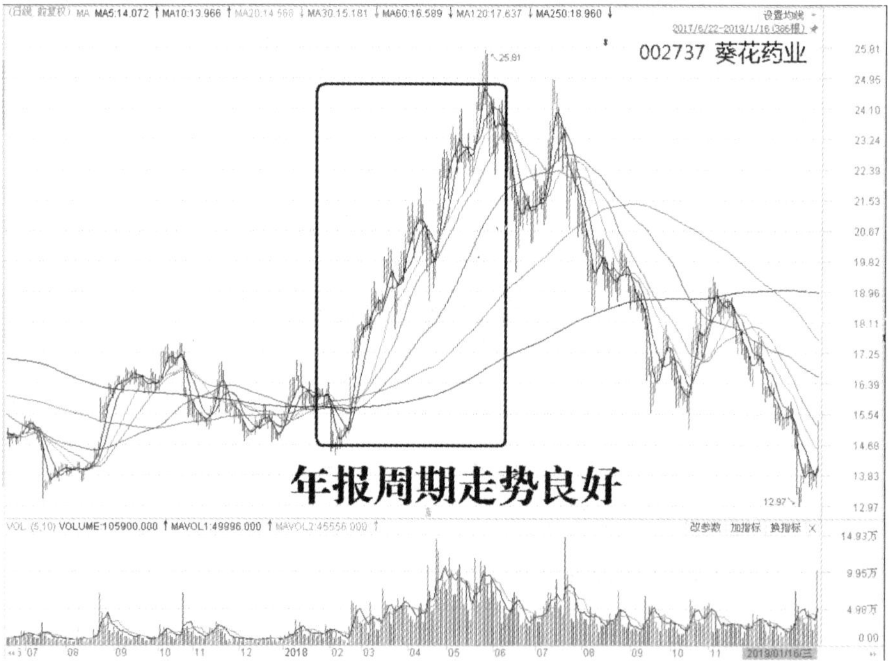

图1-42　葵花药业2018年走势

对行业的研究，很多时候也是选股的重要依据。比如说水泥板块，很多投资者都参与过，一个明显的感受是这个板块的分化太严重了——有些个股创新高，有些则创新低,水泥价格的波动似乎并没有带来板块的联动。这是为何呢?实际上经过分析可知,2018 年水泥需求比 2017 年有所下降,但局部业绩因素明显。从区域来看,东北、西北地区的水泥需求仍较为低迷,华东和华北地区的需求则稳中有升,西南和华南地区延续增长可期,整体将依旧呈现南稳北降的区域特点。因此,海螺、华新、万年青、华润、塔牌等南部企业的利润增速均大幅超过行业平均水平(见图 1-43)。前两只个股更是形成了中长线慢牛走势。这就是笔者对行业进行研究后明确的选股指标。

图 1-43　水泥板块指数与部分水泥股 2017—2018 年走势

投资者此时必然会问,那么要如何做好中线的功课呢?实际上,笔者就在做行业数据的动态研究。初看这些研究,理解上会有一定难度,但一段时间后,投资者就会熟悉行业的逻辑和机会点。继续研究和积累,就能够融会贯通,并且分析出趋势了。通过对联动个股的操作,投资者能够了解到哪些品种对行业价格更敏感,同时运用多种工具,也可以大大提高操作的成功率。

我们可以看到,2018 年山西焦化有过几次稳健的走势,明显强于煤炭板块。实际上,笔者是“投机取巧”了,焦炭期货的走势为笔者提供了很多启示。化工股也是典型,2018 年的神马股份及之前挖掘过的华鲁恒升、万华化学等,都是笔者对行业内部逻辑进行研究之后的结果。此外,科技股中不仅芯片股,中国软件、浪潮信息等软件股,烽火通信等通信股,也是笔者长期操作后的积累。

综合来看,短线靠的是“盘感”加热点逻辑——热点逻辑就是市场资金风口,“盘感”是对个股的熟悉度和了解程度。如果投资者连对个股的观察和熟悉都没有,就别提什么操作了。类似的,中线操作一般要先研究个股内在价值,等待低吸位置,然后用时间换空间。所以研究是操作个股的底气,即寻找你最看好的价值因素,这个实现了,操作也就结束了;或者价值因素改变,操作随之结束。但如果投资者没有做任何研究,没有发现价值点,就谈不上进行中线操作。只有多积累操作经验,才能够有更丰富的操作模式。

长线操作中的两个重要因素思考

讲过了短线、中线操作,就剩下一个长线还没有分析了,而这是最被投资者关注的。但由于周期越长,未知因素就越多,投资者需要做的准备也越多。

“您给挑一只长线个股吧。就是那种买了之后一路持股赚钱,不用看盘,也不用干任何事儿,躺着就赚钱的那种。有没有?”这种论调你是不是很熟悉?这也是很多投资者平时交流中经常问到的一个问题。说实话,笔者也经历过这个阶段,但结果是非常苦涩的,后来也有过反思。

以笔者在股市实战参与过的两只行业低迷期的个股为例,一只是伊利股份,另一只是水井坊。确切地说,笔者都是用ST摘帽股模式参与的。所以笔者只把握住了部分利润,并没有把握住行业的全部利润。可以说,这是个人能力的局限,但也恰恰体现了长线操作所需的重要因素。长线操作是用智慧与勇气去博弈,真的是思路决定收益,策略决定操作。

以伊利股份为例。2008年乳品行业遭遇重大利空,三聚氰胺事件引发行业的大动荡,伊利股份更是从绩优股直接变成了退市警示个股,而且看不到未来。其实仔细研究可以发现,一次性的大幅计提已经让伊利股份的风险提前释放了,所以该股被ST后反而一路上行。笔者是在2010年2月后介入的,当时价格在4.2元一线。随后该股冲高至5元又跌回,算是第一次考验。摘帽后该股价格继续上行,此时笔者也熟悉了该股股性,就稳定持股。但2010年年底突破6.5元后,该股又调整了。随后赶上市场调整周期,2011年6月后更是出现一波跳水,将利润基本上回吐,甚至一度亏损,但笔者还是忍住了。还好,该股后期很快反弹,算是稳住了,又有了希望。可惜到了2012年6月,又来了一波跳水,跌了2个月后才企稳,到2012年年底才大涨。这一波算是让笔者之前的努力有了回报。尽管2013年6月还有考验,但既然已经经历了好几次,这次笔者也挺住了。随后该股又一波大涨到15元,笔者在回落到13元一线时选择了撤离(见图1-44)。

但众所周知,该股随后大涨到35元,9年利润超过30倍,而笔者只把握住了其中3倍的利润,这就是问题。长线真的是在考验一个人的耐力和研究能力,更是对市场环境、行业发展和个股趋势的综合考验。正是由于笔者对行业、公司前景的判断局限,所以只能做到这样的利润。想要获得更大的利润空间,就需要提升自己相关的能力。所谓能力圈决定盈利圈,就是这个道理。

还有一个更重要的因素是投资者对风险的承受力。我们可以发现,国内机

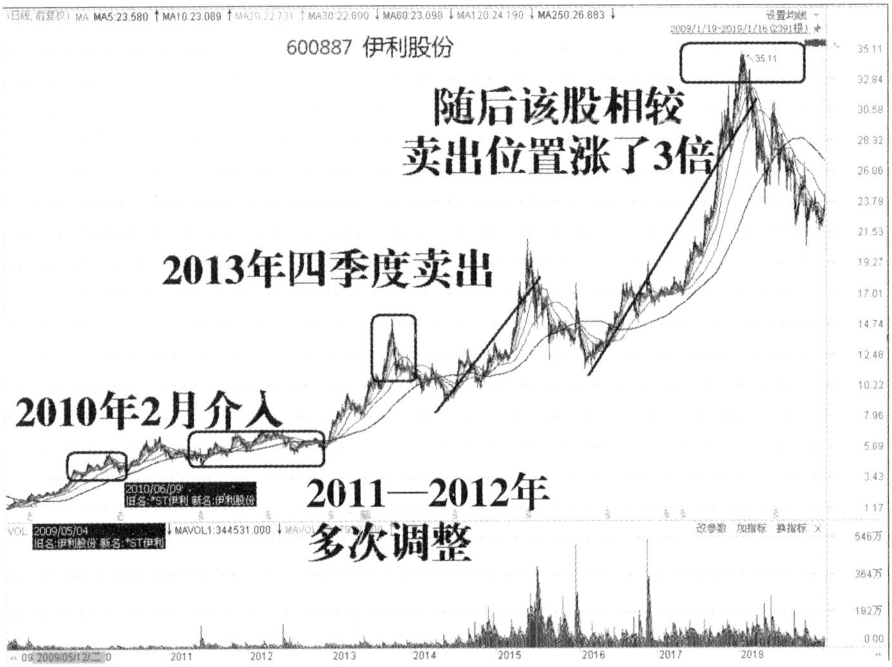

图 1-44　伊利股份 2009—2018 年走势

构投资者往往比海外机构投资者要急躁得多，这背后是排名考核的压力。QFII在 A 股操作的宽松度更大，所以我们可以看到 QFII 介入一批个股后，几年内跌幅 40%～50%依然可持股，随后几年迎来涨几倍甚至十几倍的大行情。这背后，对研究能力的自信和风险忍受力也是非常重要的。接下来，笔者将进一步研究和分析长线选股和操作时的重要因素。

这些因素不可忽视

第一，市场是否提供了这种中长线操作的契机。比如说，历史上的沪市“老八股”和中小板推出初期的第一批上市公司个股，最终都实现了数十倍、百倍甚至千倍以上的涨幅。这实际上是一种政策的红利，是市场初期阶段的机会。哪怕是美股那样持续9年多的长牛市，真正的长牛个股也是凤毛麟角，苹果、奈飞这样的长牛股更是少之又少。

第二，如果操作周期长，投资者就面临着一个重要问题——很可能要跨越市场的牛熊周期，甚至不止一次。在美股9年多的大牛市中，也有过多次局部10%以上幅度的调整，甚至巴菲特的伯克希尔哈撒韦公司的股票，也有过好几次30%幅度的局部大跌。要知道，能买得起数十万美元一股的伯克希尔的投资者，绝不是散户。他们都会恐慌，其他个股可想而知。这些都是中长线操作中必须思考的因素。前面提到的伊利股份，在操作中也会遇到类似的情况——局部回调是很猛的。毕竟市场环境在那里，很多时候，个股也不可能逆势逃离这个大环境。

考虑到这两点之后，再有相关操作时就自如了很多。如笔者在2016年年初挖掘的*ST水井(水井坊)(当时价格在10元一线)，这一波操作就相对轻松了很多(不到3年就有了近5倍的收益)(见图1-45)。酿酒股也遭遇过塑化剂、禁酒令等一系列行业利空，最终行业大面积ST，这是不是和奶业的情况很像？是的。光伏产业的天威保变(保变电气)和农业股中的北大荒等，也曾遭遇类似情况，被ST过，这些个股都作为ST摘帽股被笔者挖掘过。这也是笔者实践之后总结的经验：行业大危机之后，风险出清，股价回归低谷，无人问津，甚至会有一段时间的横盘和低迷，再度放量后就会有大机会。

这其实也引出一个思路，那就是长线机会与其说靠的是眼光，不如说是靠政策。我们可以看到，QFII也是在2015年甚至更早，就在低位提前布局白酒股(初期也是被套的，因为当时国内机构都在持续抛售以规避风险，但QFII逆势而动)，结果在2017—2018年大赚。这种逆势行动的背后，显然是因为强大的研究

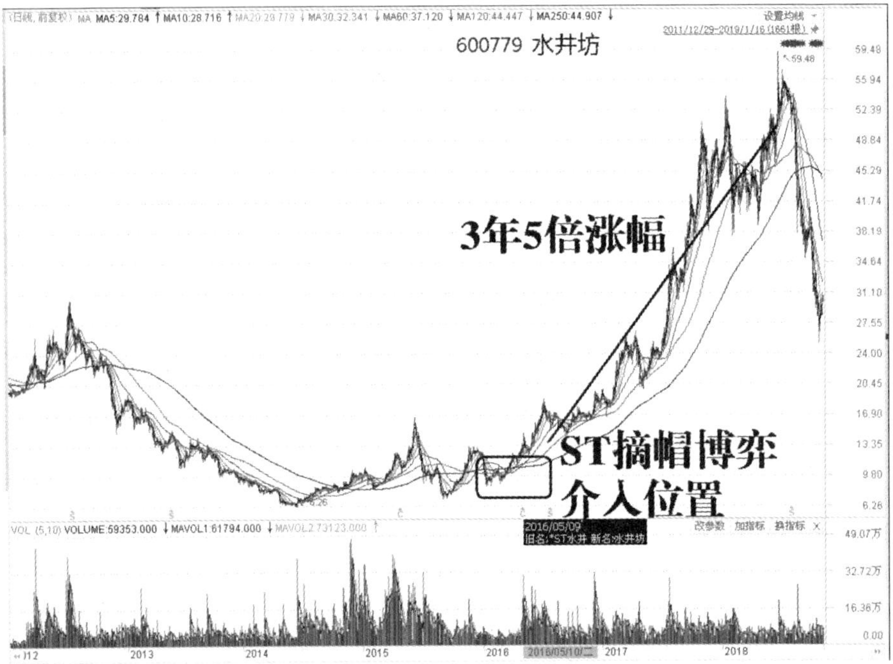

图 1-45 水井坊 2012—2018 年走势

能力。这是对投资者的考验,包括我自己,很多时候也因为视野局限,导致盈利圈不够大。

从社保成功模式,看懂长线潜力股挖掘与操作体系

经历市场调整后,长线投资者会获得低点的机会。如果有好股,谁不愿意一直拿着呢?巴菲特的可口可乐,几乎让他吃了大半辈子,依然有效。但这样的个股注定是凤毛麟角,更关键的是需要时代和市场环境的配合。笔者认为,从操作

角度来看,社保基金在国内机构中是最稳健的。在社保基金的重仓股中,最长情的持股已跨越了 39 个季度,这意味着它至少已经经历过一波牛熊和震荡市的交替了。而社保基金也是 QFII 之外最稳定的机构投资者了。其操作模式,尤其是对长线的选股手法和操作模式,是值得投资者研究和效仿的。

全国社保基金从最初接受中央财政划拨 200 亿元作为初始运作资金,到 2018 年总资产超过 2.2 万亿元,在 2018 年年中,投资滚存收益达到 1 万亿元。当然,投资者不能盲目夸大社保投资的收益,因为这 1 万亿元并不全是二级市场的走势带来的,如其中有四分之一即 2500 亿元的收益是免税和延税带来的。此外,社保基金还投资了大量的直接股权,这些股权后来迅速证券化,社保基金因此获得了 4～5 倍的投资回报。2015 年 7 月,社保基金以 5%的比例战略入股蚂蚁金服,成为蚂蚁金服引入的最大外部股东,这也是社保基金首次直接投资创新的民营企业。当时蚂蚁金服的估值为 350 亿～400 亿美元,而在 2018 年,蚂蚁金服的估值已经达到了 1500 亿美元。这两部分收益,投资者是无法获得的,所以这些部分要扣除。只有这样,才能还原市场的真相。

如图 1-46 所示,从社保基金 2001 年成立以来的历年投资收益率看,只有 2008 年为负(当年上证指数大跌 65%),其余无论大盘好坏,均实现了正收益,平均年化收益率达到 8.4%。大盘牛市的时候,社保收益率往往还不到大盘的一半,但大盘遭遇熊市期间,社保基金却能够基本不亏或少亏,这种收益模式非常值得投资者思考。巴菲特之所以厉害,也是由于其平均每年 19.1%的收益率,而且牛市时虽然其收益率不高,但熊市时总是亏得少或不亏。这样长时间下来,差距就出现了。

具体来看,社保基金连续 10 个季度持仓量超过 1000 万股的个股有 80 只,连续 15 个季度持仓量超过 1000 万股的个股有 31 只。其中,社保基金连续持有华东医药超过 39 个季度(近 10 年,涨了 20 多倍),连续持有华侨城 A、同仁堂、

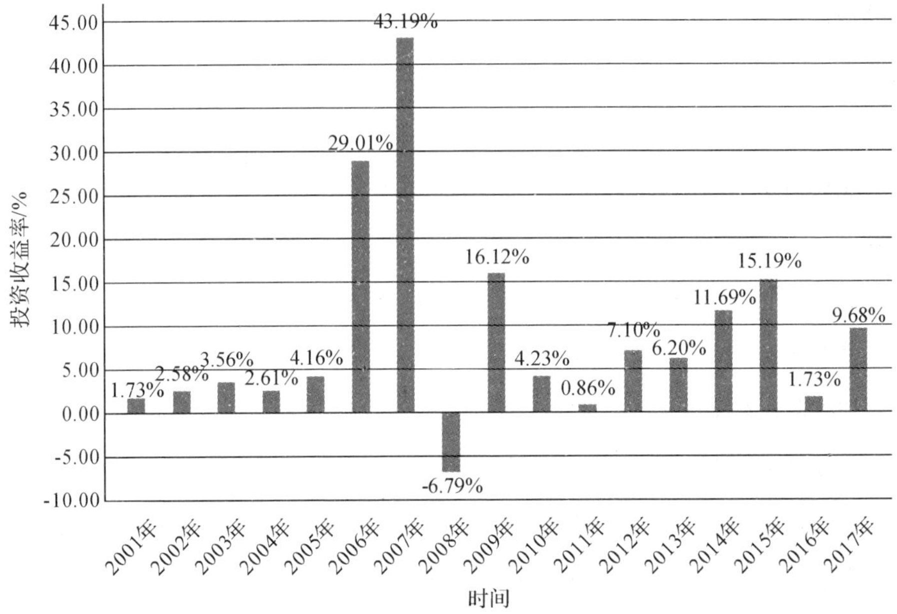

图 1-46　社保基金 2001—2017 年投资收益数据

伊利股份、中南传媒超过 25 个季度，均有几倍的收益不等。但社保基金在持有这些个股时有一个共同特点，那就是大比例的回撤行为。笔者认为，这对投资者来说非常值得借鉴——并不是说社保持股就不会下跌，或者说机构扎堆股就不会跌。在市场大调整格局下，这些个股一样会跳水。所以，如果投资者想着社保买的个股不会跌而盲目跟进，结果会比较苦涩。实际上，炒股很多时候并不是单纯的炒“个股”，关键在于盈利模式。尤其是对于长线来说，时间周期、仓位控制、风险收益比及群体布局模式等，都是核心。

社保重仓股背后的两个关键因素

我们来进一步分析社保重仓股。分行业来看,31只社保连续重仓股中,来自医药生物行业的个股占7只,分别是华东医药、同仁堂、国药股份、通化东宝、白云山、华海药业和人福医药。来自食品饮料、传媒的个股分别有5只和4只。分板块来看,社保连续15季重仓个股中,中小板企业占6家,分别是大华股份、奥瑞金、涪陵榨菜、联化科技、省广集团和巨星科技。创业板中,社保基金连续重仓时间最长的个股是我武生物、恒顺众昇(现名青岛中程)和乐普医疗,分别连续持有13季、12季和11季。显然,有一些个股是社保基金比较偏爱的。

根据自2003年以来历年各上市公司披露的定期报告,社保基金历史上共计在超过2000家不同上市公司的十大流通股股东中现身,最多一年曾同时现身超过700家上市公司的前十大流通股股东,但其持有超过5年的仅21家。这说明两点:第一,社保基金总量庞大,势必需要一些分仓操作,很多时候,介入未必是看好,而是一种尝试。这一点实际上在机构投资者中非常典型——会介入大批量的个股,但仓位并不重。这是一个尝试的过程,一旦没有实现计划就撤离,不会恋战;一旦成功了,则会反复操作,增加收益。这也是为何很多投资者看到社保总收益不错,而投资者追买社保重仓股就被套。炒股不是炒"个股",而是看风险收益比。

第二,盈利模式,即本书开头给大家聊过的风险收益比,社保基金也是靠这样的模式实现稳定收益的。如果一只个股能够实现10倍以上的利润,那么意味着哪怕操作成功率是10%——即10次操作中只成功1次,也是不亏的。只要超过这个成功率,就能稳赚。这对于投资者来说,是一个非常大的启示:很多投资者总是重仓一只长线个股,而且直接满仓,这显然是非常错误的做法。这表明其既不懂得如何操作长线,更不懂得布局潜力股的意义。社保基金总资金量庞大,可以拿出部分去分仓布局一批潜力股。只需要其中一部分成功,就可以实现不菲的盈利。

这与投资者将所有的潜力押在一只个股上的模式是完全不同的。笔者认为,市场中真正的长线操作,靠的就是仓位调节,分不同时间节点介入。其次,长线也是要分仓的,如果有几倍利润,那么操作成功率不高也可以接受,是一种拿闲钱去以小博大的模式。比如,分仓 5 只潜力股,其中一只实现翻倍以上收益,那么,哪怕只有 20%的操作成功率,其余 4 只都亏损成 0,总的来说也不亏,这就是盈利模式的意义。当然,这是单纯被动操作。如果根据个股运行情况进行及时的增减仓,通过仓位运作,就可以成倍扩大收益,这就是社保和 QFII 操作模式的关键了,也是值得投资者重视的。

长线必须获得平时得不到的低价,才有长线的空间;但如果股价到了,基本面却没有拐点,投资者也只能完成底仓,无法真正进行布局和之后增仓,这也是要考虑的。有一些标的还要等待,长线实际上就是一个价值和股价的长跑游戏,看谁有耐心。

最后,还是提醒投资者,长线操作一定要注意两点:第一,要采取盈利模式的群体博弈模式,而非单一个股的重仓模式。仓位是逐步增仓的——经过基本面和市场确认后增仓,这样才能扩大收益。一只个股直接满仓,那就是在“赌”,而非博弈了,只有长线群体配合资金仓位,才是正确的长线博弈。第二,对于基本面和行业的研究,也要配合趋势。大多数投资者操作长线时,容易重数据而忽略资金因素和个股趋势,这是需要改变的。切记,切记!

第六节　换个角度看懂“止损止盈”背后的意义

> 笔者抄写了老师的一段话：“在你和我反复说‘如果……只要……’的时候，我的想法就是用尺子敲你的脑袋。因为我知道你只是在懊悔、内疚、逃避，人失败是因为犯错，人都会犯错，能从犯错中汲取教训，才能走向成功。而你只是受困于过去，半点没有提到如今和未来该怎么做，如何用积极的模式改变，那么你就不可能有什么收获。”

2015—2018年，A股投资者多次经历“千股跌停”的情况，一次又一次地感受到市场的教育意义。有些投资者还在纠结：“如果当初怎么怎么样，现在就好了。”然而，股市行情什么都有，唯独没有“如果”，只有面对现实，才能进步。

笔者认为，当市场给我们一巴掌，我们要做的就是思考，思考市场究竟要告诉我们什么，以后该怎么做。每一次行情过后，总有一些经验需要我们总结。尤其是有一个问题，我们任何人都无法规避，需要仔细思考。这样，以后实战中才能知道该如何操作。

一个问题考验投资者，这个选择不可避免

无论什么样的行情，投资者总是需要思考这样一个问题：无论是左侧操作还是右侧操作，如果碰到2018年6月19日或10月11日这样的长阴，是走，还是

不走。走，会觉得这是市场因素，底部有戏，尤其是一些之前的强势个股，走了舍不得。不走，有破底风险，跌了一天又一天，真心惨痛。如何选？笔者在这里截取了一批投资者的想法：

投资者A：上周五割了，结果又反弹，本周犹豫了，结果一路向下，2018年亏了25%了。

投资者B：买入后破位，反弹后又追入，今天彻底被套。破位卖出，看到反弹，又追，又套。

投资者C：个股大跌5%，都得走，发酵就是有个波段的机会。

投资者D：其实现在谁都知道很便宜，就怕更便宜而已。不是便宜的问题，熊市损失的本金，到了牛市就是你获利一万倍的本钱。

投资者E：10月11日那天心存幻想，认为跌这么多了，还能跌到哪儿去，就没割。一不留神，“千股跌停”了！执行力太差，教训深刻。这也是小散通病。

投资者F：长阴破位止损后，我会观察。止损股起不来，我会考虑换股；止损止错了，高出自己判断的价位，再追进去。但一定要先出来。

这些观点是非常真实的，我们每个人都会碰到，而且即便之前处理得非常好，也无法逃避一个事实：每次行情都是新的，我们还将面临同样的选择。该怎么办？简单来说要先考虑两点：第一，这种选择在市场中永远存在，考验的是投资者的风险机制而非单一因素。第二，无论个股如何，2018年10月11日市场群体的资金预期改变了，所以破位的不是单一个股，而是市场上至少八成个股。

10月11日长阴破位之后，市场格局恶化，“龙虎榜”席位数据也有明显的迹象。不论是上涨还是下跌，明显出现机构卖出席位增加的情况，游资也加入了卖出行列。10 月 9 日次新股集体跌停，10 月 10 日则是中国国旅、康美药业等一批强势股、白马股的集体跳水。笔者认为，如果投资者能够全面了解市场环境和资金面因素，就不会单纯考虑自己手中的个股。脱离狭窄的视野，才能够找到问题的解决方案。

还有一点要提醒投资者注意：震荡市的核心并不是点位，而是时间和节奏。如果投资者不懂这个道理，磨都能磨死你。我们可以看到 2018 年 10 月以来，中证 500 指数跌幅达到 15%，一大批个股跌幅达到 30%，始终没有起色（见图 1-47）。所以对于投资者来说，跌到哪个点位都没有意义，既然明确市场的资金预期没有

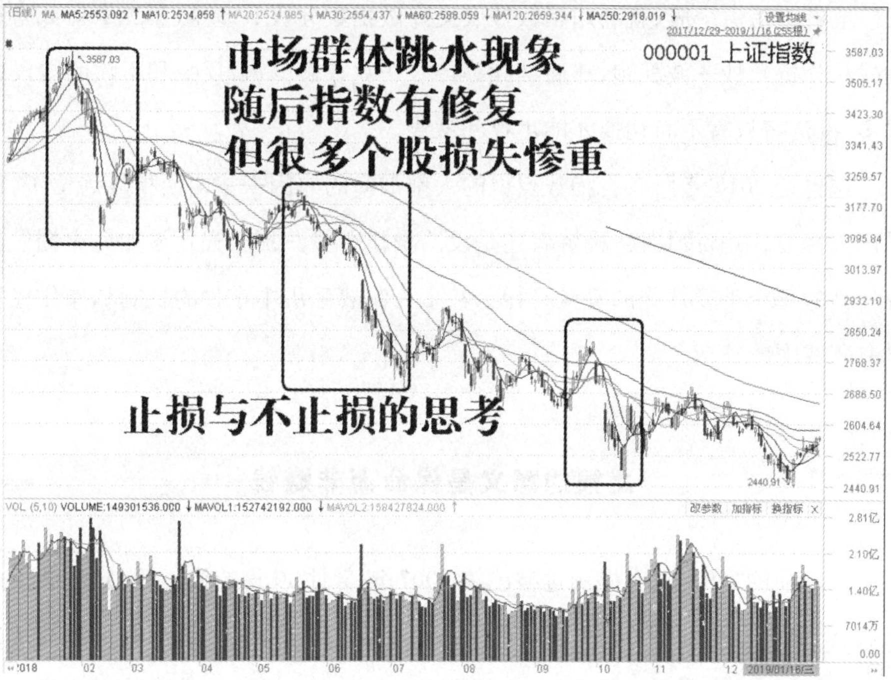

图 1-47　上证指数 2018 年走势

改善,没有重新建立反弹的势,那就只有等待。这就是"不悲观、不乐观,顺着市场来,尊重市场走势"。

市场经历才是一宝。现在聊起 2010—2013 年的震荡市,有些投资者有感触,有些却没感觉,这就是差异。2010—2013 年做哪只个股都不顺,因为政策干扰太多。一个政策利好出来,突然就是长阳,投资者若跟涨进去,个股却很快就跳水。投资者如果不知道什么是震荡市及生存技能,总想等牛市,这就麻烦了。震荡市重要的不是点位。为何震荡市做一两个板块、一两只个股就够了?因为市场大体节奏一样,换股意义很小,只有跟随市场的空间和时间节奏做才行。2018 年,医药、天然气、石油等行业专门做波段就很舒服,不用考虑太多其他因素。或者不考虑个股,就利用指数抄底反弹做指数分级 B 基金(第二章对此有详细战法分析),炒一波就跑,然后继续等待。毕竟在震荡市,反弹和下跌的波段都很多,投资者只有不断切换才能生存和赚钱。

这也是 2018 年所有看指数点位的人都很惨的原因——即便指数到位了,但时间未修复,节奏没切换,投资者还是没法操作个股。那么究竟该如何止损?前面提到的那个重要选择的答案是什么?个人实战经历中止损的机制和操作经验又有哪些呢?

止损的意义是保命而非赚钱

在以前的书中,笔者提到过自己在 2007 年 5 月 30 日的操作:明知道破位应该跑,但笔者看到 5 月 30 日当天有过一波收复失地冲高,就认为有可能补缺或在次日延续反弹(2007 年经历过 2 月 27 日单日长阴,随后反弹创新高)而没有走。随后市场快速跳水,笔者就没有机会了,之后股价又连续下跌。当时笔者非常懊悔,想着如果清醒些、果断点;如果卖了,哪怕随后几天补也好啊;如果……

实际上，根本没有任何的“如果”。

近期从书架取书时，笔者无意间翻到之前的一本笔记本，看到其中抄写了老师的一段话：“在你和我反复说‘如果……只要……’的时候，我的想法就是用尺子敲你的脑袋。因为我知道你只是在懊悔、内疚、逃避，人失败是因为犯错，人都会犯错，能从犯错中汲取教训，才能走向成功。而你只是受困于过去，半点没有提到如今和未来该怎么做，如何用积极的模式改变，那么你就不可能有什么收获。”

笔者的感悟是，每个人都会给自己找借口，这是人的自我保护机制，可以理解，但市场并不接受这些。只要我们不面对现实，就不可能走出这个困境；只有接受，想出对策去改变，才能赢得成功。

我们不能逃避，而是必须接受市场走势，然后做总结，改变自己。说到止损，笔者在《股民十大赢家实战系统》中的“动态止损止盈实战系统”中有过分析，止损、止盈的意义并不在于让我们赚多少钱或者考虑后面的涨跌，而是将风险控制在自己能承受的范围内，说得更直白一些，就是保命。生活中没有什么比生命更重要的，股市中也是没有什么比本金安全更重要。

所以，笔者的止损经验就是无论什么个股，投资者一定要有止损止盈机制，无论是什么方法——固定值、均线、反弹通道、市场趋势等都可以，关键是要有。风险机制的意义不是考虑止损了还会不会涨，而是把风险控制住。此外，笔者还有一个习惯：一次止损后会休息两三天，考虑自己究竟是哪里做错了，总结经验；连续两次止损后就休息一周，做各种反思；而连续三次止损则要休息两周以上，直到梳理出问题，找到自身原因后，才能继续操作。

还有一个问题要提醒投资者重视，那就是不同的操作模式，止损的方式也是不同的。比如说，次新股、题材股等高风险的短线模式，一旦破位就必须止损。这种个股不存在基本面，炒作资金又喜新厌旧，即便市场转暖，这类个股也很难回到高位,阴跌几年的都有的是。皮阿诺的投资者肯定不陌生,至少操作过两波了。但那两波过后,股价重心是不是下降了?如果投资者一直拿着就会很惨。这就是由操作模式决定的。国企改革题材、脉冲反弹股等短线品种也是如此。

2018年年报股那种遭遇市场因素而群体跳水的个股,是有机会收复的,但两种选择也会获得不同的结果。选择止损,是用资金换时间;而选择持股,就意味着接受调整周期,很可能两三个月才能修复,是用时间换空间。这种煎熬和痛苦,选择了就要接受。长线股被套时的策略,并不是贸然补仓,而是根据基本面恢复周期,在长线价值点出现后增仓。本书后面章节对此还有详细解读。

送上笔者《解套第一课》中的一段话:"股市中没有什么不可能,牛市和熊市持续的时间、幅度也没有极限。每次行情都是新的,对投资者来说,经历才是财富,每次都认真地面对行情,面对现实,才是对股市、对投资者自己的尊重。股市中唯一的权威就是股市走势,哪怕其看上去不是那么符合常规,但只要出现,就是无法改变的事实,投资者就要接受。"所以作为投资者,没有悲观或乐观的权力,市场有什么,我们做什么。

敬畏市场,就先想风险因素

股市成功者各有各的方法,但失败者有一个共性——怕痛。有些人失败多了就受到打击,抬不起头,没法接受挑战,从而选择舒服地退出,待在舒适区,结果是一个又一个的失败。实际上,哪怕再困难,都应该积极面对,寻求对策,这样才能够走向胜利。最困难的时候,恰恰是最接近成功之际。

股市中的黑天鹅和风险永远存在。比如说,某只个股原本走势好好的,甚至处于反弹通道，突发一则利空消息，则连续长阴破位，导致投资者从盈利到亏损。也有的时候，媒体突然披露重大事件，让所谓的白马股直接变成退市股。有的时候，行业原本处于发展平稳的阶段，突发一则行业监管消息（如 2018 年的光伏产业），导致相关个股连续跳水。还有的时候，利空政策或事件在凌晨出现，结果股市次日大跌（如 2018 年非洲猪瘟甚至直接导致个股盘中闪崩）。更有可能的是，上市公司由于重大造假而被 ST，甚至直接退市……

此外，即便个股没问题，很可能金融危机不期而至，全球股市出现跳水（2016 年 1—2 月就是典型）。作为投资者，我们只有将风险因素和应对措施考虑清楚了，才能去博弈利润。想当年，伊利、水井坊、北大荒、天威保变、浙江交科等个股都曾因为全行业亏损而被 ST，甚至处在退市边缘，之后却逐步成为大牛股。但投资者有没有想过，如果以后主板退市制度严格了，甚至像创业板那样直接退市了呢？到那时，我们博弈个股时就要考虑更多。

QFII 资金在 A 股 13 年赚到 14 倍的收益，看上去很靓丽，但我们想过它们经历的困难和考验吗？有些资金经历的是个股前几年不涨甚至跌 40%～50%，随后几年涨几倍的情况。因此作为投资者，我们不能总是靠侥幸。有时候，我们最不想发生的事偏偏却发生了，此时如果没有提前做好预案，就会风险失控。外资之所以不怕局部调整，是因为其资金没有考核压力和时限，可以进行中长期的操作；并且其资金雄厚，是一个持续投入的过程，而非一锤子买卖。

实际上，各路资金之所以操作方式不同，也是因为有自己的盈利模式。为何“国家队”、社保基金扎堆介入的个股持续下跌，这些机构依然增仓和持有，显然是因为它们并没有采用高抛低吸的盈利模式；我们看到实业资本——腾讯、阿里等，买一个套一个，但它们的盈利模式是实业本身的版图。这些盈利模式才是我们要了解的。

危与机的复杂交织

很多时候，我们在事后看结果是一种感觉，而真正经历时则是另外一回事。所以，只有自己经历过，才能有成长。例如前面提到的通策医疗，笔者在2017年9月底分析了它的机会点，也有投资者研究后决定投资，结果在24元买入，最后割肉离场。原因是该股不涨，就想买其他个股，赚了钱再买回来。结果买入的其他个股套住，眼看着通策医疗随后一路上涨直到翻倍，却再也没有机会买回来。如果他当时持股，后面赚钱的机会就太多了，但谁能知道他当时经历的痛苦——通策医疗之前已经横盘五六个月一直没起色，他介入后又小套了，他无法承受折磨，因此选择走。所以随后的翻倍利润他没得到，也是正常的。

再聊聊2018年年初的普洛药业。当时也是市场普跌的形势，普洛药业筑底失败，所以投资者当时只有两个选择，要么止损，要么等一两个月修复(随后也有一波80%利润)。但这都是事后的分析了，当时呢？谁能体会经历者的痛苦？

再比如说，有投资者提到2018年下半年的天然气板块走势不错，看市场，似乎就这个板块赚钱。但这个板块做波段，调整的时候，有几个投资者能安静地观察，等待波段低点出现再买入，在箱顶高点又果断卖出呢？问问自己，我们做得到吗？别说箱体波段好做，那期间的考验一样难受。

这些个股操作大部分是左侧交易，有些难度，那么右侧交易是不是就轻松了？其实也未必。因为有一些个股，如广汇物流，要么横盘，要么一启动就是一路狂奔，不给人买入的机会。或者就和通策医疗那样，一些投资者在等待右侧机会的过程中做了其他品种，被套住了，结果也失去了机会。所以任何时候，操作都有风险——破位了怎么办？继续等待还是撤离？退市风险警示了怎么办？是否会像之前某些行业一样形成转机？如果行业没有如预期获得转机，怎么办？

是否还有时间和耐心继续等待？这些都是要思考的。

所以股市就是这样公平，没有完美的操作。要么左侧交易付出时间代价，尤其是很可能筑底失败，再度跳水，但你博弈的是未来的空间；要么右侧交易，等待底部反弹持续，当然这样就会让渡一段空间。哪种操作都有风险，完全的确定是不存在的。如果所有因素都确定了，哪还有股市？那该叫作金融数据吧。股市就是对预期的博弈，对风险收益比的抉择。市场的魅力就在于从未知中找寻已知因素，从已知中探索未来走势。没有统一，只有个性，各有各的成功。

敬畏市场，是笔者反复强调的。在市场中就不能心存侥幸，尤其是长线经历的周期长，就意味着各种风险都可能遇到，包括黑天鹅。我们选择了，就要承受相关压力，有危机意识，勇敢面对，奋力走出。

2

金股的意义

投资者最欢的就是个股，但真正了解个股运行规律、资金特点、股性特征、个股策略和执行计划的投资者却很少。从笔者的角度来看，个股类型分为“只研究不买”“只买不研究”和“又买又研究”三类，对应不同的模式及上述各种因素。这就是本章要教给大家的生存技能。

投资者把所有的精力都放在个股上，但实际上，我们需要一个体系，从分析趋势、市场、资金面，到分析行业、板块、个股及操作、风控、策略等。只有建立体系才有机会成功，所以金股不单纯是指个股，而是指一个金子般有价值的炒股体系。

第一节　选股思路：建立自上而下的大格局

大视野决定了大格局，大格局才能有大成就。

作为投资者，我们不能只将视野放在局部很小的范围内，因为那注定会带来一个悲惨的结果。只有“自上而下”分析，才能看到更多。一些“稳赚不赔”的方法，是靠思路和品种的组合来实现的。经常有投资者问，有没有稳赚不赔的操作方法。当然是有的，但绝不能以那种狭隘的视野去看，而是需要大格局。

冰冷的数据让投资者清醒，寻找对策

2018 年 A 股收官后，留下了一组数据，让投资者深思——中小板指下跌 37.75%，深证成指下跌 34.42%，创业板指下跌 28.65%，沪指下跌 24.59%。历史上，沪指年跌幅超过 20%的还有 3 个年份，分别是 1994 年、2001 年和 2011 年(见图 2-1)。

其中，2011 年就处于上一波震荡市 2010—2013 年，所以这意味着震荡市格局并未结束。笔者还要提醒大家一个数据，历史上，1949 点之后市场又振荡了

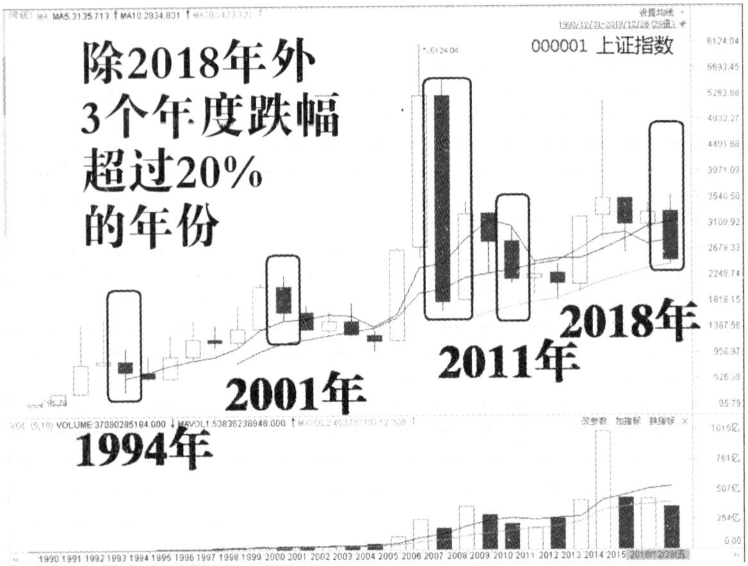

图 2-1　上证指数 1990—2018 年的年 K 线

一年半，即便是 1849 点出现后，也还有一年的时间才真正启动大反弹。所以，震荡市的波段思路还将是目前最重要的因素。

还有一个关键数据。2018 年实现上涨的个股数量仅 214 只，占比仅 6.23%，这也就意味着 2018 年下跌的个股超过了九成。在九成下跌的个股中，跌幅不足 10%的个股共有 538 只，占比 4.10%；跌幅在 20%～50%的个股共有 2183 只，占比 63.53%；跌幅超过 50%的个股共有 501 只，占比 14.58%。值得注意的是，2018 年 A 股的十大牛股中，没有一只涨幅超过 100%，这是自 2005 年以来第二次出现的情况。这也提醒投资者，在震荡市行情中，是无法靠捂股来实现盈利的，或者说这样做盈利的概率非常低，必须要通过操作去超越牛熊。

所以，投资者就算要长期投资，也不能直接满仓，而是要保证每个周期的定投,有持续性的资金介入推动,这就是 QFII 的玩法了。国内资金都有考核和净值赎回压力,但外资是没有的,且资金雄厚,所以可以这样博弈。2018 年北向资金累计净买入 2492.18 亿元,创历史纪录,且北向资金只有在该年 2 月和 10 月出现净流出情况,其余月份均是净流入。

所以笔者认为,对于普通投资者来说,其实可以将自己的总资金分成 40～50 份,做一个指数定投,每个月一份。基本上以三四年为一个周期,也能有一波不错的收益。但就怕很多人没有这样的耐心,恨不得直接满仓,然后就不动了。这不是一个投资者应该做的,毕竟我们不是行情发动者,只是顺应者。冰冷的数据,让我们清醒,并且积极地寻找解决问题的对策。

· 方案一:自上而下挖掘机会群

无论是作为投资者还是作为普通人,我们都必须有一个大视野。为何我们无法涨工资?因为我们总是考虑自己的使用价值(能为公司带来多少利润),但使用价值并不决定工资,只能让公司继续雇用我们。只有价值才决定价格,这是由岗位或功能性决定的,即所在岗位的社会必要劳动时间。这就是为何律师或医生要比普通的文员工资高,因为这些职业需要的人员经验和学术要求高,所以工资更高。

同样,为何投资者不赚钱?因为他们总是只看个股,而忽略了个股之外的期权、股指期货、外汇、期货等对股市的影响和带来的机会。比如说,全球股市在 2018 年最后两个月里是什么状态?巴菲特都要增持的“大白马”是个什么状态?A 股是什么状态?大资金如何?看到这些,就能看到行业和板块如何了。

“自上而下”分析,在这两个月里,全球股市——从美国到欧洲,再到亚太市场——都出现了一波 20%的指数跌幅;全球白马股哪怕是苹果、伯克希尔哈撒韦等,都有很大的跌幅。这样看来,国内市场白马股跳水就显得很正常了,这是资金对未来走势谨慎的表现。观察到这些状况,就可以提前规避。

一般认为，股指从最近的高点下跌超过 20%，在技术上即确认熊市成立。2018 年第四季度，多个国家和地区的股市已符合或接近这样的状态。

具体来看，在 2018 年最后两个月里，美国三大股指中，道琼斯工业指数从 10 月初最高的 26951 点，回调至 12 月 24 日盘中的 21792 点，跌幅已近 20%；而纳斯达克指数跌幅逾 24%。欧洲主要股市方面，德国股市率先进入技术性熊市，2018 年第四季度还创了新低，跌幅达 24%；法国 CAC40 指数跌幅近 20%；英国富时 100 指数跌幅小一些，达到 16%。

日本股市方面，最主要的股票指数日经 225 指数在 2018 年第四季度持续调整，跌幅达 23%；同样的，东证指数跌幅也早就超过 20%。恒生指数自 2018 年 1 月触及 33484.08 的最近 10 年顶部后，也开始持续调整，至 10 月已跌至 24540.63 点，累计跌幅一度达 26.71%。

不仅如此，一批美股“大白马”也在跳水。如截至 2018 年第四季度，美股市场市值最高的 10 家公司中，有 6 家公司自年内高位的最大调整幅度超过 20%，其中 Facebook(脸书)自高位调整幅度一度超过 40%，最为惨烈(见图 2-2)。

苹果公司股价 2018 年 10 月一度达到 233.47 美元，市值突破万亿美元，但自此之后持续调整，至 12 月 24 日盘中已跌至 146.59 美元，累计跌幅一度达到 38%，市值缩水超过 4000 亿美元。此外，亚马逊、谷歌 A 类股、壳牌石油 A 类股、阿里巴巴等股票也已步入技术性熊市。股神巴菲特旗下的伯克希尔哈撒韦及强生公司、微软公司的股价则相对抗跌，其中伯克希尔哈撒韦的股价自最高位的最大回撤幅度为 17%，且是在一个多月内实现的。

我们常说，做股票要先找到“势”，在这样一个弱势和调整格局中，机构重仓股轮流跳水，基金应对赎回压力和抛售，那么必然，大量个股是走弱的。此时，纵然你说个股基本面如何，也没什么意义，因为资金不买账。所以，等待“势”改变了之后再去操作，同样的个股，走势就会完全不同。A 股在 2018 年 11 月和 12

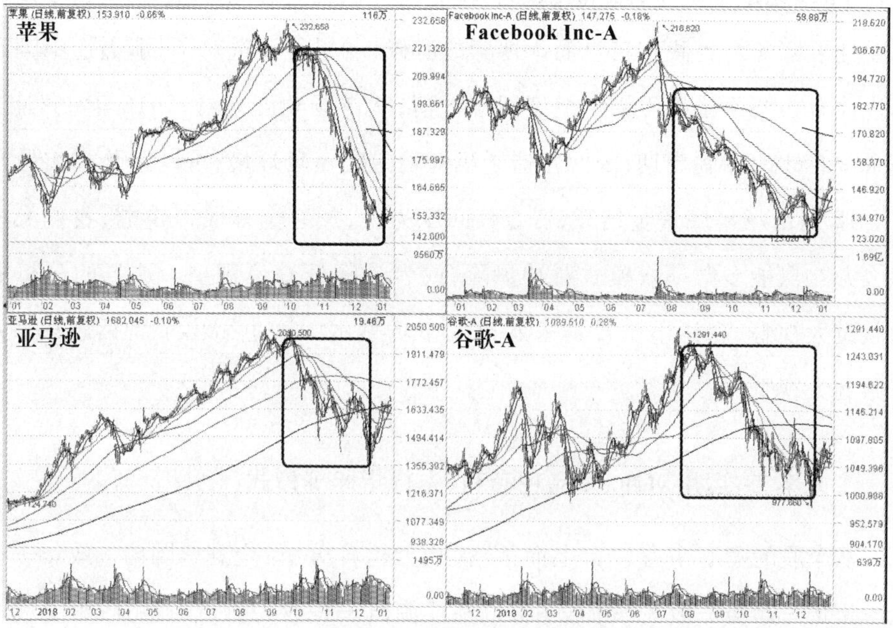

图 2-2　全球白马股 2018 年第四季度跳水现象

月的差异就在于此。如在 12 月,一些个股刚要表现,走好了,但大盘一个大长阴线它们就直接归零了。这就是环境和市场“势”的意义。

再换个角度来解释,大家可能就懂了。比如说,这个学期教学大纲改变了,有些内容不考了,有些却加入成为新考点,那么学生如果还按照之前的大纲复习,是不是就有问题了?同样,如果是开公司的,税率变化、行业变化、需求变化是不是都要考虑?不能光顾着埋头生产。这就是“自上而下”的意义。

同时,我们也明白了,为何 2018 年第四季度行情中只有一些次新股、问题股、“妖股”①等投机模式是活跃的。如果投资者只看一两只个股,没有大视

① “妖股”,即股市上那些股价走势奇特、怪异的股票。

野，是根本无法知晓所处的状态的。就好比人在屋里感觉冷，出去一看才知道现在处于寒冬。当我们自上而下博弈的时候，如果行业选对了，那么连中国石油也能有一波不错的涨幅。继续回顾行情，从市场角度来看，2018 年 11 月是基金排名战的冲刺周期，因此营造了相对稳定的市场环境，可以踏踏实实做投资。12 月市场年底资金结算，资金赎回压力大，加之全球股市走弱，我们又该怎么办？只能多做期权模式对冲风险，或者是降低仓位观望。这样的分析靠的就是大视野，它让不少投资者躲过了市场跳水。这也引出了新话题——如何做到大视野呢？

• 方案二：运用对冲、多品种套利、先行指标等模式

从个股的角度来看，“自上而下”模式要这样分析：全球—国内—政策—资金—市场—趋势—板块—个股。如以新能源汽车行业为例，在补贴政策退坡的大环境中，全球锂钴等资源过剩的背景下，2017 年的上游资源的热点模式已经不适合了，2018 年的热点是针对整车和新技术变革。那么如何推论 2019 年的热点模式呢？要么是关注当升科技那样多年保持波段的，要么就是顺着这样的思路，对固态电池、氢能源等新技术进行关注，从而找到相关上市公司。

如果投资者做不了行业和个股，操作指数品种也是可以的。分析指数品种就相对简单了，有两条线：全球（国内）—指数，以及全球（国内）—行业—指数。其中也有不同风格的分类，如创业板 ETF 和 50ETF，以及行业内指数品种研究等；还可以用到分级 B，以及“分级 B＋期权对冲”等。若无法使用期权或股指期货对冲风险，我们就要学会用仓位控制，通过空仓或操作节奏对冲风险，不能总是操作。

经常有投资者问，有没有稳赚不赔的操作方法。当然是有的，但绝不能以那种狭隘的视野去看，需要大格局。比如笔者提过的“期权—个股—ETF—分级

B”套利操作，是靠品种间套利，稳赚不亏；还有的是靠思路，比如说定投用时间周期去平缓风险，靠时间去盈利。定投的意义在于通过一段持续的时间周期来平缓风险，实现成本优势，这个持续性非常重要，否则定投无法发挥功能。所以投资者应该思考自己有没有足够的耐心和资金，保持这样的操作。如果能坚持，那么即使在6124点进行指数定投，依然能有好的收益。

QFII就是因为没有考核压力，并且有充足的资金分配，所以采取了定投的模式。哪怕一些个股在定投初期的两三年内跌了40%～50%，QFII最终依然可以赚几倍离场。这是非常值得投资者研究和思考的——这种模式也是思路决定收益。

股市从来不是只有个股，我们不应自己把自己的视野局限住。投资者局限了自己的视野，就意味着与大量盈利圈绝缘了。上一章提到，如果投资者投资了100份额，认沽期权只需要5～6份的份额，就能保护100份额的资金了，这是认沽期权最大的意义（大部分认沽期权最后的票面价值都是零，价格很低。但一旦市场跳水，其价格就会有几倍的涨幅，从而实现其保护资金的意义）。其余各种套利方式，如同立交桥一样通向各个方向，让我们的操作更加丰富。

那么，如果没有这样的模式该怎么办？也有两种方法：一种是通过观察认沽期权活跃度来判断市场风险。如果认沽期权的活跃度很高，就意味着做空赚钱模式或者说资金避险模式盛行，那么对应股市方面，自然是弱势格局。所以投资者要通过仓位控制，规避风险。另一种是明确没有对冲，那么必然不能一直操作，需要观察市场环境，在强势周期中博弈才能有更大机会。因此，投资者要学会把控操作的节奏，适时空仓休息，进行调节。

综合来看，投资者只是行情的顺应者而非发动者，敬畏市场，意味着不仅要摆正自己作为投资者的身份，还要无条件地顺应市场的“势”。势在多头在，势散猢狲散，对市场新生事物和新的模式，我们要持续不断地学习、研究总结并加以运用。

第二节 研究体系:四类股只研究不买

一些个股不是用来操作赚钱的,而是用来研究市场的。

股市中机会很多,个股也很多,如何划分这些个股呢?大多数人可能会以行业划分——医药、军工、化工、金融、地产等;也有的人用盘子大小划分,大盘股、中小盘股等;还有很多概念股。笔者个人建议,投资者可以换一种方式,比如说用研究体系来划分。总结起来就是,"四类股只研究不买,三类股只买不研究,价值与成长又研究又买"。这样划分,更有实战意义。先来介绍第一种情况,有四类股是只研究不买的。

四类股只研究不买

有四类股,笔者称之为研究功课。第一类是"国家队"增持股,第二类是机构调研股,第三类是定向增发破发股,第四类是大股东增持股(包括险资举牌等)。这些股都是可以看但不要轻易去买。

有投资者问,不买为什么要研究呢?道理很简单。投资者操作一种机会,就意味着和其他机会绝缘了。我们可操作的总是很少,但需要研究的却很多。多研究,才能总结出各种战法。

为什么不买?其中一个关键因素就是,这些都是大资金的思路,并不是我们普通投资者的思路。其中更多的是从大资金的角度出发,比如说"国家队"资金的模式，其融资融券利息收入占其收益的最主要部分（“国家队”持有大量股票，很多又是不动的，给券商作为融券标的，以获得利息收入）；我们可以看到，很多社保、保险资金扎堆股的情况也是如此。

机构调研股经常被媒体披露来吸引投资者注意力。一些热门股背后有机构扎堆，但也有一些个股，虽然机构扎堆，热度很高，走势却很一般，所以这其中就有值得我们思考和开拓思路的因素。实际上，机构会调研很多的个股，而参与的数量却非常有限，还有一个现象是机构对调研的个股不买，买的则不调研，所以调研只是表示机构对其感兴趣，却未必表示要购买，也并不表示它会大涨。

关于定向增发破发股，笔者给大家挑选了两个典型的代表，蓝色光标和三七互娱（见图 2-3）。蓝色光标大幅跌破定向增发价格后，业绩复苏而超跌反弹，但随后又再度破发；三七互娱有过一次跌破发行价的行情，随后二次增发，再度跌破。这些个股的走势很值得研究，同时还有一些问题需要思考。其实，无论是定向增发破发还是新股破发，都没有任何规定说它们一定要涨回去，这和股价跌破净资产是不同的。跌破净资产且业绩持续提升，会带来价值低估。但如果新股发行价虚高（如养元饮品）或是存在价格泡沫，就会导致破发先行。同时在市场走势中，也会遭遇

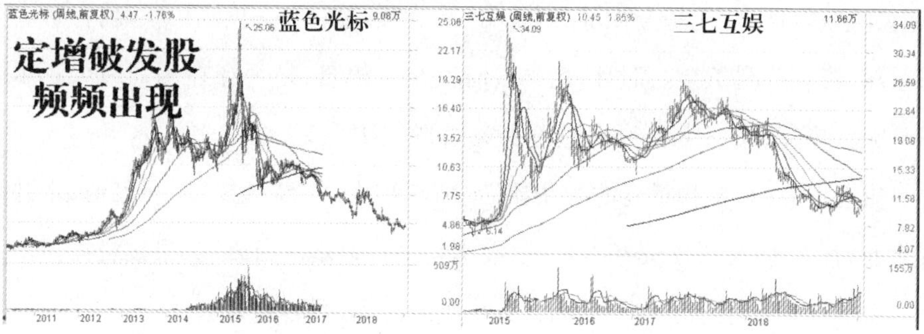

图 2-3　定向增发破发股密集出现

利空、利好等各种情况。熟悉这些个股，对于判断市场价格体系非常有好处。

大股东增持股（包括险资举牌等）也具有非常强的迷惑性。兜底增持、产业资本增持、董事长个人增持等形式很多，有一些就是因为股权质押风险，而通过增持来提振股价，实际上大股东却利用这一机会减持；还有一些是为了给予投资者信心，彰显公司价值的；也有一些是实业布局，如腾讯系、阿里系的增持。这些增持不是为了股市获利，而是实业版图的构成。但这些模式实际上都和投资者高抛低吸的盈利模式不同，可以通过其他方面来获得利益，而不是从股价方面。熟悉这些个股，实际上也是在明确市场中各路资金的盈利模式。在本书的第三章，还会详细解读市场中的各种套路。

我们经常说“读书破万卷，下笔如有神”，实际上股市也是如此。如果研究并实践的案例多了，能力自然就提高了。上述类型的个股不是用来操作的，而是用来研究市场的。

机构扎堆股走势思考

机构投资者扎堆的就是好股吗？未必。如恒力股份（恒力石化）中，社保、“国家队”、险资、信托基金扎堆，但 2018 年以来，这只股一直高位横盘，投资者如果跟随，鲜有获利机会。而且，这样长时间高位横盘，是否存在闪崩后大跳水的风险呢？毕竟，2018 年已经有过不少类似的个股了。

重仓股方面，机构重仓的九华旅游、浙江美大、川环科技、旭升股份、水井坊等个股，在 2018 年要么是持续阴跌，要么是高位跳水。所以，如果投资者贸然追随大资金操作而不思考自身盈利模式和个股因素，很容易被套。

按照主动管理型基金持股占流通股本的比例来看，2018 年上半年，基金抱团股之首为芒果超媒，共计 47 只主动管理型基金持有该股 39.6％的流通股；基金高度“控盘”的还有华帝股份、恒华科技及南极电商，它们对上述个股的持股占流通股比重分别达到 28.4%、26.5%及 26.1%。此外，还有胜宏科技、康泰生物、视源股份、分众传媒、韵达股份和国瓷材料等。其中，分众传媒被 212 只基金扎堆持有，占流通股的近 22.8%。但从 2018 年下半年走势来看，这些个股几乎都没有很好的表现(见图 2-4)。

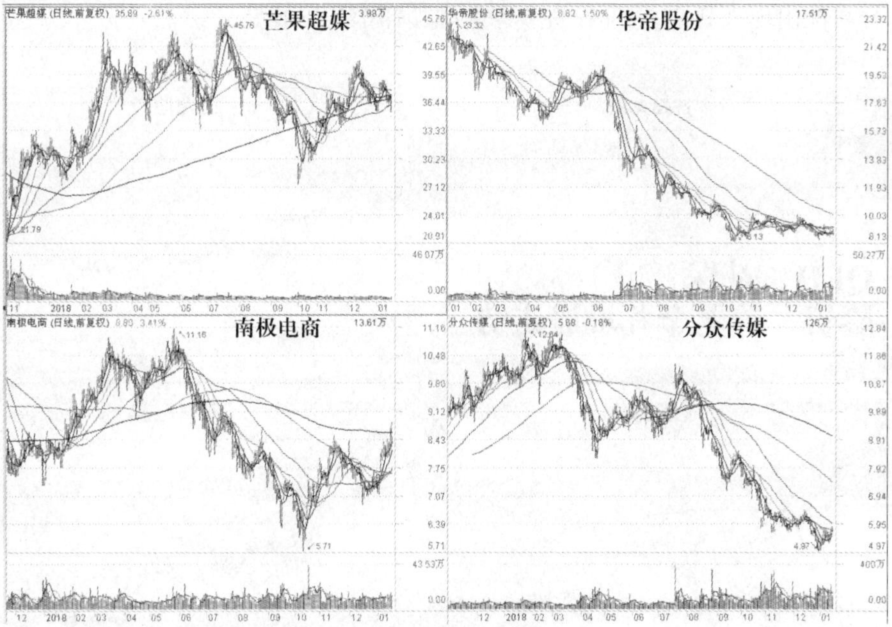

图 2-4　机构扎堆持有的重仓股在 2018 年的表现

如果顺着这个思路进一步梳理就会发现，还有 15 只个股获两类及以上机构交叉持有。其中，古越龙山、涪陵电力获社保基金、券商、险资等三类机构共同持有；西山煤电、信维通信、广宇发展的背后则同时出现了社保基金和险资两类机构。QFII 方面，截至 2018 年第二季度末，QFII 新近持有卧龙地产、古越龙山、迈克生物 3 只个股,并对涪陵电力、飞科电器、金龙汽车 3 只个股进行了不同程度的增持。但这些个股走势如何呢?无一例外,均是持续阴跌的走势(见图 2-5)。投资者如果盲目参与,是不是非常可怕?

显然,并不是机构投资者扎堆,个股就会有强势表现。实际上,2017 年的机构重仓股中,阳光电源、中兴通讯、乐视网等都在 2018 年出现了连续大跌的走势,有的是因为政策转向,有的则是公司的黑天鹅走势。由此可见,机构重仓股一样可能出现大利空,而非投资者想象的那样都是牛股。

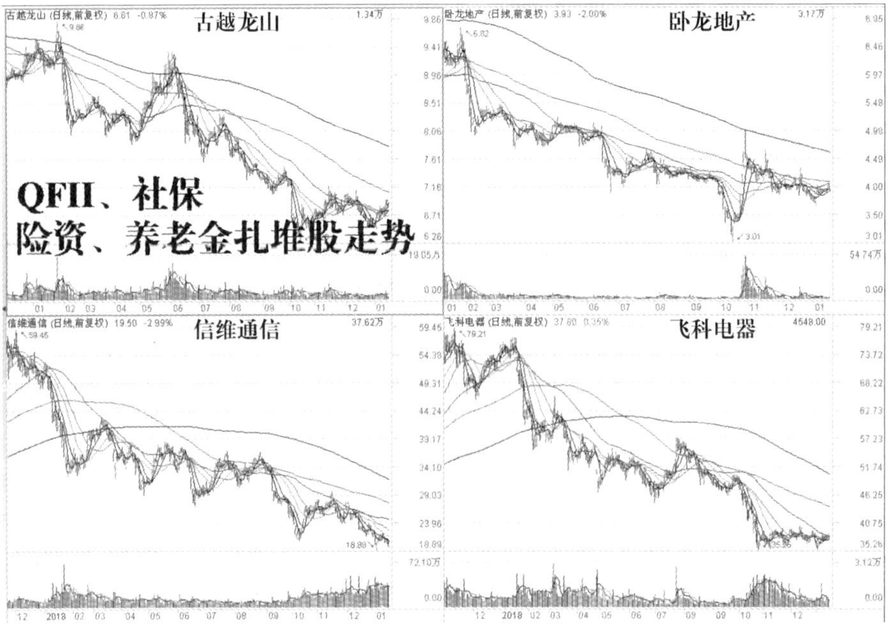

图 2-5　QFII、社保、险资、养老金扎堆股在 2018 年的表现

那么,投资者可能要问了:这些股只研究不买,那我们该买什么呢?尤其是当我们看到年初不买蓝筹股不赚钱,两会周期又是不买概念股不赚钱,这两大风格类型要如何处理呢?接下来就送出三类“只买不研究”的个股品种。

第三节　操作方向：三类股只买不研究

对于投资者来说，很多时候要从简单的开始做，慢慢熟悉个股的股性。这样做了一段时间之后，投资者就会有心得，形成自己的主体优势，甚至不用做其他股，可以反复做一只。这样不仅简单，而且可以摆脱市场的繁杂。有机会就出手，做一波就跑。

游资打造的短线热点，大多数是没有基本面因素的，因此"不研究"是指不能对基本面、业绩等因素做太多研究。因为这些品种注定只是游资的炒作，概念也好，噱头也罢，都是障眼法，真正的还是量价。游资就是在短期内快速堆积资金，高换手推高股价。面对巨大的赚钱效应，投资者很难抗拒。这样的模式也有其固定的规律及需要注意的因素。

生活中我们会发现一种现象：香烟、膨化食品、油炸食品、高热量的垃圾食品等，从健康角度来说是没有任何价值的，但为何不禁止此类产品的销售呢？很关键的一点就是，从物质角度来说这些东西的确没有价值，但它们能够给人带来愉悦，具有精神层面的价值，甚至这样的价值在很多时候更为必要。股市中也有类似的情况，那就是投机式的概念模式炒作。人们明知这些个股本身的基本面价值非常低，甚至有些还有业绩"地雷"和退市压力，或者是明显高估的泡沫，却能够给投资者带来巨大的利润。这就引出了今天的话题：三类"只买不研究"的个股——次新股、概念股和超跌反弹股。

概念股炒作背后的模式

这里的“不研究”,是指不能对个股基本面、业绩等因素做太多研究,因为这些品种注定只是游资的炒作,概念也好,噱头也罢,都是障眼法,真正的还是量价。游资就是在短期内快速堆积资金,高换手推高股价。所以,对这类股要研究的是资金手法、换手率指标,笔者也对此做过专题。当然,既然是投机模式,就必须要有止损止盈机制。

以 2018 年的两会概念股为例,雄安新区、环保、农业板块是典型,笔者挖掘过的韩建河山、创业环保、首创股份、敦煌种业等个股在走势方面也的确出现了对应的活跃走势。但投资者一定要明白,这些活跃和业绩因素、基本面没什么关系,而且韩建河山已经澄清没有雄安新区业务,却依然被资金贴上雄安标签炒作,这就是现实(见图 2-6)。如果投资者非要较真,认真地说什么基本面如何如何,那么根本无法操作。而且资金也明显是炒一波就走的。

雄安新区股是概念股的典型,由于雄安新区的规划还没有具体细则,同时也没有招标工程或项目,如今并没有任何一只个股是纯正的雄安股,全都是概念。所以这些个股和基本面并没有关系,纯粹是资金炒作,以概念为主。比如 2017 年 4 月的一波雄安新区炒作中,金隅集团、中化岩土、冀东装备、河钢股份等都是非常强势的品种,有的一字板,有的是资金连续炒作。但一年过后,这些个股都创出了新低(见图 2-7)。当然,不可否认,这些个股其间还是有过多次局部行情的,这就是概念股的模式。

投资者还要注意一点:既然是明显的概念炒作,就有两个明确的风险:一个是监管风险。一些时候,监管层是制造概念的,比如说雄安新区的概念就是政策推出的;又如 2018 年两会上抛出的“独角兽”概念;还有工业互联网、“网红”直

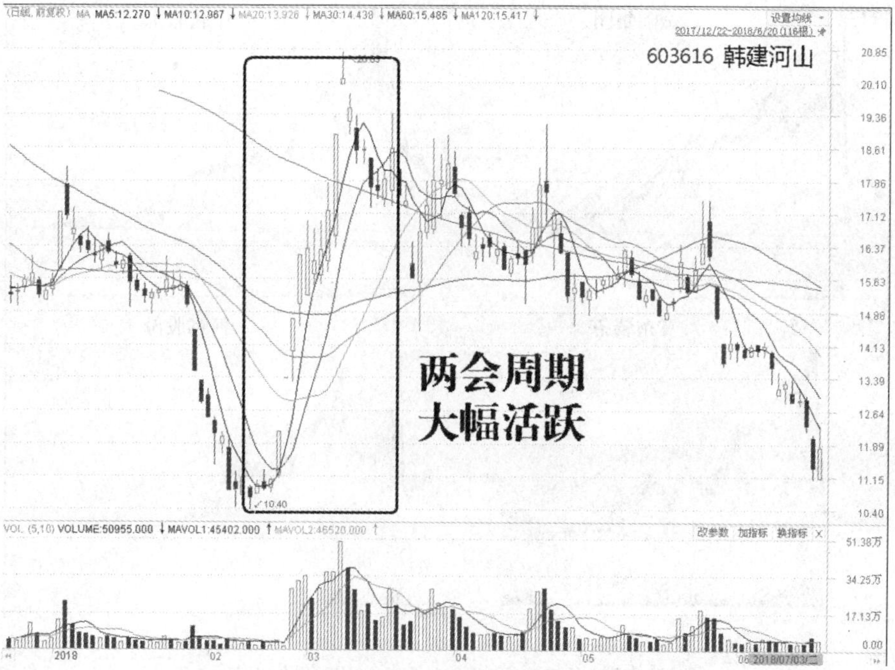

图 2-6 韩建河山 2018 年上半年走势

播、装备制造等概念。但当市场炒作过猛之后，不期而至的就是监管了，尤其是连涨“特停”(停牌核查)的压力巨大。当年雄安新区概念股跳水，也是由于连续涨停后的监管，这些个股复牌后就跌停跳水了。

另一个就是资金因素了。其实这和前面的监管因素有一些关系。对于游资来说，资金流动性是最重要的，而且有些资金是有时间成本压力的(资金杠杆、借贷等)。这些资金无法承受哪怕是短期停牌的考验，很容易导致“闻风而撤”的情况。概念股没有了资金高换手，其泡沫特性就势必导致跳水。不少概念股炒作之后持续阴跌，跌破起涨点，是经常发生的。所以，对概念股不要去研究基本面，

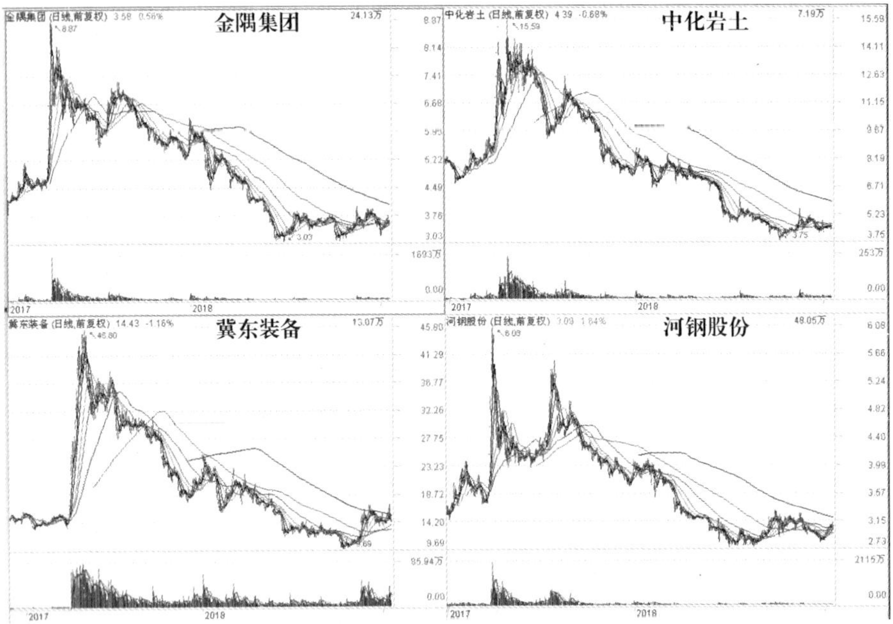

图 2-7　雄安新区概念股 2017—2018 年走势

只能从投机手法的角度思考和琢磨。

次新股与超跌反弹股背后的资金套路

说到投机，次新股是 A 股市场中的常青树，几乎每个阶段的热点表现中都离不开这个板块，而且其背后巨大的财富效应，使得历年十大牛股中都有次新股的身影。这样的诱惑没有哪个投资者可以抵抗，笔者也在这个板块中经历过酸甜苦辣，有过大赚的惊喜，也吃过非常大的亏。正是如此，才创立了“次新股实战系统”，并且对其不断改良完善。

次新股最大的两个特性是时间与资金。次新股比概念股更加投机，其动辄翻倍甚至翻几倍的走势令人神往。比如说，笔者在 2017 年 12 月挖掘的贵州燃气，一波涨幅达到 350%；2018 年春节后又挖掘该股，这一波反弹又达到 80%以上（见图 2-8）。为什么笔者看上该股？一方面是因为时间节点把握得比较好，市场经历调整之后企稳，并且有“天然气荒”这样的题材，产生了明显的资金；另一方面是对游资的把握。该股保持着 50%以上的换手率，这意味着游资进出非常频繁，高换手推高股价的条件得到了满足。其实，有不少天然气股的基本面都比贵州燃气好，但这波行情炒的就不是业绩和基本面，错估了这个因素，就会导致问题。

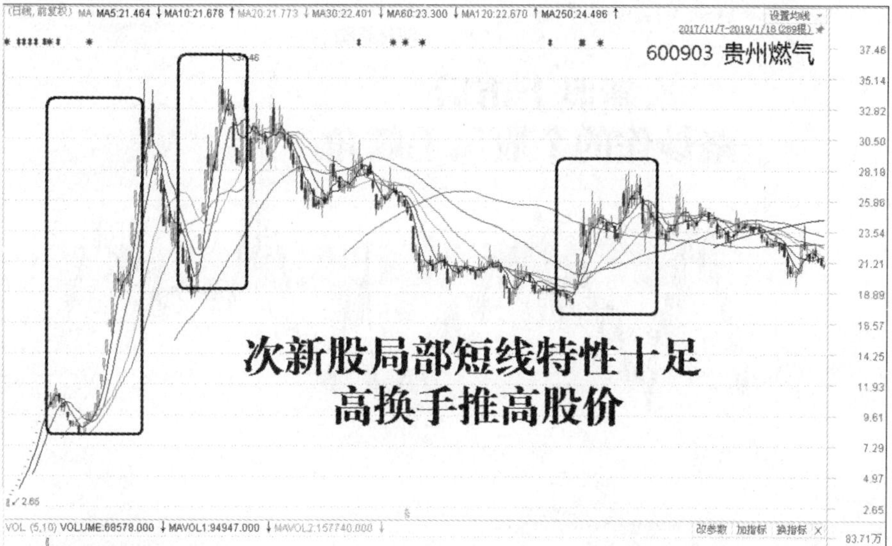

图 2-8 贵州燃气 2017 年 12 月—2018 年 12 月走势

对投资者来说，次新股板块真的是一群烈马，而快速找到这个群体的龙头，是非常重要的。作为板块的风向标，它能够明确提醒投资者这个板块的机会与风险。对于初期操作的投资者来说，盯着龙头做跟风股，可以非常舒服，虽然利润不及龙头股，但风险也会小一些，可以照猫画虎，及时抽身。其实，在操作次新股的时候，只有你能控制更大的风险，才能博弈更多的利润，这一点非常重要。

笔者不否认有一些次新股能够走出非常强势的表现，如当年的苏宁电器（如今的苏宁易购）（见图 2-9）、寒锐钴业等，依托涨价周期实现了大牛走势（同样是钴类股的华友钴业，上市一段时间内没有赶上钴涨价的大环境，走势比较低迷，直到 2017 年才有大爆发，而且 2018 年钴价大跌时也出现了跳水），但这样的个

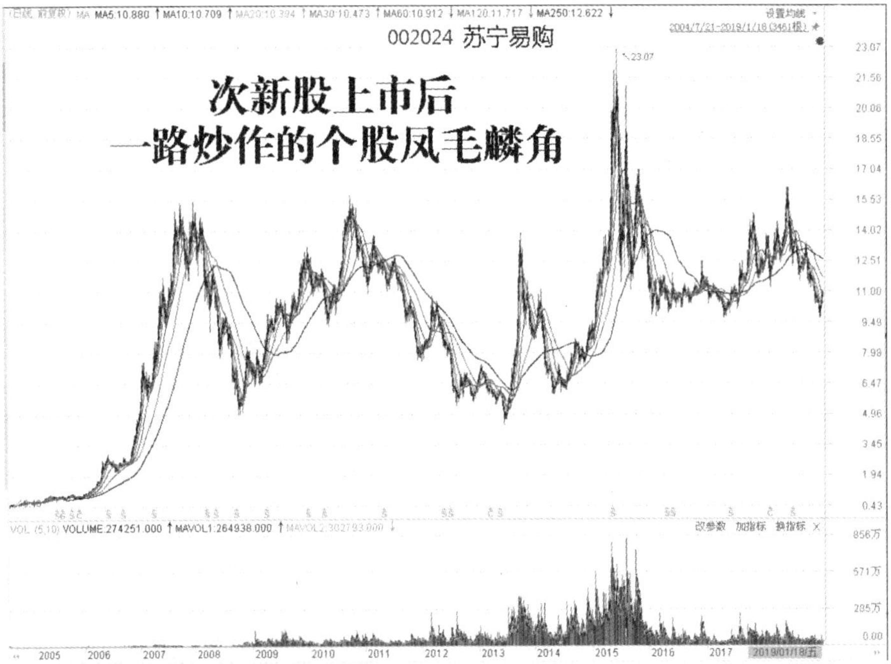

图 2-9　苏宁易购 2005—2018 年走势

股在整个次新股中太少了。大多数次新股明显是游资炒作，炒一波就跑，有机会再炒；更有一些次新股在初期爆炒后持续几年阴跌，这就是非常大的风险。如果投资者操作次新股没有明确的止损止盈意识，那么很可能一次亏损，就会将你之前很多次的盈利吞没，甚至可能在很长一段时间内都无法弥补。

超跌反弹股比次新股的投机性更强，因为很多个股明显有业绩地雷，甚至有退市风险，但依然被资金炒作，这背后就是非常典型的短线资金炒作了，乐视网、千山药机等都是典型。一般来说，市场关注度越高的品种，越容易出现连续跌停后开板，然后资金巨额炒作的情况。乐视网 2018 年 2 月打开跌停后的一波反弹，从最低点到最高点涨幅达到近 70%，算是非常猛的了（见图 2-10），但是"成

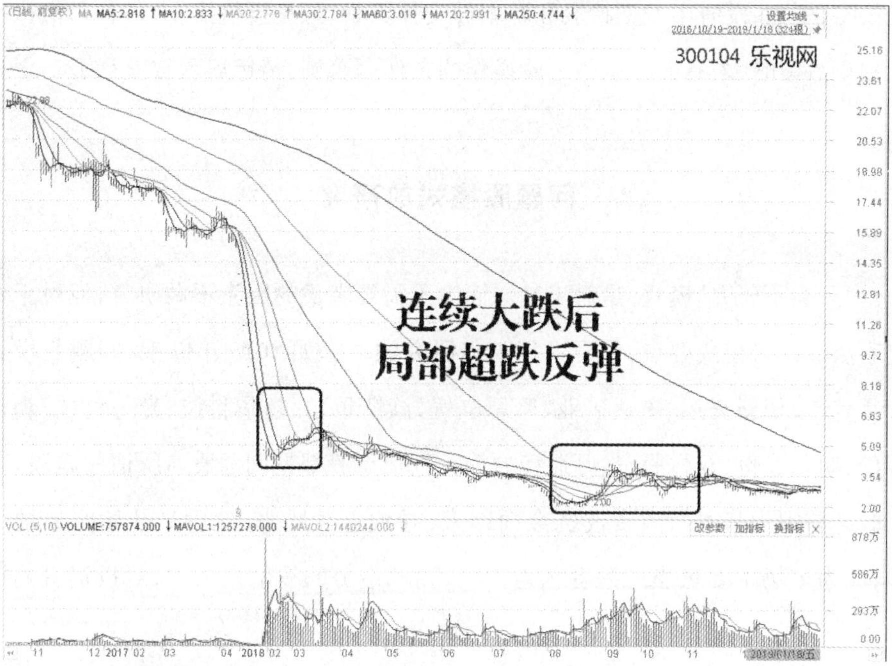

图 2-10　乐视网 2017—2018 年走势

也萧何，败也萧何”，一个“特停”因素导致其直接从大涨跌落到一字板跌停，这也是超跌反弹股的特性。

千山药机在2018年2月也是如此。一波超跌反弹接近翻倍，然后再度下跌，甚至在2018年6月连续跳水。所以，反弹走势的背后，高换手率是保证，这也是股价大幅波动的原因。做超跌反弹股，不是挖掘基本面因素，而是看跌幅大，短线放量大，并且持续保持高换手率，才有短线空间。当然，这只是短期走势，不可能持续太长时间，反弹到阻力区或出现资金派发现象，就要撤离。

综上所述，千万不要陷入对概念股、超跌反弹股、次新股等基本面和业绩因素的研究，这样做只会事倍功半，甚至陷入误区，一定要把更多的精力放在对资金因素和监管因素的研究上。这些个股可以买，可以参与，但要有明确的止损止盈策略，毕竟，没有中长期持股和基本面支撑因素，只是投机操作，只有严格执行止损止盈策略，才有参与这些个股操作的条件。否则，请远离欣赏就行了。

问题股模式的研究

“只买不研究”模式，是对于基本面等不需要考虑的因素不做研究，但对于资金手法等投机模式要点，是要进行重点研究的。比如2018年以来，问题股模式大行其道，德新交运、宏达矿业、摩恩电气、高斯贝尔、超华科技、光一科技、森远股份、朗源股份、双林股份、万通智控等一批热点股都是问题股。所谓问题股，即个股之前因为基本面因素或资金面因素，导致连续跳水，然后又开始明显地反弹，成为市场主要热点。笔者认为，“问题股”走势的波动性很大，对投资者的操作要求很高。

其中，超华科技是连续涨停后又直接跌停；而延安必康更有意思，先拉升，然后跳水，随后又拉升，这已经是意味十足了的“妖股”（见图2-11）。投资者必然会问,是该股股权转让消息导致的吗?笔者认为,有这部分因素,但这是表象,真正的核心因素是游资的扰动。如知名营业部中金公司北京建国门外营业部、华金证券北京分公司、华金证券上海中心大厦营业部等活跃其中,局部高换手,推高了股价。

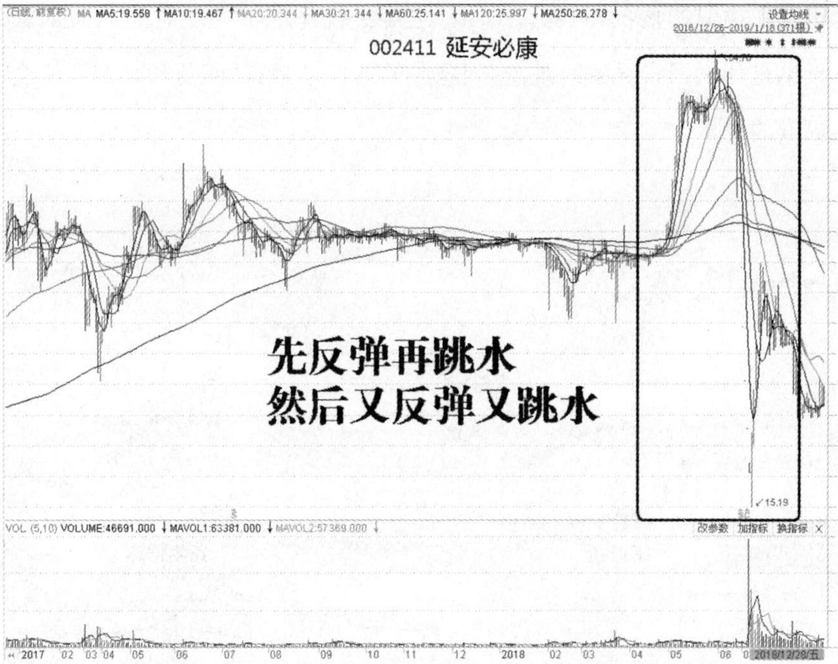

图 2-11 延安必康 2017—2018 年走势

再来看超华科技半年报披露持有芯迪半导体科技有限公司 12.74%股权,后者被市场认为有可能上科创板。而公司澄清公告称,芯迪半导体暂未进入上市辅导期。显然,消息因素只是噱头,游资才是这种短线行情的核心因素。但这里必须提醒投资者,各家公司的软件对资金描述不同,因为股票有买有卖才能成交,不存在所谓的"净买入"或"净卖出"。实际上,软件是将一些主动大单的买卖设定,看作是主动买入或卖出。设置不同,导致结果大相径庭。但这样做的意义不大,关键在于投资者要对板块联动、资金风口及个股走势进行综合判断。

当然,投资者也看到一些问题股没有涨,典型的是首航节能　　就是持续阴跌;还有经纬纺机那样的,反弹几天又创新低,且多次跳水;康得新(ST 康得)、齐翔腾达也存在类似的情况(见图 2-12)。这其实就体现了问题股的风险因素之一——无论是什么因素导致的跳水,问题股的本质就是有"问题"的,否则不会有相当大幅度的跳水。

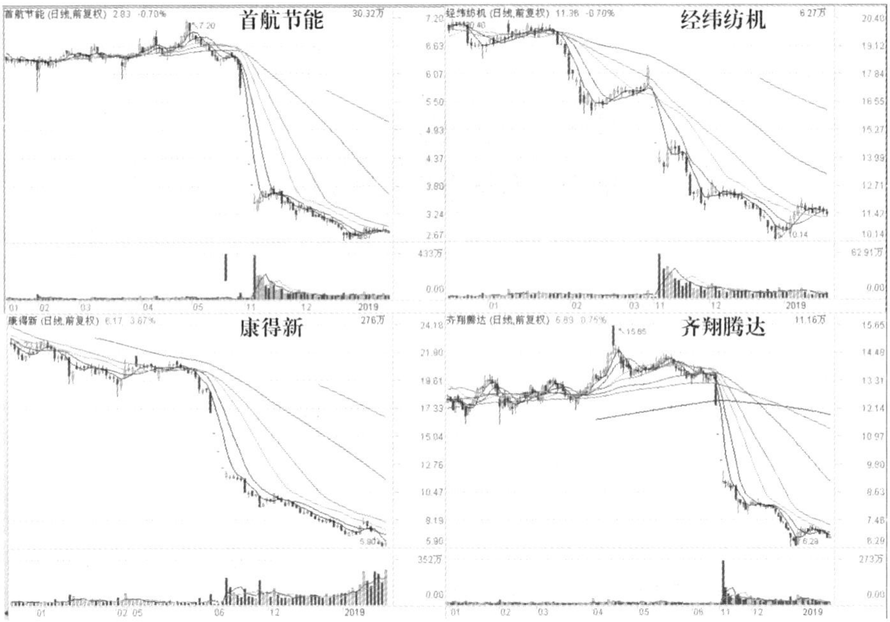

图 2-12　一批没有反弹的问题股

当然,跳水导致股价大幅缩水,这才有了游资的入场,但游资是不会解决具体问题的，而是来赚钱的，造"势"后就跑，留下的还是一地鸡毛。所以，投资者必须有严格的操作纪律，无论你是因为什么博弈问题股，你看上的就是短线的波动性带来的赚钱效应，一旦股价走弱甚至破位出现，就要止损，控制风险。没有这样的执行力，就不要碰次新股、问题股等高风险、高收益品种。切记！

问题股的参与思路与应对策略

对于投资者来说，绩优股的价格越低越好，因为价值重心稳定；而问题股重趋势、轻价格的交易特征明显，因此即便是同样的价格，位于下跌趋势还是上涨趋势，操作方法也完全不同，所以就必然有不同的策略。如图 2-13 所示，高斯贝

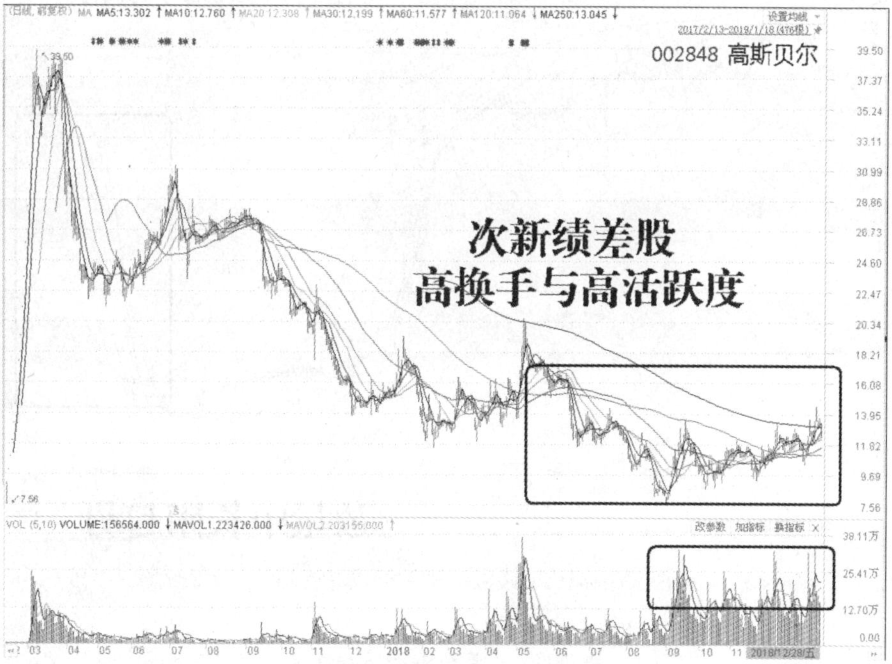

图 2-13　高斯贝尔 2017—2018 年走势

尔是次新股，也是亏损的问题股，有过闪崩。这首先说明了次新股是没有基本面因素的，只是投机模式；其次我们看到，同样是 13 元的价格，之前是底部，随后是阻力，而且几次反弹遇阻，这就是价格与趋势的意义。其实不少次新股都是如此，亚振家居、皮阿诺等一批次新股的重心都是下移的，投资者追的是趋势，而不是价格。

因此，为了确保行情启动，最好要有一个放量长阳的标志性 K 线作为典型信号。比如之前亚振家居的一波行情中，很难判断第一个涨停何时出现，也不能猜测，等待第一个涨停出现后，明确了局部反弹的“势”，第二个涨停时才能追入，博弈一波行情。这就是利用了这样的走势。

八菱科技在 2018 年 11 月 22 日的放量长阳也是比较典型的（见图 2-14）；甚

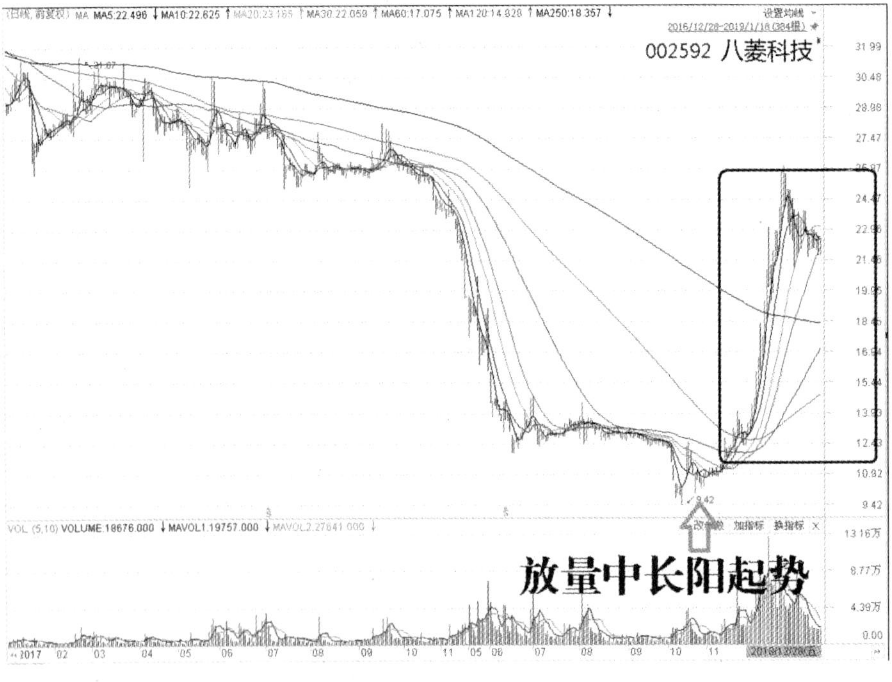

图 2-14 八菱科技 2018 年走势

至更早之前给大家挖掘过的 ST 春天(摘帽后为青海春天),也是在等到类似的机会后进行的博弈。当然,这里是说在连续跳水后的第一根长阳确立趋势时,而非所有长阳之后都能跟随,两者的意义是不同的。因为连续反弹后的长阳是派发冲刺(包括前面提到的一批个股,也存在"天地板"、大涨后连续跌停等情况,所以一定要盯盘才行)。

最后,就是要做自己研究过的问题股。至少跟盘对个股盯过一段时间,才会有感受。问题股并不是随便就可以操作的,如果涨也难受,跌更别扭,进退维谷,就根本无法操作了。盯盘一段时间,是为了熟悉个股股性,对资金手法进行研究,而且从资金角度来说,这些问题股只要启动,往往会有 2～3 波反弹(高斯贝尔那样的次新股,波段更多),这是给投资者反复操作的机会。

问题股模式带来的困惑与破解模式

通过对前面案例的分析,投资者应该对问题股模式有了一些理解。实际上,问题股模式是笔者个人创立的一套个股模式,这主要是与 2018 年市场特殊的走势有关。因为在这个阶段,不少个股有过大跌或连续跌停,无论是因为基本面利空、业绩因素,还是停牌复牌、市场、行业因素等,只要有过类似走势的都被称作问题股。这给资金创造了很大的空间,可以利用相关起势后的爆发特性,实现好的收益。

问题股模式是特殊市场环境下的特殊机会。在存量资金的博弈中,游资是市场热点的主导,只有跟随这样的走势,才能有好的收益。或许投资者对此感到心里不舒服,认为这是投机,但实际上对于市场来说,投机也好投资也罢,都不是由投资者决定的,顺应市场才是投资者生存的本分。

这期间也有不少投资者抱怨:"就怕研究出问题股的炒作手法,环境又变了。"对此,笔者认为一切让市场去验证就好。创新就会受到质疑,但这是笔者从实战中总结的。与其瞻前顾后,考虑这个那个,不如将这些时间用于实践、思考和完善模式。想得多,实践少,就会错失机会。股市行情永远不是为某个人而存在的,蓝筹股行情也好,问题股模式也罢,作为投资者,永远只有顺应和接受的份。

从实战来看,问题股模式在2019年年初依然有效。如2019年1月风范股份10连板,成为最"牛"个股之一。但从业绩来看,它并没有太多亮点,公司预计2018年净利润同比将出现大幅度下降。无独有偶,2018年前三季度净利润亏损749.58万元的宝塔实业也出现连续涨停板;大连电瓷、浔兴股份、浙江世宝、雪莱特、金莱特、奋达科技、粤传媒、胜利精密等问题股,均表现不俗。

以大连电瓷为例。2018年10月19日,大连电瓷盘中创下历史最低,之后不到3个月时间里,其股价一路震荡上扬,与历史最低价相比,该股累计涨幅已经翻倍(见图2-15)。在业绩方面,公司预计2018年净利润亏损0.25亿元至盈利0.05亿元,若按中值计算,其2018年净利润将创上市以来首亏。

反观绩优白马股的表现却没有那么突出。数据显示,自2018年10月19日之后的3个月,白马股指数累计涨幅仅0.83%,弱于同期大盘走势。部分白马股在此期间下跌,其中康美药业累计跌幅超过50%。华东医药、利尔化学、古井贡酒累计跌幅在20%以上。此外,洋河股份、中国医药、亨通光电、建设银行、贵州茅台等也出现不同程度的下跌。

当然,问题股模式、次新股模式再牛、再好,也必然不适合所有人。想找到一种模式让所有人都受益,是不可能的。市场有什么,我们就做什么,如果投机模式让一些投资者觉得别扭,可以不碰。但在2018年这个阶段,就是这样的资金掌控了市场,这个事实是我们无法改变的。

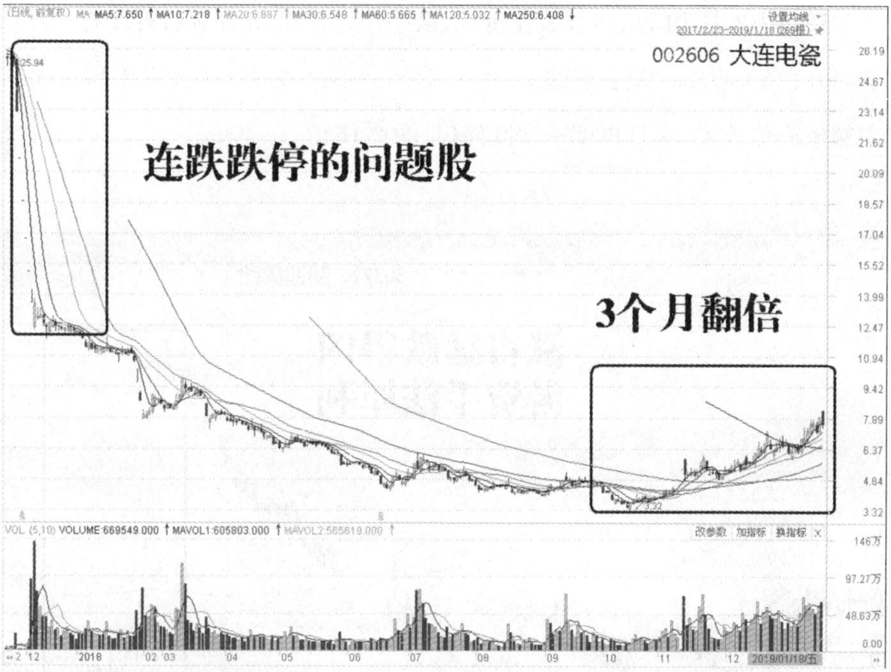

图 2-15　大连电瓷 2018 年 1 月—2019 年 1 月走势

剖析游资手法

在消息面没有利好的情况下，朗迪集团逆势走强(该股在自 2018 年 6 月下旬开始的 5 个月时间里实现了翻倍走势)，但没有任何征兆就突然出现了连续大幅下挫。显然，这种走势非常值得研究。2018 年 12 月 4 日，创出阶段新高的朗迪集团突然低开后不到 10 分钟就跌停，下午 2 点 25 分左右，随着大笔买单涌入，跌停板被砸开，但多次反复后重回跌停板。临近尾盘集合竞价时，该股再度被大单快速拉起，直奔涨停，收涨 9.27%，并创出阶段新高。

2018 年 12 月 10 日，该股故伎重施，以跌停板开盘，3 分钟后再度打开跌停，快速回升，当天收出一根长阳线，上涨 4.74%。不过该股当天换手率高达 62%，成交额也成倍放大，次日再度一字跌停(见图 2-16)。

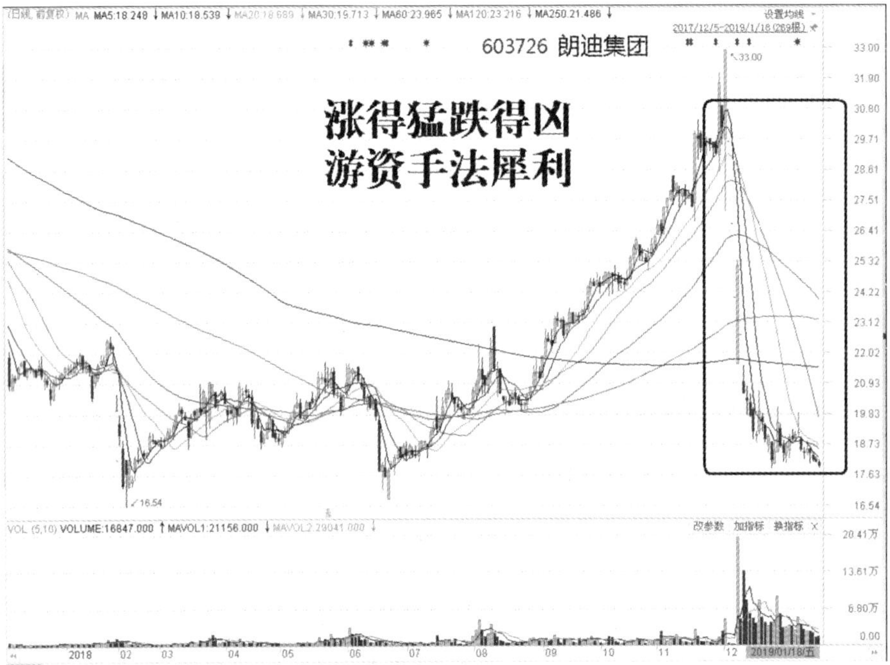

图 2-16　朗迪集团 2018 年走势

该如何分析这种情况呢？首先，这种小阳攀升走势到了尾端，其结束信号就是幅度的加大，尤其是这种异动长阳，投资者就应警惕了。

其次，我们看到该股几乎没有机构介入。截至 2018 年第三季度末，该股前十大流通股股东都是清一色的自然人，其中 6 位股东是第三季度新进的。这明显就是游资最喜欢品种的。笔者认为,此时投资者就可以换一个角度从游资方面思考了。我们同样可以发现,2018 年 5 月 15 日英派斯盘中一度跌停,但很快拉起并创出阶段新高,大涨 7.54%,此后也是连续 3 个一字跌停(见图 2-17)。

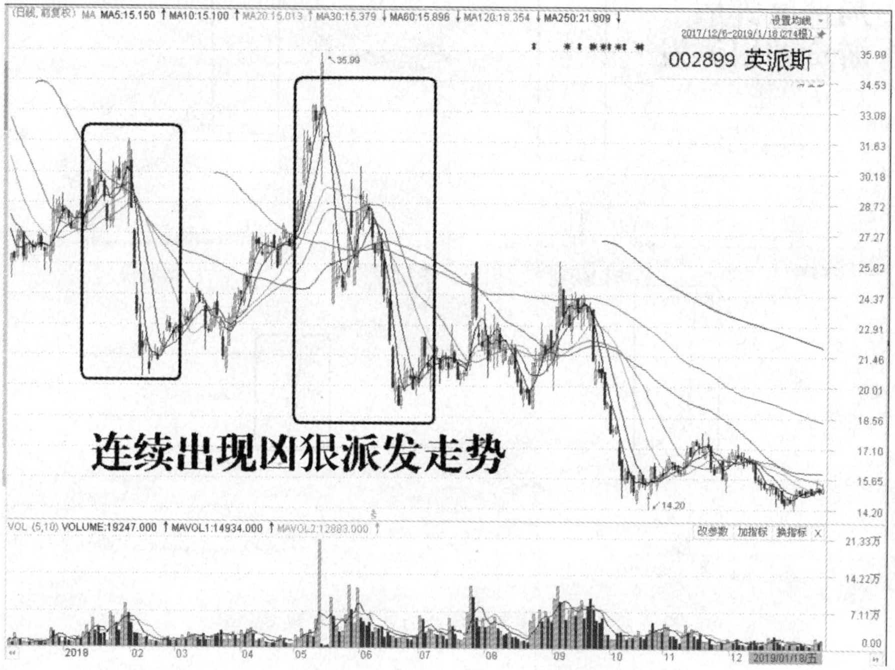

图 2-17 英派斯 2018 年走势

2016—2017 年,“温州帮”曾横行一时,他们瞄准的都是股本规模较小、相对冷门的个股,而且就是利用连续跌停砸盘,暴力出货。延华智能、华仁药业等个股都是逆势反弹后突然连续跳水,而对比龙虎榜可以发现,一些游资多次出现于这些个股之中,所以这种走势对投资者来说是需要警惕的。如遇到大连圣亚那种走势,就只能欣赏,不能碰了。因为大涨与闪崩就在一线之间,延华智能、华仁药业的走势就是典型,此外还有广博股份、金鸿控股、全新好等

(见图 2-18)。识别这些没有捷径,只有多看、多尝试、多感悟、多积累,才能积累经验,获得模式。

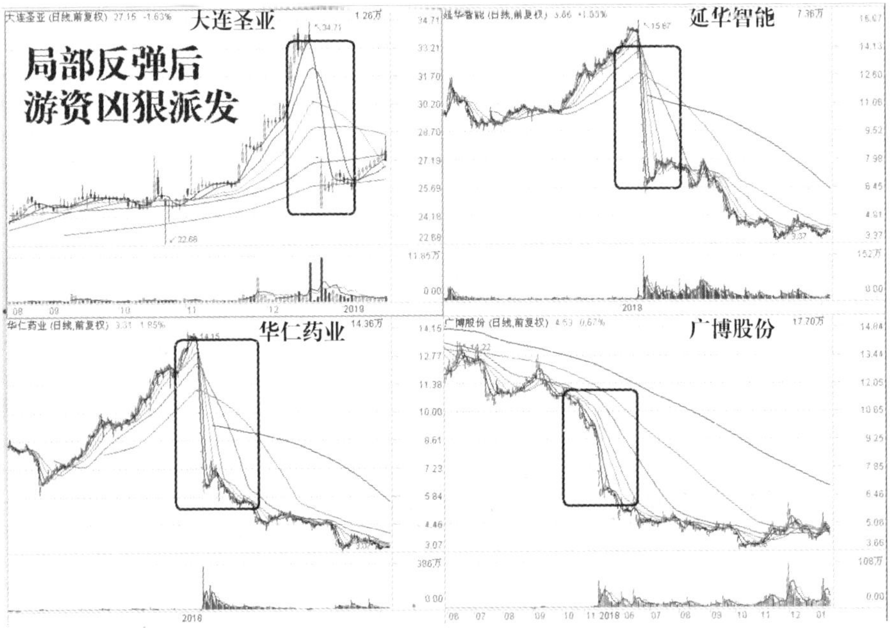

图 2-18　游资短线股的凶狠派发现象

自己能把握的个股才是最好的

有几个读者问我:"为什么让高手在 2017 年年末参与两波贵州燃气,第一波盈利 3.5 倍,第二波也有 70%,但对我们能力一般的,却只让看着贵州燃气做新疆火炬或佛燃股份。这不公平啊,这一波佛燃股份才盈利 30%,新疆火炬 20%多。差太远了,不甘心啊。"

还有投资者问,看了您的文章挖掘 2018 年的两会题材热点,分析得不错,个股找得也准。可我就是没把握、不敢碰,结果这些个股都涨了,后悔也来不及了。

笔者答:我倡导的是"主体思维",即发挥投资者自身的主体优势。建立这个思维后,通过扩大能力圈来拓展财富圈。以短线次新股为例,这些个股都是烈马,对骑手的要求很高,如果投资者没有相关的短线能力和止损执行力,没有操作纪律,短线赔20%~30%都很容易。高手都是经历了惨痛教训过来的,知道这些概率;普通投资者只能从简单的开始做,看龙头,抓平稳的个股,进出自由。

熟能生巧。对于投资者来说,很多时候要从简单的开始做,熟悉个股的股性。这样做了一段时间之后,投资者就会有心得,形成了自己的主体优势,别人谁也拿不走,甚至不用做其他股,可以反复做一只,不仅简单,而且真的可以摆脱市场的繁杂。有机会就出手,做一波就跑。

次新股、概念股等模式,说白了就是跟随资金炒一波,赚了就跑。如果盲目持股,就只能坐过山车了,没有意义。

第四节 盈利系统:这些股又买又研究

笔者在股市沉浮近20年,经历无数次失败后总结出一个经验:"当你迷失自我、迷信别人的时候,就永远无法成功。建立自己的主体优势,哪怕很小很小,也会有对应的盈利圈。逐步提高自己的能力,盈利圈也就扩大了。"研究的过程,就是积累经验的过程。

投机模式在使用过程中存在一个问题,那就是如何将研究转化为盈利模式,将随机的盈利变为可持续性的盈利,这就涉及打造自己的盈利系统了。盈利系统一旦建立,能够在很长时间里给投资者带来持续利益。当然,市场也是在不断发展和变化的,一些盈利系统建立之后,还要跟随市场去完善,并不断尝试新的补充。在《股民十大赢家实战系统》中,笔者曾将自己操作、启示、挖掘、创立、完善系统的全过程展示出来,随后几年里,也不断对此进行完善,跟随市场的变化。市场中,真正值得我们又买又研究,并且进行细致入微的研究的,就是那些可以创立盈利系统的热点。

功课研究的意义

有投资者对我说:"授人以鱼,不如授人以渔。感谢您对我的改造,我越来越觉得自己正在进入正轨。回想这么多年来,有很多所谓的分析师只是说一个标的，根本连做个股的逻辑都没有。如今来看，这样的分析师已经消失了。”

笔者答：笔者在股市沉浮近20年，经历无数次失败后总结出一个经验：“当你迷失自我、迷信别人的时候，就永远无法成功。建立自己的主体优势，哪怕很小很小，也会有对应的盈利圈。逐步提高自己的能力，盈利圈也就扩大了。”研究的过程，就是积累经验的过程。

每个人风格不同，操作策略不同，选股模式就会不同。笔者倡导的是“自上而下”的模式。先市场、资金、热点、行业、趋势、板块，再个股。因为只有全面了解市场环境有无系统性风险（如2018年几次市场系统性风险导致市场群体性下跌，很多个股本身没有问题，但抵不过市场的跳水，所以说，市场因素决定了仓位），明确资金模式（资金运作手法决定了操作策略），才能够知道市场热点模式（选股方向），找到有潜力的行业，根据趋势方向挖掘个股，最终筛选出投资标的。这样自上而下，挖掘的是一个牛股群，而不是单一个股。单一个股最大的问题是容易受到各种因素干扰，包括主力资金的各种行为。但牛股群是一个群体，很难被资金干扰，机会就会更大，操作性更强，可复制性更高。

当然，笔者并不是说“自下而上”的模式不好，其也有优势，可以减少很多的分析和功课，操作时可考虑的因素少，更简洁；但劣势是容易被一些干扰因素影响收益。由于是单一个股，操作成功率不高，且往往难以复制。所以，无论是什么模式，适合投资者能力的，才是最好的。

盈利系统的意义与动态更新

《股民十大赢家实战系统》中介绍了笔者创立的10个系统：股指期货监测系统、政策解读实战系统、年报实战系统、次新股实战系统、逆向重组实战系统、ETF套利系统、价格显露会暴涨实战系统、日历买股法实战系统、熊转牛实战系统和动态止损止盈实战系统。当然，这些系统中有一些因素也在随着市场的改变而改变。

由于2015年股灾，股指期货成了替罪羊，成交量暴跌96%，几乎可以说是被“废止”了。因为资金是市场指数或股价变动的最终执行者，没了资金，一切就都没有意义了。2018年有过股指期货“松绑”，但依然没能完全放开，所以交投没有恢复，这使得“股指期货监测系统”失效。

但其他实战系统还是处于运行状态的。尤其是次新股实战系统，虽然经历过几次比较大的新股改革（主要涉及发行价改革、申购制度改革等。如2009年5月22日、2010年8月20日、2012年4月1日三次新股改革都针对新股发行定价，而2013年11月30日则调整了新股配售方式），却并未改变次新股被资金热炒的本质。该系统就是从资金、时间、股性等因素入手的，所以依然可以取得较好的效果。

说到改变与挑战，年报实战系统是最受投资者关注的，也是近些年经历波折最大的一个系统。众所周知，利用复利效应是普通人积累财富最关键的手段。巴菲特保持19.1%的年化收益率，持续53年，就可以创造上万倍的利润增值。而年报因素影响的个股由于是固定时间、固定收益的品种，所以投资者仅仅通过对这些个股的操作，就可以实现复利效应。而从2016年开始，A股出现了比较大的变化，年初都有非常大的调整。如2016年1月是创纪录的大跌；2017年年初更是跳水后又在春节反弹，随后遭到喊话式监管；2018年1月底出现了群体跳水，2月初又出现全球股市跳水的情况。这些调整对于年初的年报行情是非常大的挑战。

如何应对呢？笔者在2018年做了3点改变：第一，增加年报增长股，操作周期6个月以上，与1—4月年报周期的年报金股做相互补充；第二，增加对年报周期的分析，从2017年第四季度就开始分析2018年年报的特点、行业数据、前景等，并在2018年1月分析2次，2月和3月也都进行了分析梳理，补充信息；第三，为了应对年初调整的影响，对年报金股进行分阶段的操作，这样可以大大降低外部环境对年报操作股的影响。

伴随这些年的年报股操作，笔者也有一些新的感悟。梳理历年年报股之后，笔者发现，不少投资者会犯一些常见的错误。如，一些个股走势相对稳健，但未必能够在年报周期中爆发；有一些年报股也是需要等待市场环境因素的，投资者要择时介入，并不能在年初贸然买入；还有一些个股的基本面似乎不如龙头因此不被投资者看好，但这些个股的业绩有保证，且有独特的题材，最关键的是股性活跃，能够在年报周期中爆发。

2018年的年报金股中，笔者挖掘过通策医疗、葵花药业、普洛药业、鲁抗医药，这些个股也是在这样的情况下取得了不错的收益，而且各具特色（见图2-19）。通

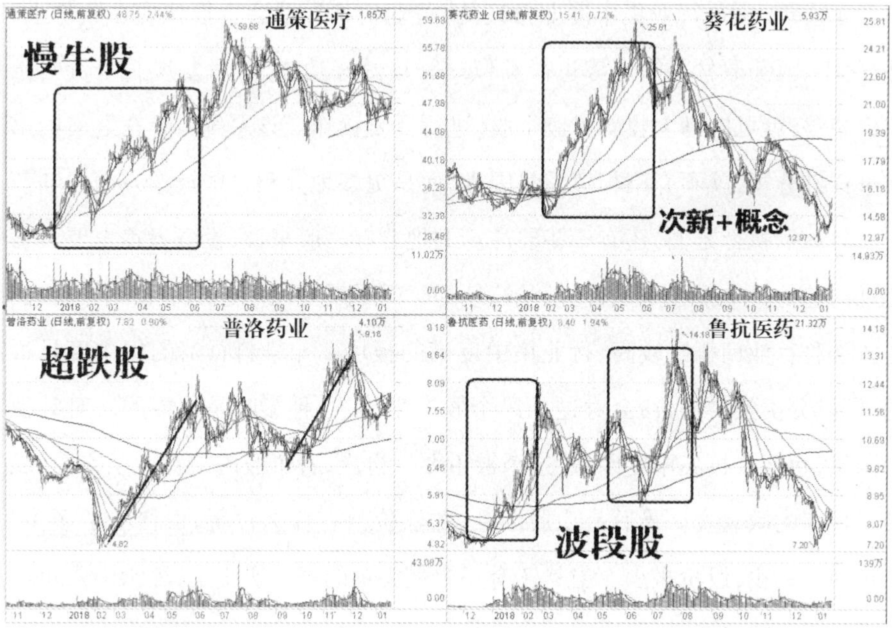

图 2-19 年报金股类型丰富

策医疗是典型的慢牛走势，稳定且活跃；葵花药业是次新股，本身股性非常好，年报周期走势良好；普洛药业是典型的超跌反弹；鲁抗医药则是大起大落的波段走势。年报实战系统也是在这样的实战中慢慢地成长，逐渐丰富的。

价格显露会暴涨实战系统

价格因素是投资者最关注的，它可以直接影响股价。价格显露会暴涨实战系统就是对这样的因素进行系统的捕捉，经过一次挖掘之后还可以反复使用。

例如，该系统对应的典型行业之一维生素板块中，新和成、浙江医药、金达威等都是对相关价格非常敏感的，在走势方面也非常强势；染料板块的闰土股份、浙江龙盛等，也是行业集中度非常高的，行业价格异动会直接体现在股价上；此外，化工、医药原材料等走势也很类似。一旦做好功课，以后发现某个价格出现涨价趋势，就可以马上找到对应个股，进行反复操作。该系统由于在之前的书中有过详细分析，就不介绍相关系统因素，而是更多地介绍一些操作方面的细节。

具体到执行方面，还有一些要注意的地方。一般来说，投资者首先要看价格变动的趋势是上涨还是下跌，以及持续的时间周期是短期还是中长期。其次，要选择那种行业门槛比较高、行业集中度高的板块。如染料行情的集中度是很高的，所以分类染料提价，会对这几只个股有影响，这种影响是直接的。对其他涨价因素，也要分析集中度因素，这个很重要。再次，看个股的主营业绩方面，以及其对价格的敏感度。最后是个股因素，如涨价前在什么位置，价格涨了多少，业绩体现了多少，股价多少。当然还有一个最关键的——历史上，涨价因素可以对走势持续释放多长时间，决定了个股股性。

还是以染料板块为例。这个板块是笔者在 2017 年 7 月挖掘的，随后在 12

月和 2018 年 1 月又提醒过。这主要是因为染料板块的股份正处于一个相对低位，同时也是行业的提价初期，后期会逐步体现在业绩提升，从而推动股价。这样股民博弈闰土股份或浙江龙盛，获得收益的概率就会比较大。而股价高位之后就比较尴尬了，没有成本优势，股价就在成本附近振荡。拿着吧，看着别人赚钱而自己没赚，难受；卖了吧，随后一段时间涨起来就更难受了。犹豫间，个股又跳水了(如图 2-20 所示，闰土股份就是这种走势的典型)。所以，对个股进行跟踪就很重要了。熟悉这样的特性，就知道它不是逼空，而是相对较长时间的释放。毕竟行业集中度高，涨价周期就相对较长。

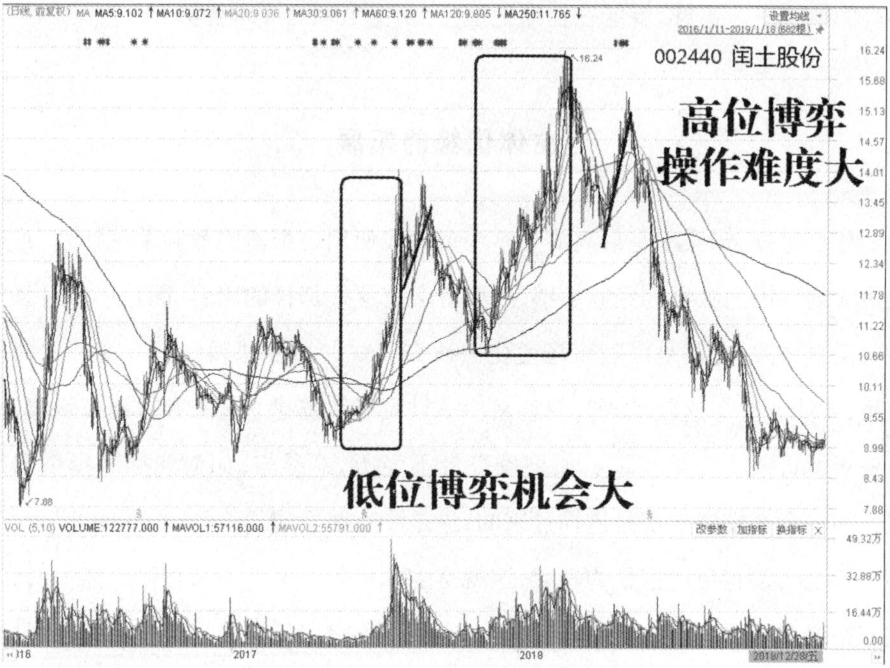

图 2-20　闰土股份 2016—2018 年走势

实际上，这也引出了一个问题，那就是利用盈利系统挖掘个股，投资者很可能初期没有赶上，等到挖掘之后，股价已经不在低位了。怎么办？如果是高位博弈，最好是提前有这样的心理准备——个股短期可能处于高位横盘状态。能够接受就设置一个止损位，在可控范围内博弈。

同样，低位博弈时投资者也面临挑战。个股一旦成功筑底，很快就有了成本优势，继续持股就很舒服。但问题是，如果筑底失败呢？所以，笔者挖掘时在底部平台都会设一个止损位，失败了撤离就是了，损失只在这个小区间里。而成功了，就是一段利润。这就是盈利模式的意义。没有完美的操作，只有合理的风险收益比，以小博大而已。而且，投资者只有多用盈利系统，才会对涨价因素有足够高的敏感度。这样，就能在初期把握住，获得足够的成本优势。

主体优势的拓展

什么时候，错误率是最高的呢？在创立或使用一个新的盈利系统初期，难度是最大的。因为数据和经验不够，投资者会有这样那样的困惑，而且还要对系统进行反复修改，尤其是跟随市场变化去研究。如何减少错误？只有通过实践去经历，才能解决。这就是研究的意义。一旦盈利系统建立起来并得到市场验证，投资者就可以持续受益了。如果投资者不经历，不参与，如何能提高投资水平呢？每一个老投资者都是这样过来的，这是没有捷径的。

每个人都有自己擅长的领域，这就是主体优势。不断丰富自己的能力圈，才能够拓展盈利圈，发现更多新的机会。比如说价格显露会暴涨实战系统，就是利用产品价格的大幅波动推动股价，尤其是化工、医药原材料等小众领域。这就是利用了主体优势。投资者不可能关注所有的价格因素，但有一些投资者就在这些领域内工作，对此格外敏感，拥有别人没有的主体优势。

每个人都来自于不同领域，有自己的优势，而通过相互沟通，就会慢慢提升自己。例如，笔者有一些群友经营茶业，能滔滔不绝地讲出茶的各种门道，也能看到一些投资机会，等等。只要我们放下身段，虚心听取别人在优势领域的分析，就能够学到很多，笔者就是这样学到了不少新知识。

综合来看，凡是能够形成盈利系统的个股，投资者一方面要通过不断的操作和买卖去熟悉相关系统的使用，完善其中的问题，并根据市场动态去改变它。比如年报系统就是典型。另一方面，要反复地研究，如何将一两次成功操作变为固定模式，反复使用，实现可持续性的盈利。比如价格显露会暴涨实战系统就是典型。将行业因素做反复的梳理，对个股的股性做细致的研究，投资者对行业和个股的把握就会更精准，取得更好的效果。由于《股民十大赢家实战系统》中已对盈利系统有过详解，本节就不赘述了。

第五节 金股挖掘:个股盈利的模式

投资者总是认为股市很简单,选对个股,一买一卖就行,所以不停地问个股。但很多时候,我们应该反问自己,你有把握好股的能力吗?遇到股市中的各种走势,你有应对策略及风险措施吗?

个股总是投资者最喜欢的,但实际上,没有在此之前各种关键体系的建立,有了个股也没有意义。因为无论什么个股,都对操作者有要求。价值股考验中长线的思路、智慧和耐心,短线活跃股考验纪律、勇气和决心。同时,个股本身也时刻有变盘的因素,股价在低位,有筑底失败风险;在中轴,有调整的可能;在高位,有破位风险;而持币时也有各种诱惑——市场中每天都有大涨股,能不心动?因此,从来没有完美的操作或完美的个股。关键在于对风险收益比的抉择。

一些牛股只能欣赏,但另一些可反复使用

作为投资者,自然对牛股最为关注,但同样是牛股,却未必都需要研究。近几年来市场中的牛股有很多特点,值得我们思考。尤其是最近两三年,牛股中"妖股"占了相当大的比例,没有什么逻辑,就是游资推动,贴上各种标签。作为投资者,一些牛股我们只能欣赏,但另一些则可反复使用,通过研究和熟悉,将其转化成自己的操作。问题股、波段股等,很多都是如此。

数据显示,2018 年 A 股总成交量为 81662.96 亿股,总成交额为 897632.06 亿元,创下自 2015 年以来的新低,较 2017 年环比下降 19.78%。2018 年,沪指单日成交额共有 12 次跌破千亿。显然,资金的情绪是比较谨慎的,靠波段来赚钱。在震荡市周期中,不存在所谓的长牛行业,哪个行业都有地雷效应——无论是芯片、酿酒、医药还是 5G。2018 年 12 月跌幅最大的是医药生物行业,跌幅接近 10%;11 月跌幅最大的是钢铁指数,下跌近 12%;10 月食品饮料指数大跌近 22%;8 月家用电器指数大跌逾 12%。康美药业、中国石化、新华保险等个股都有过单日大跳水的情况。

所以想要长牛行业,几乎不可能——2018 年年初的芯片、医药等都是如此。因此,投资者要树立明确的波段思路。A 股市场"跌跌不休",2018 年股价上涨幅度较大的个股并不多,主要集中在各个时期的题材炒作中,如上半年的医药股和下半年的科创板概念。除去 2017 年 12 月以来上市的次新股及长期停牌股、退市股,在可统计的 3435 只个股中,2018 年以来跑赢大盘的不足 1000 只,占比不到 30%;而有涨幅的是 200 只左右,占比大约 6%,全年没有涨幅翻倍股。且不少大牛股年度回落幅度在 50%以上,如建新股份、亚夏汽车(中公教育)等,顺鑫农业等个股走势也差不多,先反弹再阴跌派发。

牛股中,"妖股"占了相当大的比例。东方通信是一个典型,它从年初开始大跌超过 50%,年末则开始持续大涨,使得年度涨幅变为 60%。而如果从最低点计算,涨幅接近 4.75 倍(见图 2-21)。恒立实业(见图 2-22)、超频三、华锋股份等更是回落凶猛。大起大落的波段特点,是 2018 年度牛股的重要特征。从实际角度来看,东方通信、弘业股份等已经分别澄清,5G 项目、科创等都是游资的贴标签炒作而已。所以,要参与这种投机模式,就要有严格的纪律和风控措施,否则只能欣赏。

例如,恒立实业在 2018 年 10 月 19 日至 11 月 16 日短短 18 个交易日中,涨幅超过 3 倍;通产丽星有过两次连续一字板涨停,但其余时间则是阴跌的状态,

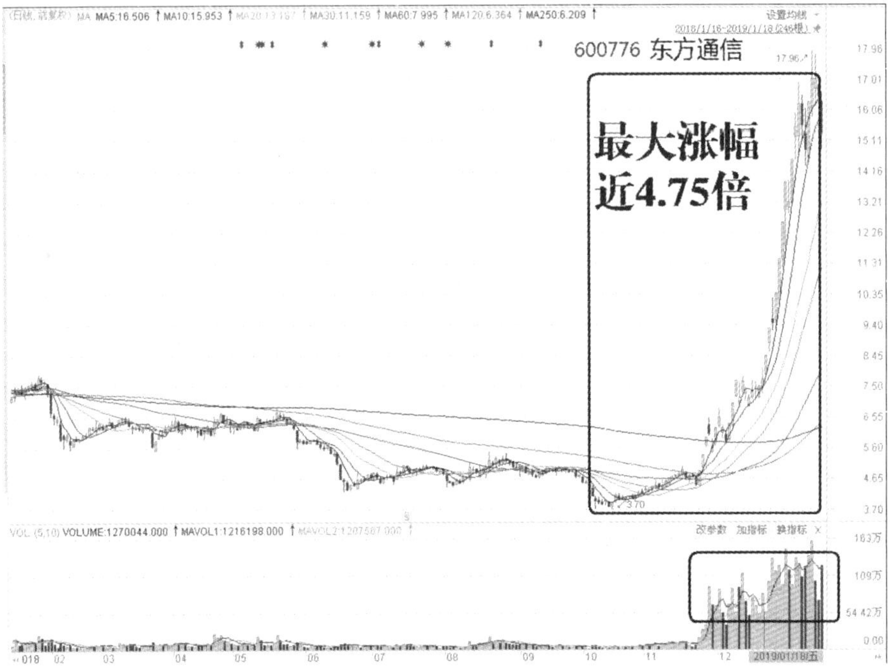

图 2-21　东方通信 2018 年走势

是典型的“妖股”;和仁科技比前两只弱一些,但走势模式差不多。这样的个股,显然是超过我们大多数人的能力范围了——启动前没有征兆,发掘时已经高位,天地板、地天板频频出现,所以只能欣赏了。但这些个股可以用作衡量游资热情的风向标,以及判断监管层的监管默认度。这两点也是行情的关键指标。

寻找问题的解决方案

有人说炒股难,但什么不难呢?股市是可以放弃的,这一点笔者也赞同。但

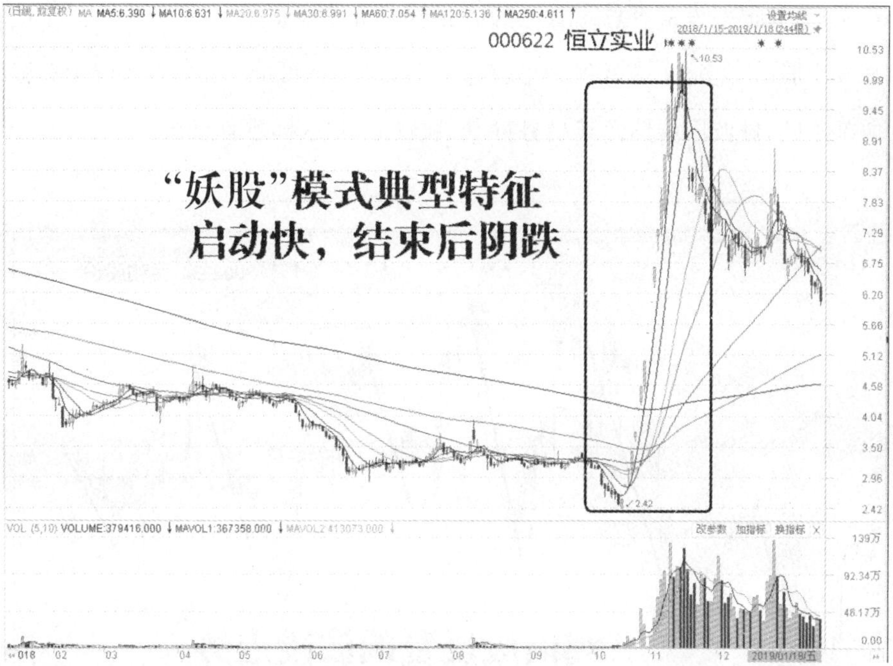

图 2-22 恒立实业 2018 年走势

生活中、工作中，有些时候、有些东西是不能放弃的。唯有遇到问题积极找方法解决，才能成为赢家。

股市也是如此，如果我们按照规律踏实做，炒股并不难；难的是很多时候，投资者找不到研究的方向，或者没法踏实做研究，但又不能让自己的心静静等待，这是最矛盾的。比如说，我们经过研究可以发现，当升科技靠波段走势就能连续5 年跑赢大盘指数。

鸡肉概念股也有类似的情况。民和股份在 2018 年至少有过 5 个大的波段(见图 2-23)，从股价角度来看，它可能经过一年又回到了起点，但投资者做的是过程。哪怕一年就做一只股，熟悉了它，就不用管其他个股，这就是它的意义。

实战操作需要熟悉个股的股性及资金特点，盯盘后理解资金模式，这些就是功课的意义，这和很多投资者总想着的静态指标是完全不同的。有些投资者总是幻想某某个股跌了多少，或者到哪里就必然涨，这怎么可能？市场是动态的，每次行情都不同，做波段要熟悉其趋势特点，顺着把握，这样才有意义。

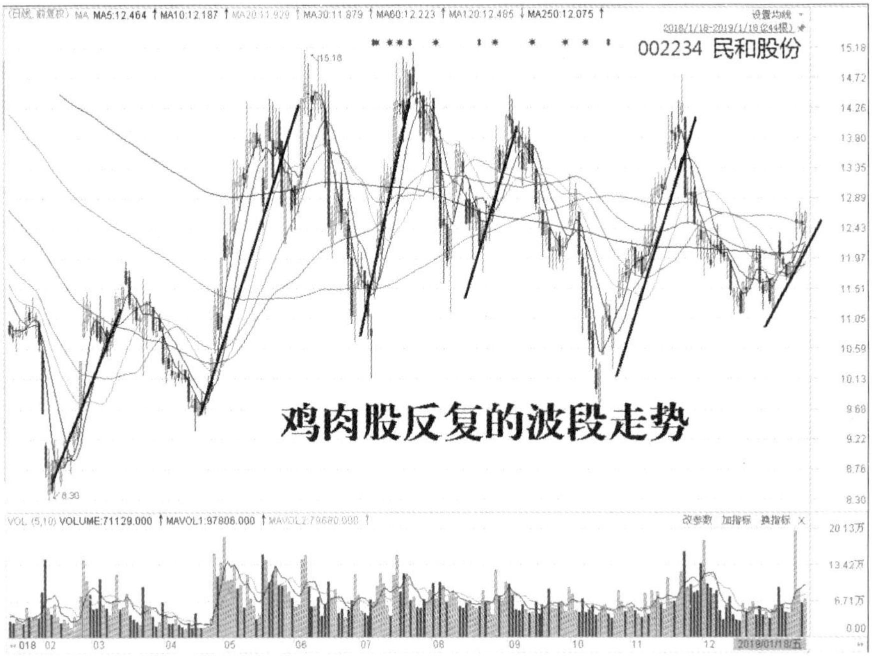

图 2-23　民和股份 2018 年走势

回到民和股份，该股也有一个特点：长下影线配合放量中阳，之后博弈反弹波段的机会就会很大。当然，也有失败的时候，这时候要靠风险收益比，即长下影线和放量中阳出现后，以固定值 5% 博弈。有一波反弹，则应该至少是 20% 以上级别的；没有或跌破则出局。这样博弈的风险比是 1∶4。四次尝试哪怕只对一次都不亏，叠加一些其他因素则成功率更高，这是越做越舒服的模式。

总结来看,操作类似个股需要做好三点:

第一,操作模式要有大视野。如在上一节中也分析过的“问题股”模式,笔者按照相关思路挖掘的德新交运、摩恩电气、浔兴股份等一批个股,都采用了同样的模式。我们做问题股时,首先要扩大视野,看到整个问题股模式,这样学会后可以按照这一思路,继续挖掘更多的品种,持续性地盈利。

第二,要有资金运作的联动意识。有时候,很多品种的活跃是资金联动出现的,不是一只个股或一次,而是反复的。比如说路桥板块。我们可以看到,从2018 年 7 月至 2019 年,这一板块一直有阶段性活跃,山东路桥、山西路桥、北新路桥、成都路桥等也是联动明显(见图 2-24),这样的操作模式就可以反复使用。

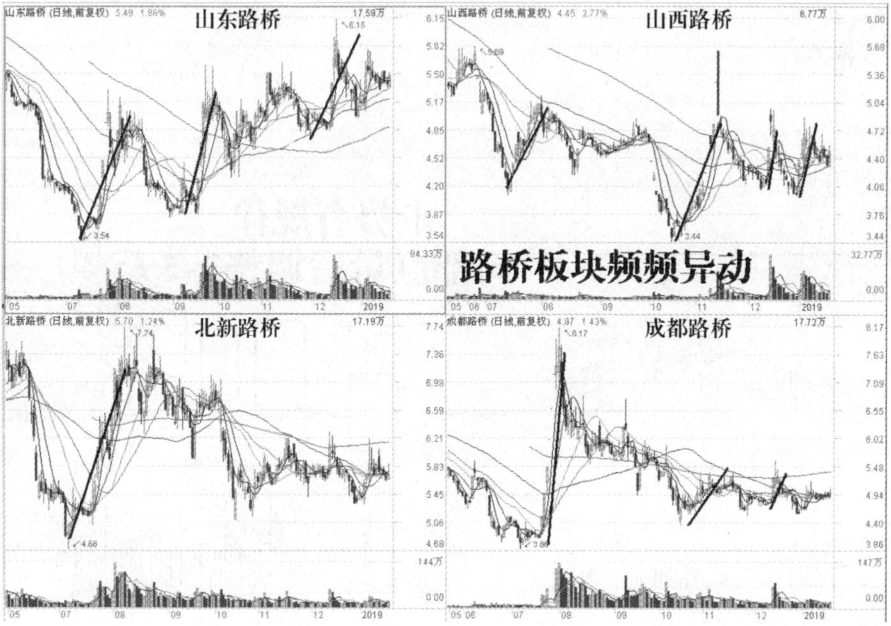

图 2-24 路桥 2018 年下半年走势

燃气板块也是这样。贵州燃气等次新股是人气风向标，而长春燃气在次新股上市之前是人气龙头，股性最为活跃。所以板块异动时，这两只个股总是冲在前面。

第三，必须对所在品种有足够的研究，盯盘熟悉后才能操作，否则无论涨跌，都不知道该如何操作。个股都有自己的特点，如德新交运在一段时间里就是早盘涨，全天反弹，早盘调整，尽快离场，会有跳水；摩恩电气则是3～5天的反弹与调整周期频繁走(见图2-25)。每只个股都有类似的规律，需要我们去挖掘。这样盯盘，能够让我们对个股非常熟悉，对操作有非常大的帮助。

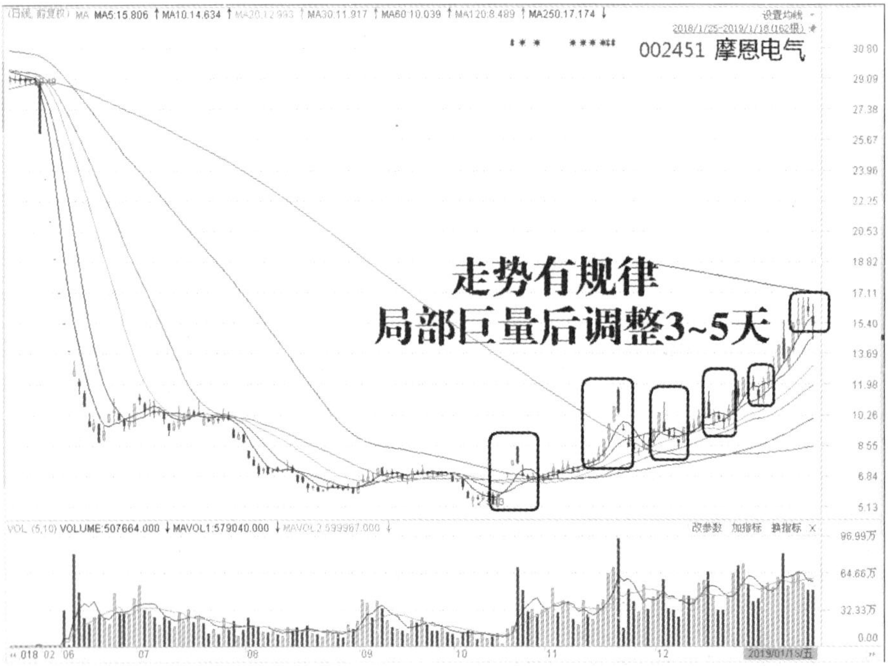

图2-25　摩恩电气2018年走势

操作同样个股，为何有赢有赔？

对金股，2016 年我挖掘过青海春天，2017 年挖掘过浙江交科，这些个股都实现了翻倍增长。而在 2018 年的 12 月，突然有投资者提问说："你 2017 年挖掘过浙江交科，我当时买了之后就一直拿着呢，11 元多的成本。近期指数跳水，该股下跌赔了不少，怎么办啊？"

笔者当时感觉挺震惊的。浙江交科的这一波操作在 2018 年 3 月就结束了，这都好几个月了，怎么还有人问？即便抛开金股因素，任何一只个股，从高位跌下来，多个止损止盈位都过去了(见图 2-26)。而且该股在 2018 年 11 月底和 12

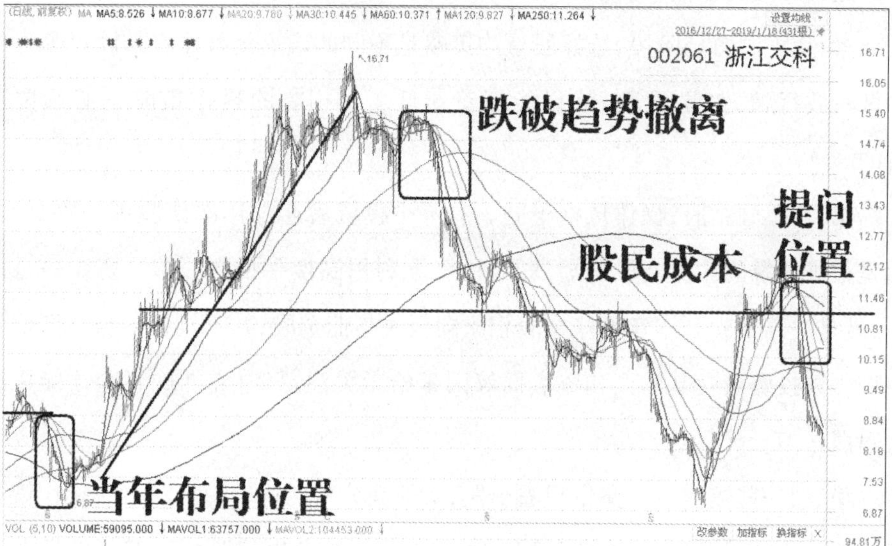

图 2-26　浙江交科 2017—2018 年走势

月上旬也有过多次盈利撤离的机会，但这位投资者都没有操作。这是为什么？

仔细琢磨，笔者发现其实这种现象在投资者中非常普遍。很多投资者的操作很有意思，涨了不操作，跌了不操作——涨跌都不动，什么时候才动呢？这就是说，如果自己没有做研究和计划，没有方向，就意味着来自哪方面的风都不是顺风，是在漫无目的地漂流。这样自然很难积累利润。

再比如笔者2018年挖掘过的金股，如风华高科、宏辉果蔬、葵花药业、通策医疗等。由于A股行情的波段特性非常突出，这些个股局部都有过几次15%以上的调整，甚至出现跌停的走势。有些是涨一段就跌下来一段，导致投资者追涨就跌，卖了就涨了。所以，如果投资者对个股没有足够的研究，就很难把握这样的机会，可能一个洗盘就出局了。

这种“一买就跌，一卖就涨”现象，其实有不少原因：

第一，不同市场阶段，选择股票的策略是不同的。这就好比在超跌反弹行情中做一波行情，如果不跑，就只能等着新低了。相应的操作策略是必须要准备的。

第二，不同个股，操作风格不同。有不少投资者连操作次新股都一路拿着，这是很难理解的。次新股是短线品种，资金利用高换手推高股价。资金一旦撤了，就是一路下跌。毕竟这些个股相比同板块其他个股，并不具备优势。而价值股则需要投资者对基本面和资金面等因素给予关注，只有充沛的资金才能撬动大盘股。

第三，一些投资者看文章只看个股，对前面分析的逻辑、存在条件、操作策略及金股对应的操作风格等都不看。这其实是非常大的问题。我们可以思考一下，哪怕是同一只个股，在股市不同时间周期内还存在不同的走势，更何况不同的个股呢？没有理解时间周期、环境、资金等因素的限制，如何操作呢？如果挖掘个股的逻辑都不存在了，比如说两会周期结束，投资者要是还想着两会政策因素驱动,就有些过时了。

因此,投资者一定要从自身主体优势出发,自己有研究的、熟悉的,就去做。如果所有的依据都是别人的分析,自己一点研究都没有做,那就错了。只有投资者站在别人的肩膀上发挥自己的优势,才能有好的结果。比如2018年笔者挖掘了科技股风华高科、捷捷微电、国科微等,有投资者利用相关思路,挖掘了兆易创新、中国软件等,也有很好的走势(见图2-27)。这就说明虽然每个人的喜好不同,但思路是可以借鉴的。

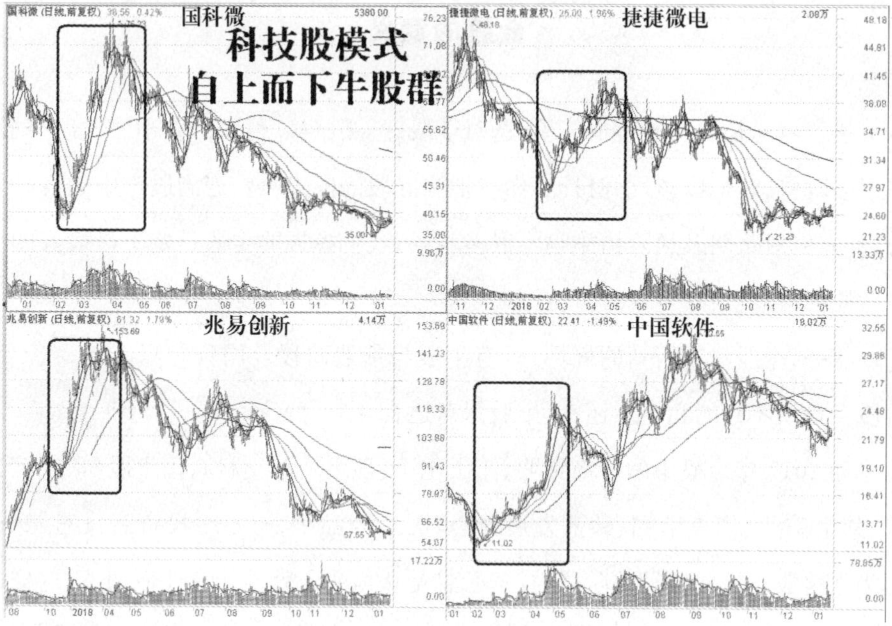

图2-27 科技股群体走势

不仅如此,金股也好,普通股也罢,都需要有一个明确的止损位。笔者倡导的操作习惯是买入前就做好风控计划,这也是笔者多年以来一直强调的。毕竟,只有买而没有卖，并不算一个操作结束，也不可能产生利润，买与卖一定要结合起来。

综合来看，别人可以帮着做个股的研究方案、功课、策略、计划、图解分析等，但问题是别人再厉害，也不可能知道投资者自身的情况——风格是什么，适合什么，这些都需要投资者自己实践，别人没法替代。再好的个股，再好的操作计划，也需要投资者根据自己的情况消化和研究。记住一点：各人差异太大了，适合自己的才是最好的。

金股的意义

投资者总是认为股市很简单，选对个股，一买一卖就行，所以不停地问个股。但很多时候，我们应该反问自己，你有把握好股的能力吗？遇到股市中的各种走势，你有应对策略及风险措施吗？很多时候，我们挖掘的金股一定不是最好的个股。原因有三点：

第一，个股没有所谓的好坏，只有牛股与熊股阶段。同样一只个股，在不同阶段会扮演不同的角色。还有，个股只有适合才有意义。

如 2017 年金股中的赣锋锂业、江山化工（现名浙江交科）、闰土股份、旗滨集团、紫金矿业、华夏幸福、荣盛发展、通策医疗等品种，有不少投资者没有赚钱。因为强势股也有局部调整阶段，投资者总是认为买了就不能有任何调整，这样的结果就是初期跌了有低点不敢买，涨了调整又不敢拿，导致赚得的利润非常低。因此投资者必须明白，你博弈的个股的价值点是什么，当发生改变时，应对的策略是什么，这些都在笔者的文中有明确的分析。只要个股在合理范围内调整，风险可控，我们就博弈，设置一个止损位，以小博大。这样即便失败，损失也很小。而一旦成功，收益是非常大的。这样，我们就有了良好的盈利模式——大赚、中赚而小亏。随着时间推移,我们的财富总是在增值。投资者必须明白,不存在百分之百正确的操作,巴菲特等股神也有亏损的时候,合理的盈利模式才是关键。

第二,博弈的思路和清晰的策略非常重要,这是投资者遇到困难、感到迷茫时,提供方向的关键。

我们可以发现,投资者总是很难赚钱。寒锐钴业、华友钴业、贵州燃气等次新大牛股大起大落赚钱难,可以理解;而格力电器、万华化学、恒瑞医药等白马股也赚不到钱(见图 2-28),是个股不好吗?更大的原因还是在于投资者难以把握。笔者认为,这里面最关键的一个因素就是投资者的买入依据和博弈思路是否清晰。以恒瑞医药为例,它是医药行业龙头,上市以来几乎没有出现过大跌,一直

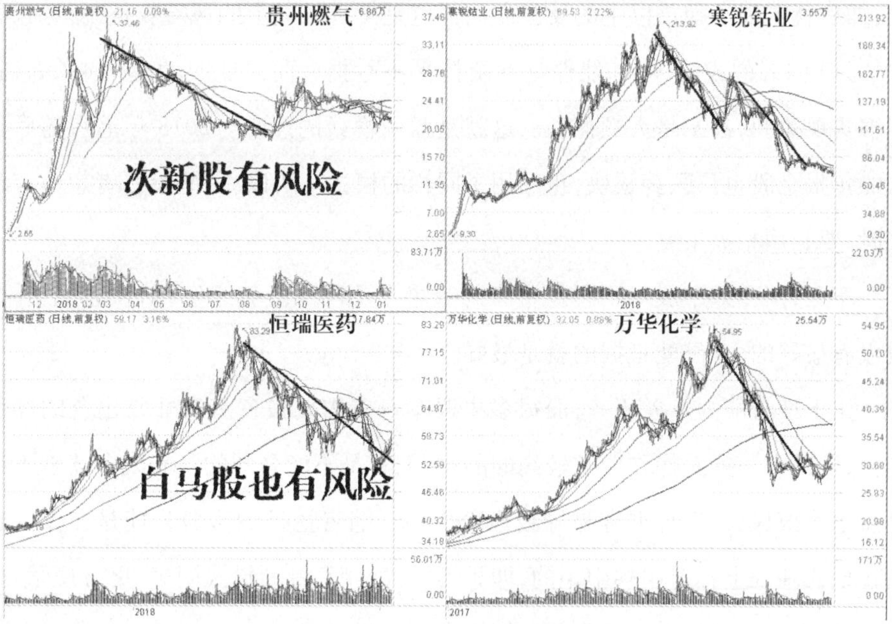

图 2-28 没有一个个股类型是绝对安全的

稳步上行，形成上升通道；劣势是股价有些高，没有成本优势，博弈比较别扭。有一些投资者想参与，就提出在回落到120日线（上升通道）附近时介入，设置5%的固定止损，这样如果博弈成功，很快就能拥有成本优势，然后就能用利润博弈中长期持续增值（基本面功课略）的空间。其实，这一思路非常适合一些投资者想博弈热点、但相关品种价位已经比较高的时候。如钴、涨价题材、行业龙头股等都可利用。在回落至反弹通道下轨之际博弈，一旦跌破就撤离，未破重新启动后就能获得成本优势。

类似的设置还有很多，比如通策医疗。2017年9月底，该股已经持续一段时间在23元一线筑底，投资者如果博弈筑底成功，在当前位置介入，可以在23元前期密集成交区平台设置止损位，这样失败也只有4%左右的空间；而一旦成功，随后就实现了翻倍以上的反弹空间。这是1∶25以上的风险收益比，意味着哪怕只有4%的成功率，都能保证本金持平不亏损。而只要成功率比4%高，就能够实现盈利，甚至是大额盈利。这就是盈利模式的意义。2018年笔者随后挖掘的年报金股也是医药板块，也利用了同样的模式。所以，一些投资者想博弈筑底时，要利用相关策略。

第三，同一只个股对不同投资者的效果是不同的。彼之蜜糖，汝之砒霜，金股没有最好的，自己能把握的就是最好。

由于读者能力参差不齐，而很多牛股本身就需要投资者有非常出色的操作能力，所以有一些对操作要求较高的品种，笔者是不能公开的。有太多读者不自己思考就跟风买，这样很容易导致风险失控。笔者挖掘的金股只能是在保证思路正确的基础上相对中规中矩的，即思维模式清晰，盈利模式明确，更方便学习。同时，投资者也可根据这些思路挖掘更多、更好的品种。

比如说，笔者2018年挖掘的第一只金股三环集团，就令不少投资者感觉难受（见图2-29）。2018年年初，A股市场是连阳的，沪指甚至一度出现11连阳。

但1月2日、1月3日，该股表现都比较差。不少投资者就怀疑这股能行吗，还是别买了。随后两天，该股又中长阳突破了，投资者觉得踏空了，追进去结果又跌了，于是过几天忍不住，又卖了；看到涨了，又想买……就这么一只个股，一些人就能把自己折磨得颠来倒去。而我们回顾来看，尽管2018年2月市场跳水，该股跌幅却不大，2018年上半年涨幅超过了30%。

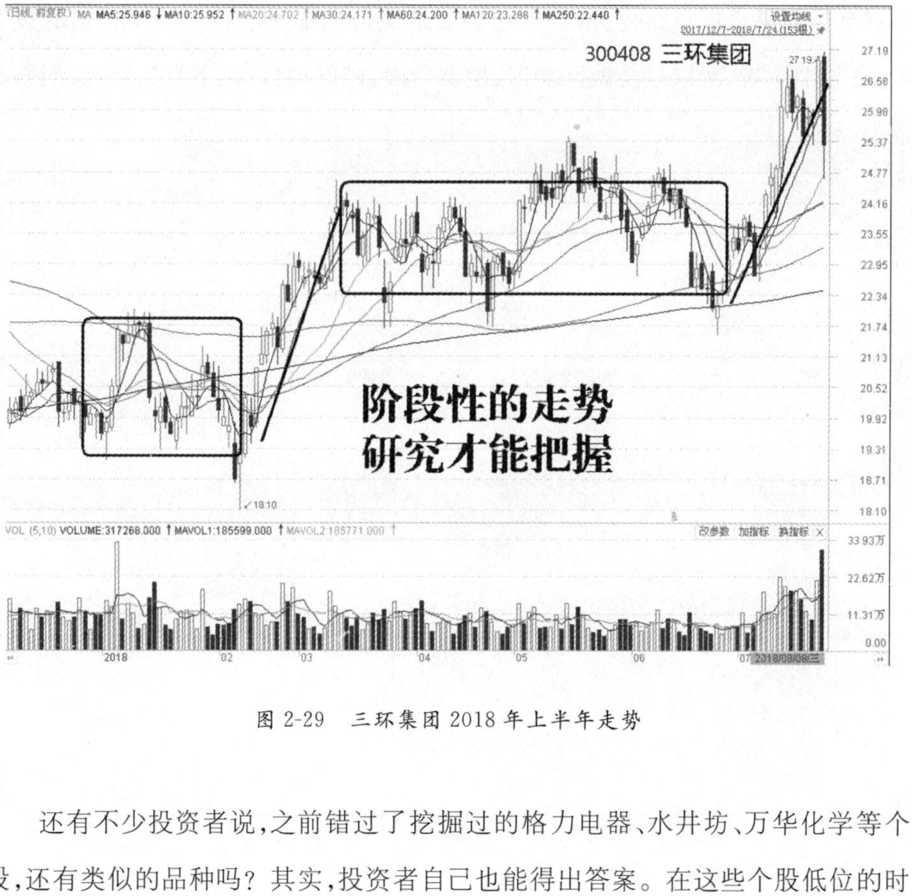

图2-29 三环集团2018年上半年走势

还有不少投资者说，之前错过了挖掘过的格力电器、水井坊、万华化学等个股，还有类似的品种吗？其实，投资者自己也能得出答案。在这些个股低位的时候挖掘，投资者会怀疑能行吗；在中段挖掘，投资者会问，都涨了一段了，还能博吗;到了高位,投资者又问,买了未来还能涨吗。解决的方法只有一个:明确买入依据,做好研究功课,找到价值点,设置好止损止盈计划,然后就是坚定执行。将复杂的问题简单化,才有机会。

面对个股时,有一个非常关键的因素:当你选择了某一类机会的时候,这部分资金就被占用了,这意味着投资者不可能参与其他热点了。所以,投资者必须根据自己的能力和精力,研究和把握相关热点。个股没有最好,只有最适合。投资者如果能够根据思路挖掘,势必还会发现更好的品种。我们不是行情的发动者,而是顺应者,所以只能做好功课,挖掘个股,做好风控,剩下就是执行,而不是创造。

第六节　价值体系:财富的积累

局部看上去“神奇”的操作,如果放在较长的时间里,整体投资的收益会让其“自惭形秽”。因此,如果以中长期的收益和财富为目标,一切就不同了。大视野才有大财富。

价值投资是投资者期待的,却又是最难的。局部的短线操作总是最刺激的,但一段时间下来,投资者的财富却没有太多增长,甚至是亏损的。此时我们发现,一些个股不需要任何操作,却实现了非常可观的收益。那么,究竟什么是价值?价值背后的因素有哪些?如何享受价值的持续增值?这些是需要我们思考的。局部看上去“神奇”的操作,如果放在较长的时间里,整体投资的收益会让其“自惭形秽”。因此,如果以中长期的收益和财富为目标,一切就不同了。大视野才有大财富。

巴菲特与李嘉诚的启示,财富效应的神奇之处

巴菲特和李嘉诚都创造了各自的传奇,两者都有实业,也靠金融。

巴菲特保持着19.1%的年化收益率,这个年化收益率不算高,但50多年下来就是上万倍的收益,所以财富的核心是坚持。50多年里,巴菲特遭遇过几次大股灾,伯克希尔公司的股价也几次遭遇50%以上的缩水,但最终依然创下新高。作为投资者,不能看局部的成功或失败,而是看财富是否能持续性积累。

李嘉诚在2018年退休时，讲过这样一段话："当时买3元的股票，收到股息，再买长江(长江和记实业)，今天的价值就会超过5000倍。如果你的股息没有动用，一般收到钱会再投资，最简单就是投资长江，这是有眼光的。5000倍，就是今天的价值。"近50年里赚5000倍，意味着如果投资者在1972年长江实业上市时买入100股，当年的300港元将会变成今天的150万港元！

近50年，意味着经历过多次市场的牛熊，还包括全球性和区域性的金融危机，但李嘉诚都能够平稳渡过。这里面的秘诀是什么呢？李嘉诚提到："在过去20年里，我只有买，从来没有卖过股票。从这一生来说，我买进的股份多过我卖出的股份。""我猜不到未来。无论怎么样，发展之中一定不会忘记稳健，这是一个固定的政策。"这个策略帮他躲过了很严重的危机。但只有稳健是难以取得如此成就的，李嘉诚其实是攻中有守、守中有攻的。关键时刻，他善于利用杠杆，看准机会用力很猛，也善于利用资本市场的支持。这可以看作是退，也可以看作是进。

5000倍已经是传奇了，但有比这更厉害的操作，它的价值也同样来自于时间。1999年，李泽楷的盈科数码以区区110万美元的价格买下了深圳一家初创互联网企业——腾讯20%的股权。在2000年年底腾讯再次出现财务危机的时候，李泽楷卖出了全部的腾讯股权，套现1260万美元。1年之间获利10倍，让"小超人"也被赞为股市奇才。但如今呢？李泽楷当年持有的20%腾讯股权相当于现在腾讯控股股份的13.3%，其市值大约是749亿美元，相当于暴赚近7万倍。要知道，2018年李嘉诚退休时的身家也仅仅是355亿美元。

与之形成对比的是南非的米拉德国际控股集团(MIH)。它不仅一开始就坚定投资腾讯，还花2200万美元从IDG资本和盈科数码手里接走腾讯45%的股份。目前MIH拥有腾讯31.1%(据腾讯控股2018年年报)的控股股权，是其第一大股东，在2018年年初时就获得了7000亿港元的投资回报，这意味着全中国所有的风险投资基金的投资回报加起来都没有这一家公司这一笔投资的回报高(见图 2-30)。这是一个强烈的对比。

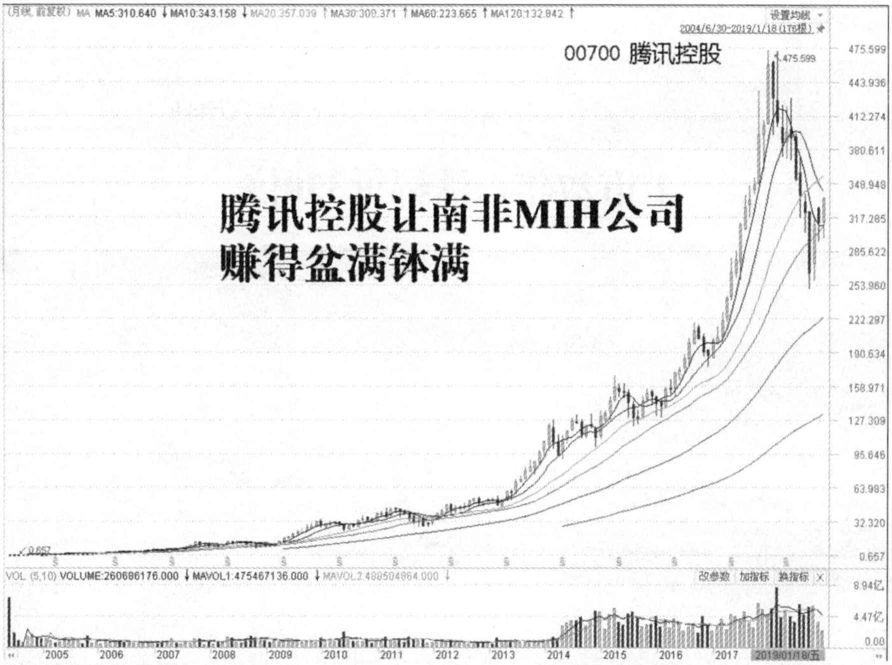

图 2-30　腾讯控股 2005—2018 年走势

笔者认为,这个例子对投资者有非常大的启示。局部看上去“神奇”的操作,如果放在大的时间中,整体投资的收益会让其“自惭形秽”。因此,如果以中长期的收益和财富为目标,一切就不同了。

截至 2018 年年底,在 A 股的 3000 多家上市公司个股中,上市以来股价涨幅超过 10 倍的共有 183 只,超过 30 倍的有 41 只,超过 50 倍的有 19 只(大部分已经超过了 20 年,上市以来的股价平均涨幅高达 125 倍,平均年化回报率为 23.34%。其中排名第一的是万科 A,上市 27 年来的涨幅高达 347.2 倍,年化回报率超过24%)(见图2-31),超过100倍的有9只个股。这样的收益,不知道有多少喜好短线交易的投资者能达到,还是说永远也达不到呢?这值得我们思考。

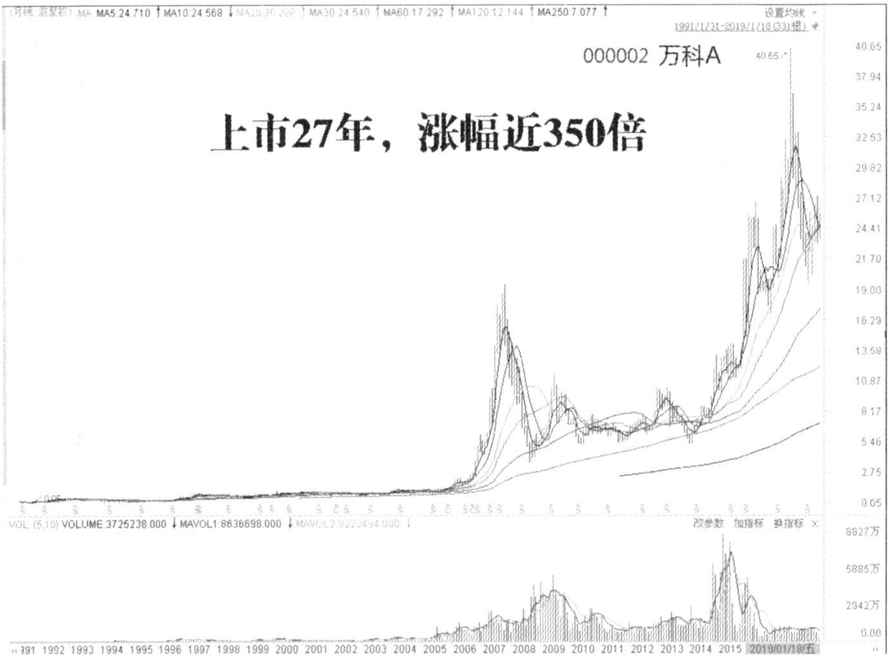

图2-31 万科1991—2018年走势

持续性价值的意义

A股中最受争议的板块就是银行股。从局部来看,这个板块很难在市场涨幅板块中排名靠前,更不可能像概念股那样赚取市场的眼球。但如果我们将周期拉长,就能发现一些问题了。将时间周期拉长,经历多次牛熊之后,我们就不能只考虑牛市上涨时的疯狂,也要考虑熊市下跌时的惨烈,还包括震荡市中的热点交替。赚得多,更要守得住。银行股的特点就是在历次市场大的顶部之后,总是能最先收复失地,并再创新高。无论是在6124点还是5178点,皆是如此。这对于不少大资金来说,诱惑还是很大的。银行股板块中,大部分优质银行股的年化收益率在15%~20%,远比银行理财和存款要好得多(见图2-32)。这样的个股就具备了典型的中长线价值特性,与短线和局部的涨跌因素关系不大。

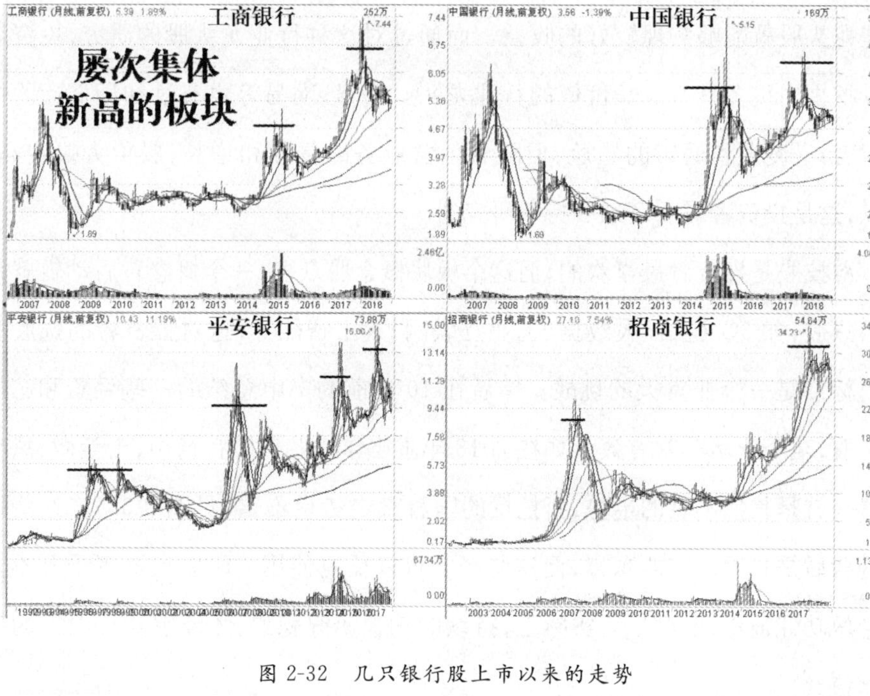

图2-32 几只银行股上市以来的走势

说到价值,很多投资者认为能赚钱就是有价值。的确,这是最朴素的价值定义。但笔者认为,价值的持续性更为重要。因为投资者的精力和资金都是有限的，如果什么都操作，就意味着精力和资金效率的下降。投资者应该将精力放在那种持续性更强的价值上，熟悉两个关键指标：净资产收益率（ROE）和每股经营性现金流。通过个股的内生性增长，业绩推动股价持续上行，这意味着价值持续性释放，能够给投资者带来增值。

说到这里，投资者肯定会问，不能一步达到这样的价值体系，该怎么办？实际上，我们可以先关注一些行业龙头股。行业龙头会在该板块走势中获得最好的持续性，因为其背后是市场占有率和行业统治力。这些个股在板块调整时也会跳水，但一旦恢复就往往会领先于板块走势。这样，在一个中长线大环境中，这些龙头股就能够实现较好的收益。而通过对这种行业龙头股的研究，投资者可以挖掘出更多具有成长价值的行业龙头。腾讯、网易等也有过初期低迷的情况，甚至一度遇到退市的尴尬，但随着主营业务的复苏和增长，股价大幅走高。所以，这是投资者需要仔细和持续研究的。

科技股是投资者最喜欢的，而这个板块概念股众多，一个概念背后动辄就是上百只股，如5G通信、大数据、工业互联网、人工智能等，这对投资者的选股和价值标准是一个非常大的挑战。笔者在10年前的书中总结的一些经验和芯片龙头股，至今依然非常有效。如在2018年上半年的芯片股行情中，士兰微、风华高科等就是长盛不衰的走势，新挖掘的国科微走势也不错（见图2-33）。这些挖掘的背后是长期研究的积累，而这些经验可以反复使用。所以投资者千万不要觉得做功课很累，很麻烦。实际上，持续的功课研究积累，才能够实现财富的持续增值。

此时，投资者可能也会有疑问了：如果研究中遇到挫折，尤其是当辛苦挖掘的个股却不如别人随意选的股赚得多时，该怎么办？如何面对市场中各种走势诱惑而坚守价值呢？这就涉及能力的意义了。

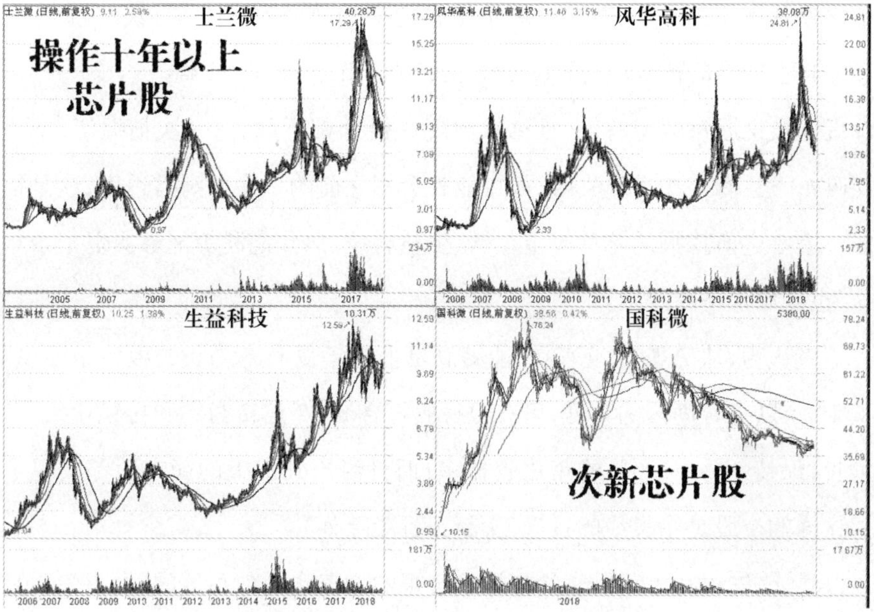

图 2-33　几只芯片股上市以来的走势

能力的意义

我们操作时,单一操作盈利并不是问题,但我们要思考的是靠能力还是运气。运气只是一时,能力才是持续的保证。很多投资者对巴菲特近 20%的年化收益率不以为然,认为太低了,普通投资者简单操作一下,一个月就能赚 20%。实际上,这种想法忽略了两个关键因素:一是资金的体量,二是盈利模式。

当资金量扩大之后,对个股本身的质地要求就非常高了。尤其是当市场出现系统风险的时候,大资金不可能快速撤离,此时就需要基本面因素支撑,在中长期投资中抵消风险。实际上,这也带来了盈利模式的改变。在局部,或许你可以跑赢巴菲特,但如果是 10 年、30 年、50 年,结果就未知了。而且,复利效应的可怕之处就在于持续。以 19%的年化收益率为例,持续 10 年,获利就是 5.69 倍,20 年是 32.43 倍,30 年是 184.68 倍,50 年就是 5988.91 倍。

局部概念股每天都有,而且每次出现的概念都不同,这一次把握了,下一次还能吗?一旦有一次操作失败,很可能就会将之前的多次盈利搭进去,这是很关键的。笔者之前挖掘的芯片股士兰微、生益科技、风华高科等能够实现十余年的操作,也是源于不断积累。

笔者认为,从 A 股角度来看,能够满足上述年复利率增长的板块是很少的。仅从 10 年以上时间段的角度,只有银行股符合 6~7 倍市盈率和持续业绩、净资产增长,保持 15%~20%的年化收益率,而且经历几次大的熊市后都实现了新高。这样的个股是中长线的首选(次新银行股除外)。

万科、平安银行上市以来给投资者带来的增值也是数百倍的(见图 2-34),可以超过同期任何"神奇"的操作。所以笔者认为,很多时候在股市中,我们需要抉择:究竟是要局部的刺激,还是要中长期的财富增值。不同的目的,选择的个股也是不同的。这就如同我们在生活中,是选择短跑,还是马拉松。这样的选择之后,最终实现的财富规模也是不同的。投资者不要总是操作,也可以静下来做一些思考。记住,有大格局才能有大财富。

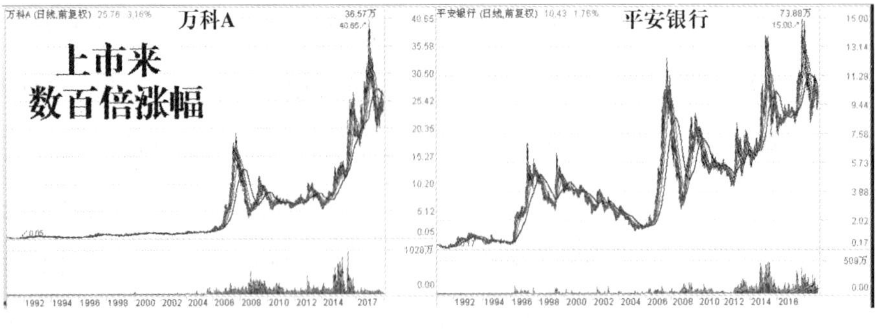

图 2-34　万科与平安银行上市以来的走势

3

行情中需要注意的要点

投资者经过多次成功的操作，使得资金翻倍——从100万元到了200万元。但是只要一次错误的操作亏50%，就会让你回到起点。换一种方式：第一次赚40%，然后亏20%，然后再赚40%……如此循环，你最终会赚多少呢？看上去，投资者似乎是在不断地积累利润，但实际上因为亏的时候资金基数高而涨的时候资金基数低，财富并没有太多变化。第六次循环时，其实和第一次赚的钱差不多。也就是说，投资者操作次数越多，就越是在第一次操作的利润上原地踏步。所以，如果不搞懂这些市场的套路和模式，我们就无法在股市中生存。

如何在市场中生存？经过前面两章的分析之后，投资者应该明白，除了做好我们自己的事，还有一个前提是了解市场，尤其是熟悉市场运行的诸多套路，正所谓知己知彼，百战不殆。本章就告诉大家一些市场中常见的套路及破解的方法。

第一节 如何分析热点板块

同一个板块，不同个股，股性差异非常大，投资者应该根据自己的操作风格去选择对应的个股操作。彼之蜜糖，汝之砒霜，不同个股对于不同风格投资者来说，差异是非常大的。就好比穿鞋一样，不能削足适履，只能根据脚去挑选合适的鞋。炒股就是这样的选择过程。

投资者最喜欢的事就是研究热点，但热点也有诸多类型。不同类型的热点操作方法不同，选股模式不同，对应的套路更不同，需要我们仔细研究，才能够游刃有余。

事件型热点

事件刺激是热点类型中比较特殊的，因为其虽然来势汹汹，但消失的时候也非常快。往往投资者还没弄明白这件事，行情就先来了；而等投资者快明白的时候，行情也结束了。通过几个典型的事件型热点，大家可以对此有一个了解。

雄安新区概念股炒作启示

2017 年 4 月,雄安新区横空出世。由于“千年大计”这个措辞是前所未有的,所以市场认为这样的政策利好也是前所未有的,雄安股的炒作就是事件型热点的典型代表。

2017 年 4 月,只要与雄安沾边的个股就能大涨,以金隅集团、河钢股份、中化岩土为首的龙头股更是连续 6 个涨停。随后个股开始分化,首创股份、青龙管业、保变电气等 20 只个股涨幅超过 50%(见图 3-1)。而到了 2017 年年底,这些个股几乎将当时的涨幅悉数回吐,有些甚至还出现了新低,可谓“套人不浅”。2018 年,这些个股继续走弱。笔者当时就分析过,认为雄安新区由于相关政策和招标工程都没有明朗,处于规划期,因此短期不会带来收益,不存在真正的受益股,只有概念股,所以走势方面只能看量价关系做波段。这就是此类事件型股的核心。

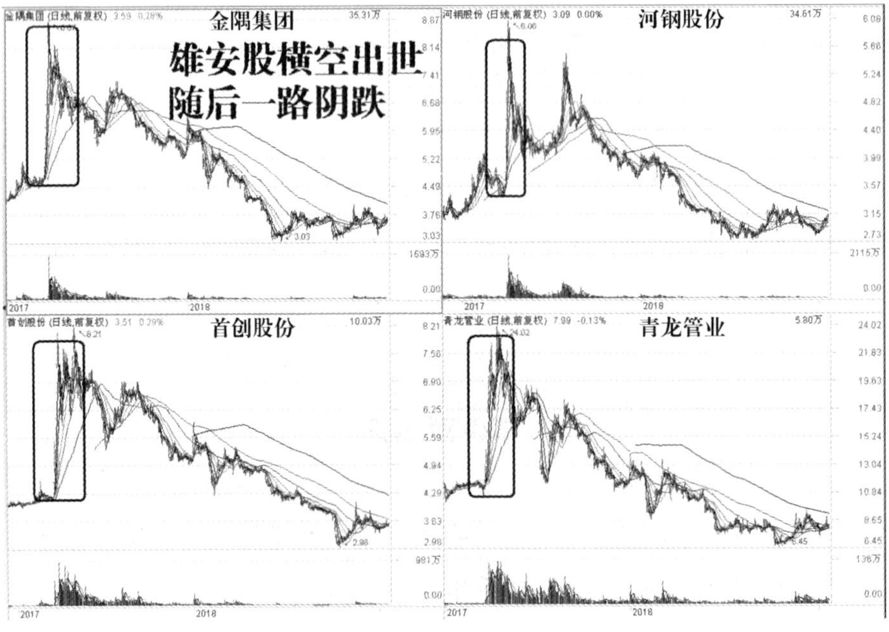

图 3-1　雄安股 2017—2018 年走势

既然板块是这样的情况,那么就需要找短期爆发能力强的个股。随后,笔者挖掘了韩建河山,因为从换手率角度大家可以发现,该股平时换手率在1%甚至更低,但只要换手率放大到20%~30%,机会自然就来了。这就是投资者操作中要注意的。

尽管随后雄安新区股也有过局部反弹,但都是来得快去得快,龙头股金隅集团、河钢股份、中化岩土、冀东水泥等均创了新低。对这个板块的个股,只能把握波段,如果投资者一直持股,结果会是非常惨痛的——股价重心下移,几乎全部创出新低。尤其是2018年11月19日下午2点,传闻雄安将有大新闻,冀东装备、巨力索具、韩建河山等20只雄安板块个股马上涨停,其中不少从绿盘快速达到涨停。但当天最终并没有任何新闻。11月20日这些个股就分化了,有些就冲高回落。很显然,这一波行情也是同样的投机模式,游资利用暧昧传闻炒作。当然,最核心的特点是这一批个股相比于2017年时,集体跌幅都非常巨大,其间频频因为传闻而出现局部脉冲行情,但趋势始终向下。这就是事件型热点的典型特征。

海南板块炒作的思考

2018年4月13日,习近平在庆祝海南建省办经济特区30周年大会上郑重宣布,支持海南全岛建设自由贸易试验区。此时市场都在猜想,海南板块大有接力雄安板块的之势。事实也确实如此。2018年4月16日,海南板块一字板涨停,但由于有了雄安新区炒作的前车之鉴,这一次市场非常冷静。次日,个股便大面积分化,18日则发生集体跌停潮,随后连续跳水。比较典型的个股是海汽集团、海峡股份、海南瑞泽、罗牛山等,都是一字板之后连续大跌,甚至一些游资都被套其中(见图3-2)。这也是事件型行情的走势,投资者应该对此有所认识——财大气粗的游资也有“走麦城”的时候,这就是股市的残酷。

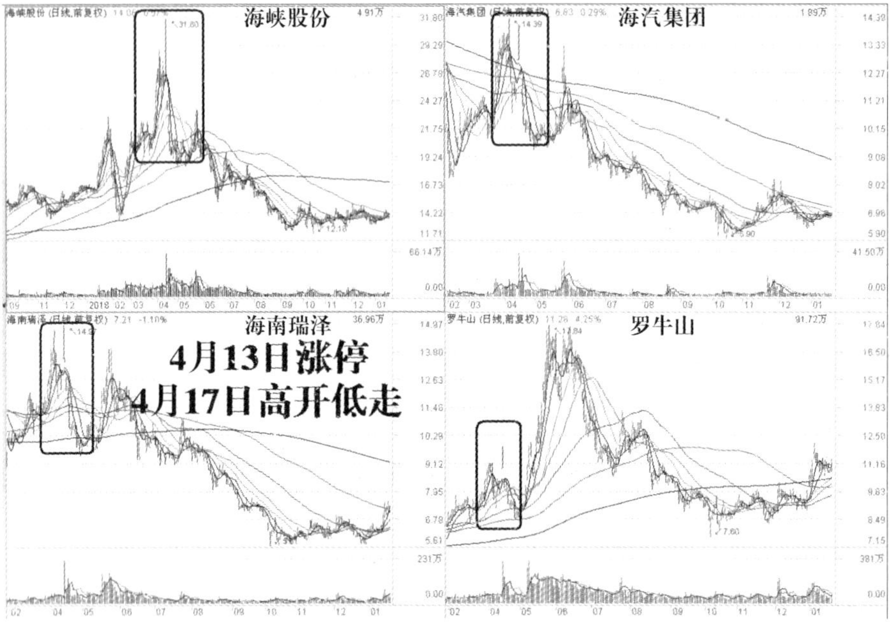

图 3-2　海南概念股 2018 年走势

回想雄安新区板块消息公布后，一批个股连续 6 个一字板，随后连涨“特停”，开板后又持续跳水。这其实是一种“炒地图”的手法：利用消息面突袭而直接拉涨停，随着连续涨停等待开板即大量资金可以买了，就连续派发，而且阴跌的周期非常长；接下来局部再用类似的手法搞一些波段，级别小了一些，给持股者带来行情又回来了的假象，实际上股价重心持续下移。

作为“炒地图”的重要板块，雄安、海南、上海自贸区、粤港澳大港区等的炒作皆属于这个概念，其走势非常值得研究。这样的“炒地图”不可能通过中长期持股来获利，因为这样不仅会亏损，甚至会大额亏损，只能在局部做波段。而且错过之后就不能再追进去，只能等待。

再思考一下为何 2018 年 4 月这波海南炒作没成功？主要原因是之前 2 月的博鳌论坛时市场已经有过一波比较大的炒作，因此 4 月 13 日集体一字板之后，个股很快就分化了，海峡股份等甚至直接从一字板冲击跌停。这从另一个层面体现了市场的弱势。那么海南板块就此沉寂了吗？显然没有。其随后和雄安新区类似，也出现阶段性反复炒作，以消息刺激的节奏为主。投资者对这一特性也要注意。

两会题材行情思考

事件型热点频发的时间段是什么呢？两会周期是一个很重要的节点。以 2018 年两会行情为例，其间概念股格外活跃，次新股、网红直播、软件、计算机、“独角兽”、工业互联网等各类概念股纷纷出现，而且由于创业板股居多，所以有了创业板指数的反弹模式。

还是从概念股入手，我们可以发现，监管层的态度是一个很大的问题。两会前夕，证监会将对生物科技、云计算、人工智能、高端制造这四大新兴产业中符合相关规定的“独角兽”企业给予上市支持的消息不胫而走，支持优质创新型企业上市融资的内容也被写进报告，由此相关概念大行其道。随后，两会对雄安新区建设、环保、人工智能、科技等方面都有提及，也刺激了相关概念股。

两会周期后，监管层态度改变了。先是海得控制、万兴科技、泰永长征等个股因短期内涨幅较大，宣布被停牌核查。万兴科技在 2018 年 1 月 18 日上市，被誉为消费软件第一股。公开交易信息显示，推动万兴科技此次大涨的主力是游资，其间多家营业部席位接力出入。万兴科技曾两次发布股票交易异常波动及风险提示公告，强调当前的高市盈率、低增长率问题，提醒投资者注意二级市场交易风险（见图 3-3）。而海得控制则是工业互联网概念股的人气龙头。

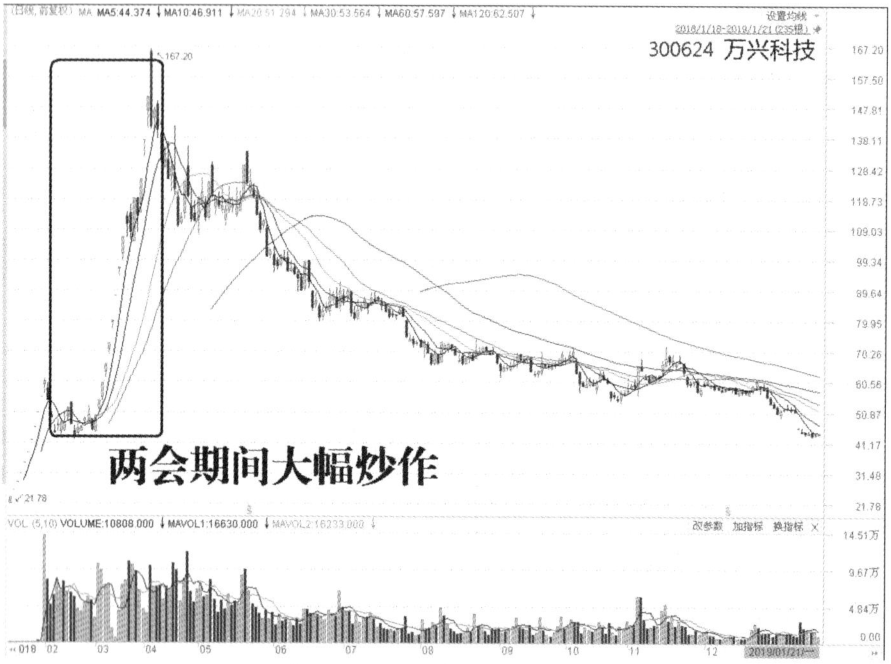

图 3-3　万兴科技 2018 年走势

随后监管部门先停了 6 天 4 板的天华超净，又停了五连板的麦达数字，疯狂的“独角兽”概念受到监管层的注视。同时，多只涨停股提示风险（太空智造连续 3 日涨停后公告澄清，未在雄安新区承接业务；游久游戏（ST 游久）连续两日涨停后公告，公司主业与区块链无任何关联；被炒作富士康概念的安彩高科，也澄清过与富士康无任何关联）。高送转被问询停牌（八一钢铁等），乐视网盘中“特停”，更是表明了监管部门的态度。

具体来看，安彩高科被市场视为富士康概念第一股。但公司澄清称：“经核实，富士康上市事项与公司无任何关联，对公司生产经营无任何影响。”雄安新区概念股中活跃度居前的韩建河山，也澄清表示：“经公司梳理和查验后确认：截至目前公司未在雄安新区承接业务，也未在雄安新区存在资产；截至目前雄安新区未进行与公司主营业务有关的招标，公司也未在雄安新区进行投标。所以雄安新区的建设到目前为止对公司的经营情况没有影响。”（见图 3-4）

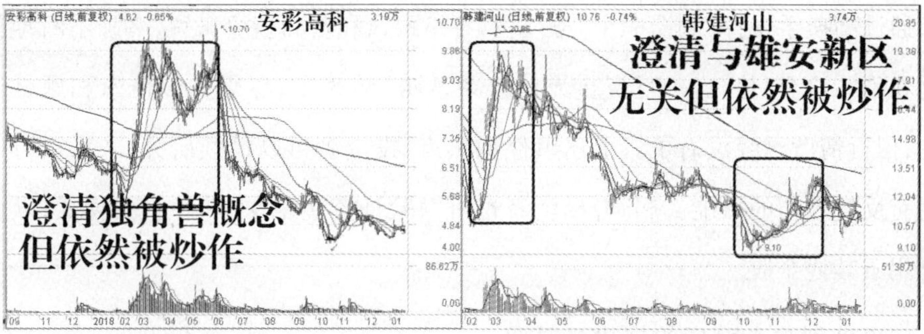

图 3-4 澄清后，概念股依然被炒作

工业互联网的龙头股海得控制，更是处于业绩微利，而如今市盈率高达 300 倍以上。一些大股东还趁机减持，如另一个“独角兽”概念龙头股天华超净，公司合计持股 5%以上的股东冯忠、冯志凌、无锡英航、益宇投资 4 名一致行动人截至 2018 年 3 月 12 日的合计减持比例已经达到公司总股本的 1%。

看上去市场在热炒“独角兽”概念，一些个股虽然澄清关系，依然被资金爆炒。上一次类似的情况出现在雄安新区概念股，当时的走势，投资者应该还历历在目。但随后的情况投资者应该也看到了——概念就是概念，真正主导的是背后的资金。被热炒的另一个因素是监管层，监管层明确给以富士康为代表的“独角兽”公司以快速 IPO 的通道，几乎实现“准注册制”。如果这种情况常态化，那么价值数万亿元的“独角兽”依次回归，对市场的资金冲击不小，这还没有考虑上市后的爆炒因素。

涨幅较好的大多是概念股——“独角兽”概念股、知识产权保护概念股等。

虽然是新概念，但炒作均是典型的旧手法，利用消息快速拉连续涨停，一旦开板就连续跳水，根本不给追涨者机会。这就导致看着热闹，但资金操作难度极大。

因此，投机模式说白了就是和基本面因素无关的纯粹资金博弈。资金在局部通过高换手支撑，制造一个“势”。对各路跟风和参与资金来说，必须不断地强化和维系这个“势”。一旦资金无法维系，“势”结束了，尽管类似概念和题材还在，但行情就已经没有了。上述事件型热点，投资者可以继续研究，未来很可能还有反复炒作的可能。届时，投资者也可以验证资金手法，熟悉相关模式，以后可用于其他个股。

事件型热点背后的规律与思考

从雄安新区到海南自贸区，再到历年的两会题材行情，大都是消息型热点。这样的热点看上去非常热闹，但具体到操作，则陷阱丛生。

除此之外，借壳股的炒作也是最容易引发市场关注，却也是最容易套人的。2017 年最火爆的自然是三六零借壳江南嘉捷，炒了两年多，最后结果出乎大多数人的预料。而此前的借壳明星股是巨人网络借壳世纪游轮，实现一波近 10 倍的涨幅后，我们看到的是持续两年的阴跌，跌幅近 80%，也可谓相当惨烈。类似的还有快递股——顺丰控股，也发生了持续 15 个月的阴跌，距高点跌幅逾 50%；更惨的是圆通速递，阴跌两年以上，跌幅近 80%(见图 3-5)。面对这样的借壳股，投资者注定只能欣赏而很难参与。因为其是由消息驱动，而投资者又不可能成为先知先觉者。所以看看就好了，别轻易参与，太容易被套了。

所以，事件型热点活跃背后的潜台词，实际上是市场的持续性热点不佳，资金的持续性不足，在各方面比较差的时候，只有通过消息和特殊事件来炒作。所以作为投资者来说，股市生存的基础在于懂得市场的各种套路，量力而行。

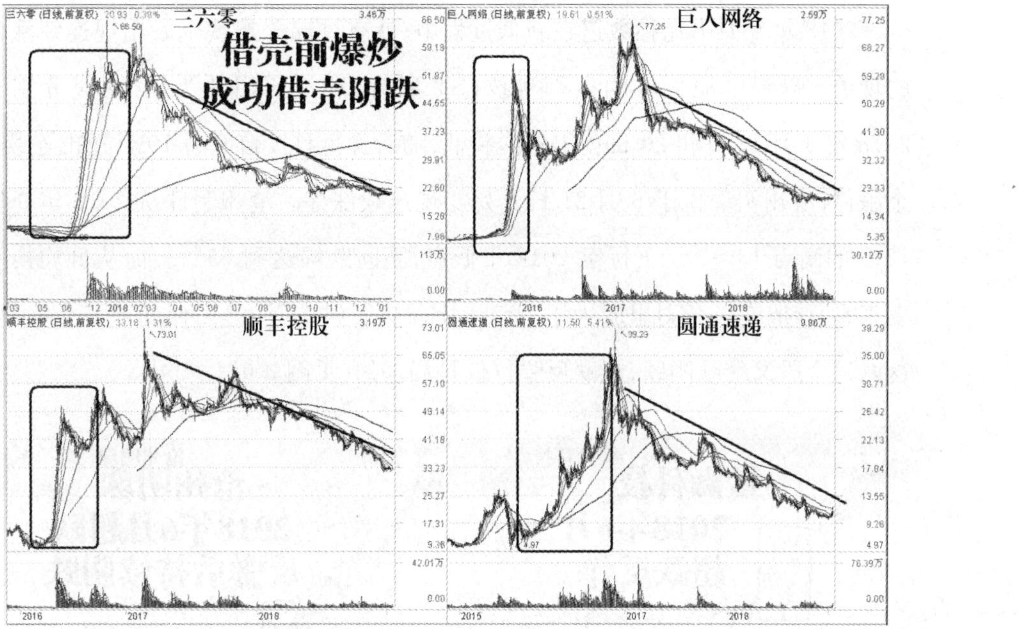

图 3-5　借壳股的典型走势

超跌反弹股

没有只跌不涨的个股——这是股市中的谚语，也的确如此。2017—2018 年行情中，大涨股中有一半以上是创过新低的，超跌反弹特征明显。如西部建设、西部资源、西藏矿业、高德红外、英科医疗等局部大牛股，都是非常典型的超跌反弹股。而这些个股大多基本面没有太多改善，仅是因为跌多了后反弹，局部放量一倍以上是其最重要的指标。换句话说，这是纯粹的量价因素的推动。所以在 A 股行情中，超跌反弹是投资者可以参与的主要机会。

超跌股反弹背后的主力意图

2018 年 6 月下旬指数还在新低过程中，就有过部分超跌个股出现连续涨停的现象。以锂电池板块的猛狮科技(ST 猛狮)和沧州明珠为例，两股分别于 2018 年 6 月 13 日和 20 日创出年内新低，随后猛狮科技自 6 月 19 日逆市连续 4 个涨停，沧州明珠也于 6 月 21 日开始实现连续涨停。沧州明珠从 2017 年 9 月 12 日的高点 13.12 元下行至 2018 年低点，区间跌幅达到 69%。而从日均换手率来看，该股在一个月里放大了一倍以上。更关键的是，之后伴随资金撤离，这两只个股又继续阴跌，超跌反弹仅仅是局部的(见图 3-6)。

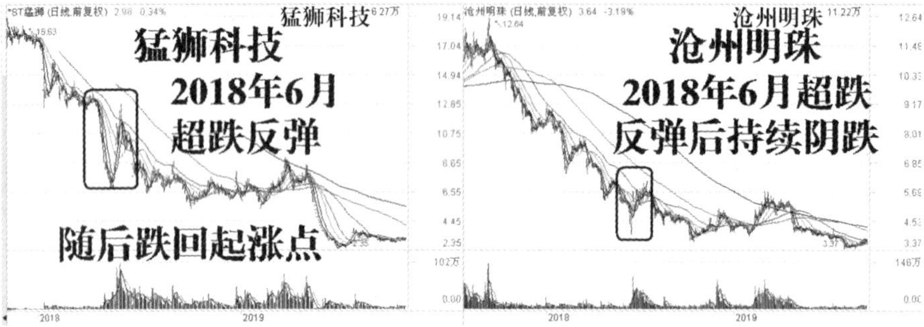

图 3-6　猛狮科技与沧州大化 2018 年走势

上述这些个股，投资者可能还会因为或多或少地找到一些基本面因素，而被干扰了思路；而天圣制药(ST 天仑)、赫美集团(ST 赫美)、东湖高新等这种大跌后大涨，甚至从连续跌停走到连续涨停的走势，就完全是由于量价关系了。乐视网、千山药机及中兴通讯也都有过涨停走势。不仅如此，连吉恩退市都有过一周 30%的反弹——明知退市，依然有资金炒作，不得不说投机氛围浓厚(见图 3-7)。无独有偶，* ST 长生退市前，也有过一波七连涨停，而且如果不是强制退市突然而至，可能还会涨更多。

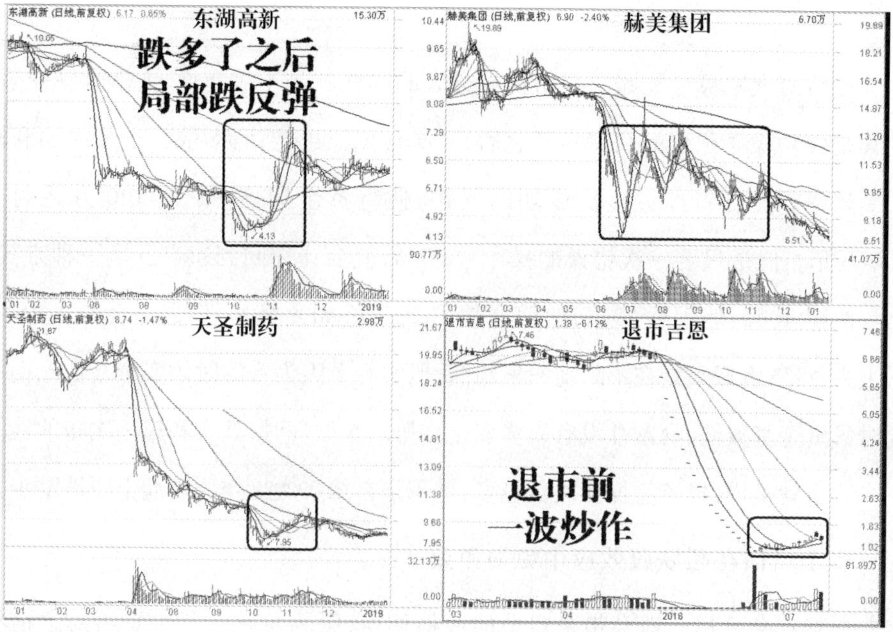

图 3-7　一批超跌反弹股走势

实际上，炒作的游资主力根本没有考虑其他因素。对这些投机股，不要叠加太多基本面和技术因素，就是纯粹量价关系，用高换手推高股价的模式，炒一波就跑。所以，投资者应该注意，对这些超跌股一旦心存杂念，从投机变为其他操作，很可能就会遭遇新一波的跳水。

我们可以看到印纪传媒(ST 印纪)、新日恒力等再度跳水，也有摩恩电气、立思辰、正平股份等反弹后又跌回，这些个股也是需要投资者注意的。所以很多短线操作时，不需要考虑太多因素，就是盯紧量价和盘口(当然，熟悉操作品种也是很重要的，至少要有过一段时间盯盘。很多投资者对个股一点都不熟悉，也没做过研究，却想跟着操作，这是不行的)，顺势做一波。无论是否成功，到了拐点——如换手率快速下降、盘面震荡空间收窄或有其他异动，都要尽快撤离，保护本金。

最后给大家算一笔账。投机操作最大的问题就是不确定性，大涨大跌交替。尤其是成功操作积累的利润多了之后，一次亏损很可能让你几次、十几次的利润损失殆尽。投资者经过多次成功的操作，使得资金翻倍——从100万元到了200万元。但是只要一次错误的操作亏50%，就会让你回到起点。换一种方式：第一次赚40%，然后亏20%，然后再赚40%……如此循环，你最终会赚多少呢？看上去，投资者似乎是在不断地积累利润，但实际上因为亏的时候资金基数高而涨的时候资金基数低，财富并没有太多变化。第六次循环时，其实和第一次赚的钱差不多。也就是说，投资者操作次数越多，就越是在第一次操作的利润上原地踏步。

资金风口在超跌股效应中更为重要

市场在急跌后一般会带来短期的风格切换，因为急跌会使投资者对之前的市场逻辑产生一定的怀疑。不过急跌却很少带来中期风格切换，因为急跌很难直接影响股价中期变化的逻辑（如流动性、盈利估值匹配等）。相对于主板而言，创业板因前期跌幅较大，估值相对较低，向上的收益高于向下的风险，吸引力会逐步增强。但风格转换不是一蹴而就的，虽然创业板的性价比在提升，但这是一个反复寻底、确认的过程。

一般急跌的时候，短线大多会选择次新股，因为短线操作区间大。所以我们看到历史上，超频三、贵州燃气、森霸传感、泰永长征、华森制药、张家港行等一批次新股局部活跃（见图3-8）。尽管它们整体重心是下行的，但局部大涨的赚钱效应非常吸引市场的眼球。尤其是热门行业中高换手率的次新股，走势往往更强。2017年大热的钴行业中的寒锐钴业、华友钴业就是典型。这就是“次新＋概念”的意义。

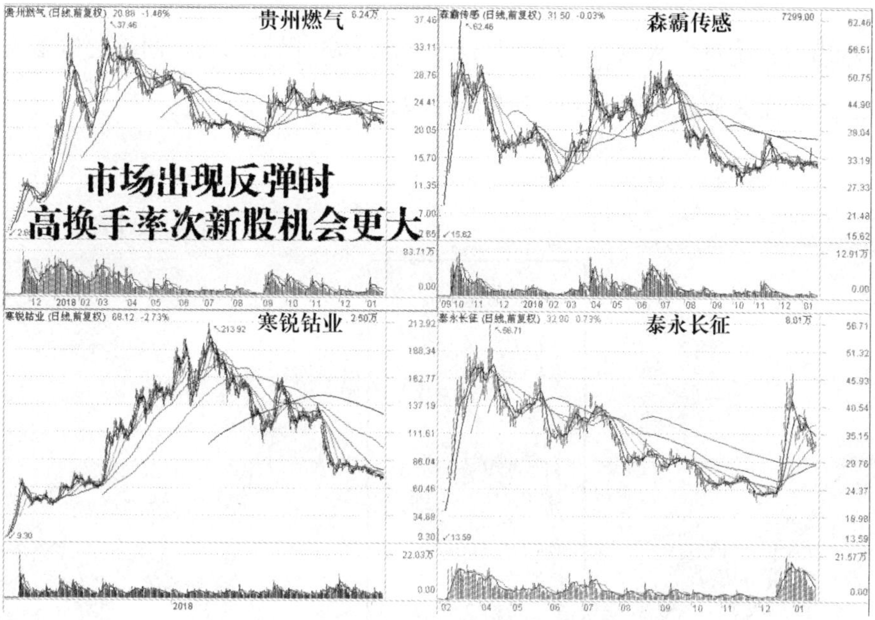

图 3-8　次新股在市场超跌反弹周期中表现活跃

对游资来说，筑底成功与否并不重要，重要的是局部相对躁动的市场氛围。有一些资金已经期待抄底，并做出一些尝试，那么次新股的快速动作就会带来跟风，其就利用局部高换手去推高股价，实现机会。所以，不少短线能力强的投资者就做这样的品种。

资金风口，就是指个股出现超跌，新增资金涌入之后带来的走势改变。这种改变可能不是量化因素可以决定的，但却非常容易被感受到——个股的活力增强了。新增资金之前，个股走势低迷甚至昏昏欲睡。新的资金来了之后，并不是说不会出现下跌，而是修复能力强了，大开大合。

比如，2018 年 3 月开始的中美贸易摩擦期间，受益股宏辉果蔬的走势就很典型（见图 3-9）。其在 2018 年 3 月贸易摩擦因素之前几乎没有什么表现，就是一路阴跌(没有资金关照的次新股大多以这种走势为主)。新增资金介入之后(表现为换手率持续放大),该股先是一波快速大涨,随后回落。回落之后逐步抬高重心,资金关照迹象明显。这就是资金风口。

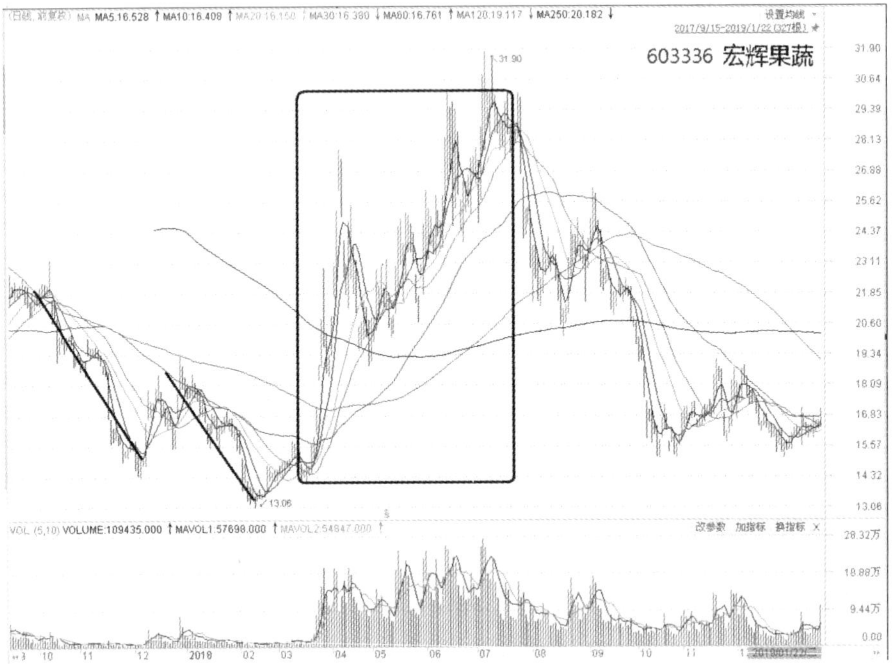

图 3-9　宏辉果蔬 2018 年走势

资金风口对个股趋势的影响

资金风口比较典型的案例是医药板块,笔者在 2017 年 9 月底挖掘的通策医疗就是其中代表。该股之前走势低迷,甚至有"仙股"①迹象——低成交、低活跃

① 仙股:指股价已低于 1 元,只能以分作为计价单位的股票,后该概念扩大为低成交量、低活跃度、低股价的股票。

度。但大幅放量后,走势就明显活跃了。笔者在这里要提醒大家注意一点:并不是说有了资金风口,个股就不会下跌,该股局部洗盘力度也很大,而且几乎是周期性地过一段时间就跳水一次,但趋势从来不跌破。这也是其保持新高趋势的原因。

其实,各个板块中都有类似的个股,比如钢铁板块中的八一钢铁(见图 3-10)。该股从 2018 年 3 月开始一路下跌,而在这之前是持续 6 个月的横盘。下跌期间也有过一些反弹,却并没有改变趋势,走势非常低迷。2018 年 6 月开始,该股不同了——成交量放大,虽然在 6 月 19 日跌停(A 股在 2018 年 6 月 19 日出现集体

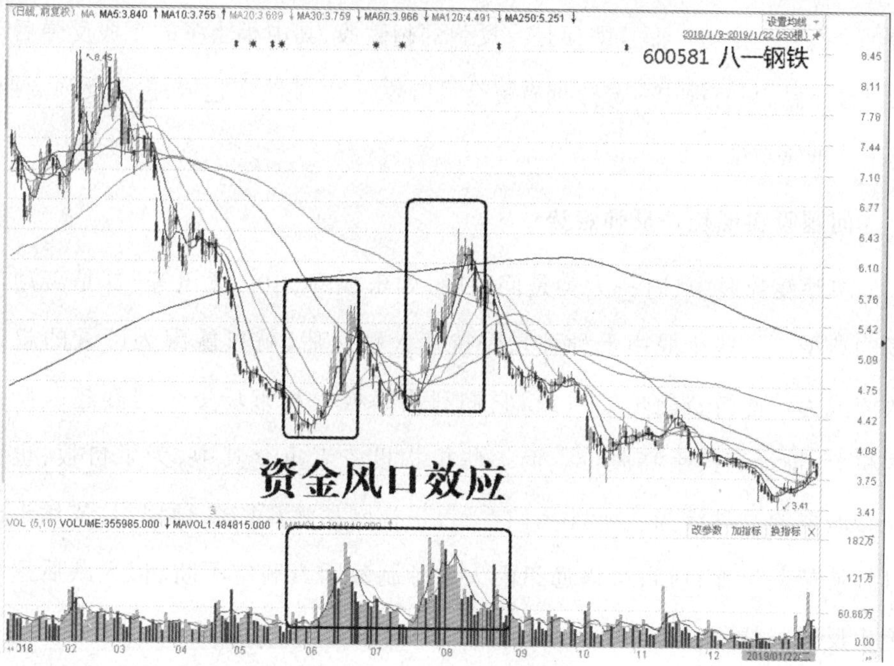

图 3-10　八一钢铁 2018 年走势

跳水，再现千股大跌)，但6月20日涨停修复。这就是资金风口效应的体现，新增的资金带来了走势的全新改变。

与这个走势差不多的是食品板块，例如2018年5月的双塔食品。该股之前持续18个月下跌，其间有过多次筑底，构筑平台，超跌反弹，但最终被趋势线压制，再度创新低并破位。而5月开始，该股出现了交投的持续活跃，走势也是明显强势起来。局部虽然有过大跌，但很快就修复了，这也是典型的资金风口效应。这样的个股不少，同期的金杯汽车、中钢国际也有类似的情况，感兴趣的投资者可以关注。

最后还要提醒投资者一点：超跌股在市场上存在数量非常多，但并不是超跌股都会有好的走势。而且即便是有反弹的超跌股，其中相当多的个股反弹后还会继续下跌，只有很少一部分拥有资金风口效应，才能改变趋势，进入反弹周期。这一点非常重要。

问题股实现超跌反弹走势

超跌反弹股中，有一大类是问题股，如乐视网、中兴通讯等，都是轰动市场的典型。一些个股由于种种原因持续大跌之后，就可能因为巨大的超跌效应成为一些游资狙击的对象，它们利用高换手和市场资金博弈超跌反弹的机会，推动高换手高股价。而一些机构投资者重仓其中，为了自救，也会配合游资的这种行为。所以我们看到，乐视网尽管深陷各种官司，依然走出过几波超跌反弹行情；中兴通讯因为各种制裁因素利空不断，但大跌后逐步走出反弹行情。

当然，这样的走势在局部也是比较凶悍的，如冀凯股份(见图3-11)。该股在2018年6月之前的走势很有意思，先是一波实现50%涨幅的局部持续反弹，随后开始跳水，甚至一度连续一字板跌停，杀跌非常惨烈。打开跌停板之后，该股有过一波连续3个中长阳走势，随后又是连续重挫，接着又是一波反弹，较最低点有50%以上的涨幅。在弱势行情中，这样的涨幅算是非常可观了。

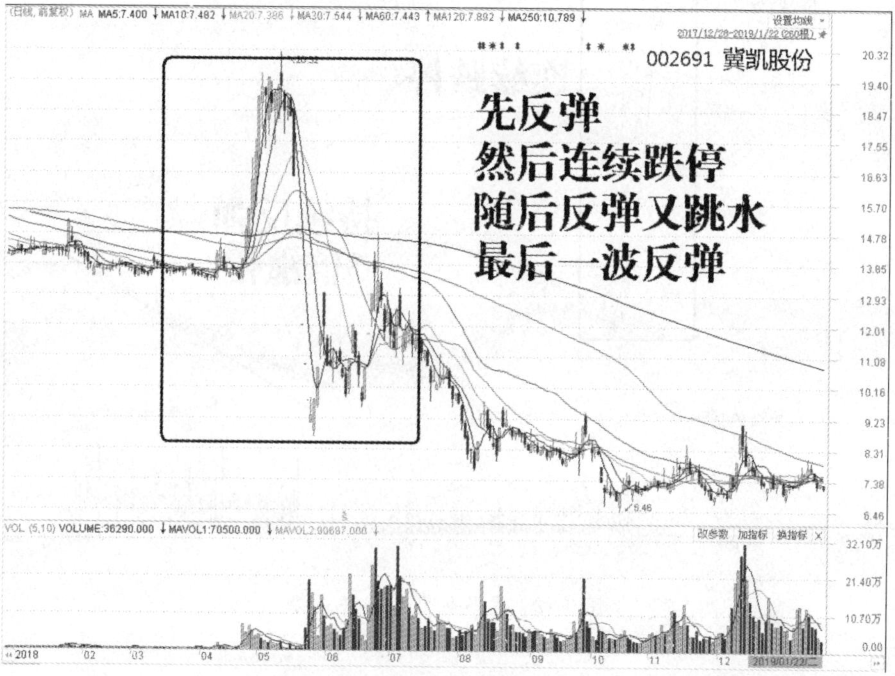

图 3-11　冀凯股份 2018 年走势

当然也有走势一波多折的，如摩恩电气（见图 3-12）。该股 2018 年 6 月 5 日复牌后连续跌停，最大跌幅近 67%（这还未考虑复牌前的那一个跌停）；随后也开始了一波反弹，但之后又阴跌了；然后一波持续反弹实现了近 3 倍的涨幅。

对大跌股走势的思考

当然，作为投资者不能只看到利益，更要看到风险，风险收益比才是投资者赚钱的工具。割裂收益和风险，无论单独说哪一个都毫无意义，毕竟股市中既没

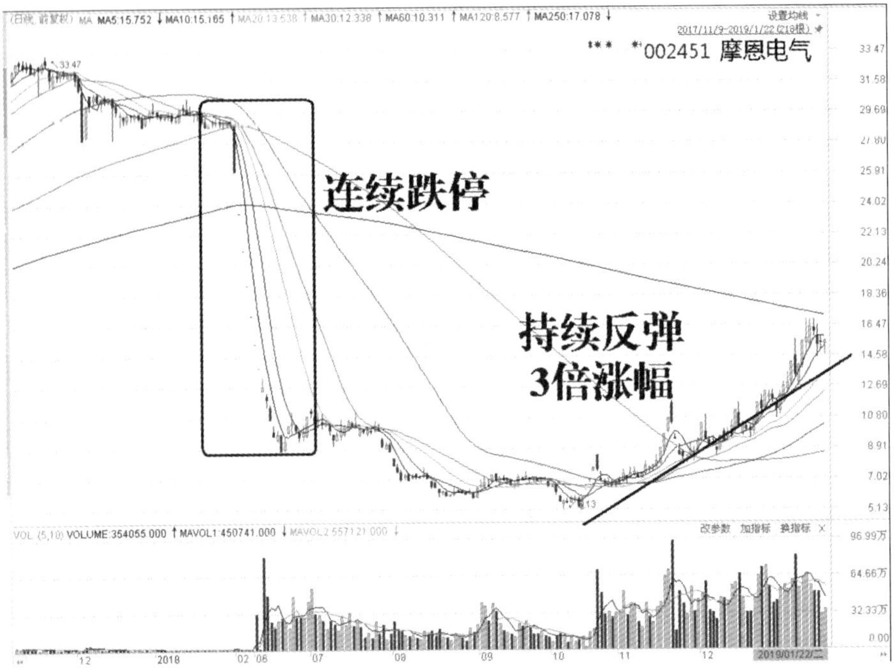

图 3-12　摩恩电气 2018 年走势

有只涨不跌的个股,也没有只跌不涨的个股。

首先,投资者应该看一只典型个股,如大连电瓷。该股大跌后也有过局部中长阳,还有过几次涨停甚至连续涨停,但整个趋势始终是向下的。这是投资者应该注意并思考的。尤其是应该注意到,该股大跌初期横盘一个月后,又再度跳水,并且导致新低。由此可见,这种模式就是纯粹的投机,没有什么可留恋的。跟随资金炒一波,无论有没有利润,该跑就要跑,否则就别参与。

其次,并不是所有大跌股都能出现局部快速反弹的走势。比如与前面分析过的冀凯股份同期的奥瑞德(ST 瑞德),最大跌幅近 80%,从 17 元上方跌到最低 3.4 元，仅剩 2 折，但也并没有出现很好的反弹，依然是持续阴跌的走势（见图 3-13）。所以对于投资者来说，这种模式的高风险也是不言而喻的。

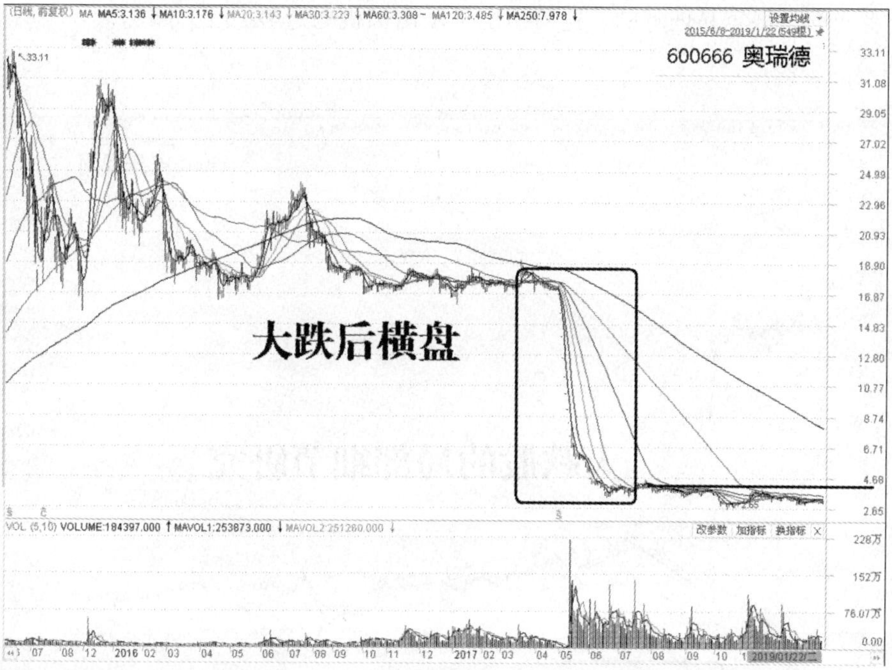

图 3-13　奥瑞德 2016—2018 年走势

还有，我们要找到大跌后出现大涨股的一些关键因素，才有助于操作。乐视网和千山药机就是这方面的典型，也是笔者反复提醒投资者需要研究的。之所以要研究乐视网，是因为其市场关注度非常高。市场各方面都聚焦在该股身上，同时又有诸多基金在里面。它吸引的投资者越多，跟风盘越大，自然就越容易出现大的异动。这也是中兴通讯拥有的特点。

研究乐视网 2018 年的走势（见图 3-14），我们可以发现，该股开板之后并没有反弹，而是又跌了近10%后才有了反弹，随后横盘；然后，又是一波加速的反弹，较低点反弹了60%多，随后资金就撤离了。该股后期也有过几次接近低点的反弹，但力度越来越差，因为资金介入度低了。资金少了行情就差的道理，投资者应该是很容易理解的。这就引出了千山药机的走势（见图3-15）。

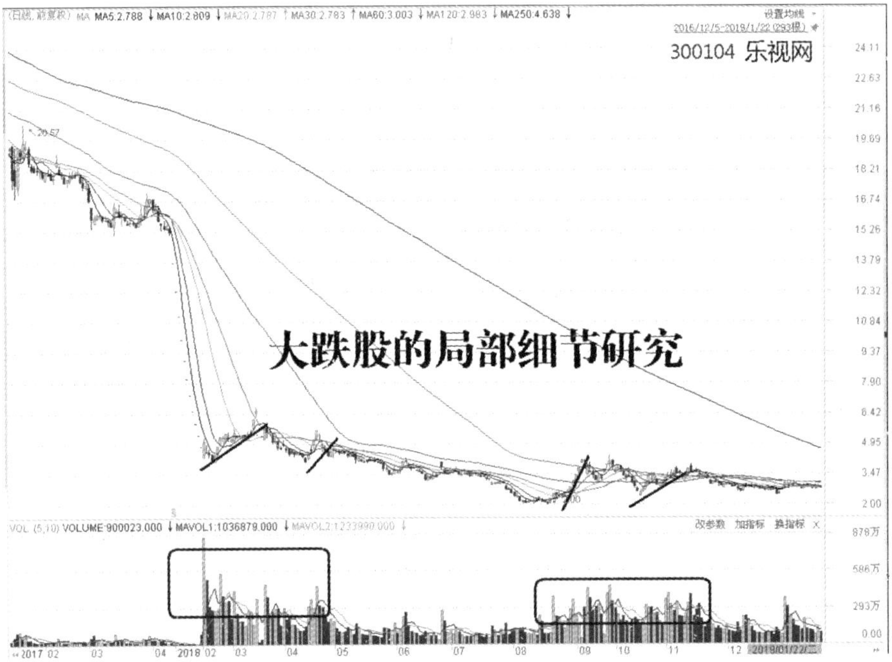

图3-14 乐视网2018年走势

千山药机在2018年第一季度时是比较典型的量价配合比较好的个股，走出了一波超跌反弹走势，日均换手率都在10%左右。这样的量能支撑使其有了超跌反弹，而且最大涨幅翻倍，可见换手率是这种投机模式的核心。即便如此，该股在后期还是创出了新低。道理也很容易理解，毕竟它的基本面是有硬伤的，纯粹的投机模式只在局部，时间久了，业绩压力必然要体现，因此只能继续走弱。

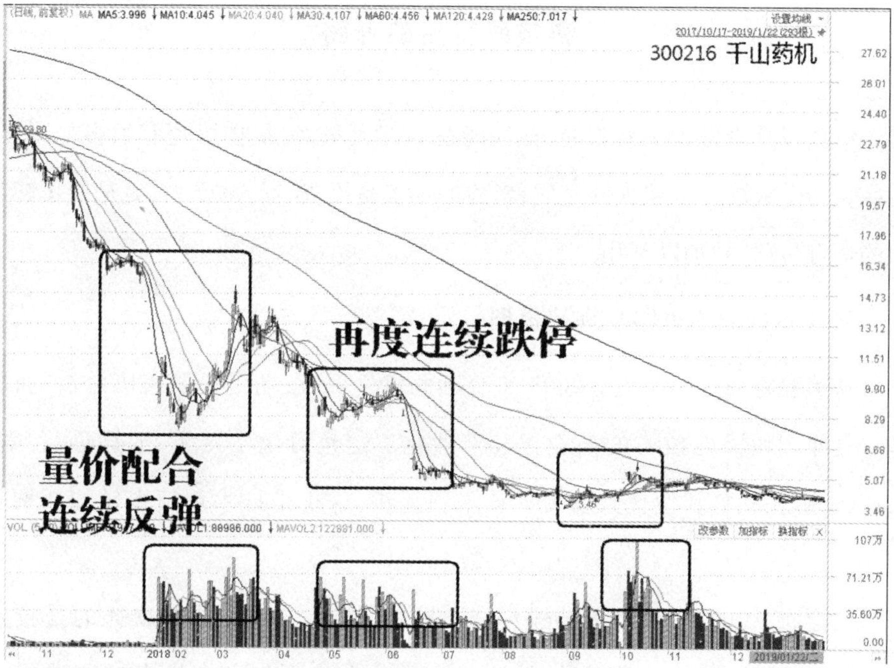

图 3-15　千山药机 2018 年走势

这一点在中兴通讯中也有体现，局部跌多了，哪怕再差的个股也有反弹，但问题是，消息面的利空和基本面的压力都是很难承接股价的。

展示以上案例和操作策略，是因为笔者无法改变投资者的好奇，更劝不住很多人进行类似的操作。毕竟，这样的操作局部短线利润很高，诱惑力太强了。但笔者可以将行情的整个面貌展现出来，让投资者知道风险在哪里，收益在哪里，哪些不可以碰，哪些可以尝试，但要做好安全措施等。这也算是一种经历的丰富吧，供大家研究。

科技股背后的套路

科技股是投资者最喜欢的，往往能在局部大涨，但科技股也有很多的误区，往往也会有大跌。大涨大跌之间，考验的不仅是投资者的承受力，更是要了解其中的运行规律，并加以利用。

科技股行情的思路与规律梳理

从美股方面入手研究。2008年金融危机之后，驱动美股及美国经济的，就是一批原创颠覆性技术的商业化和产业化。这也诞生了苹果、亚马逊、谷歌、Facebook、微软等新生代大蓝筹。从本质上讲，这正是技术创新引领的新增长周期。

与之前2001年网络科技股泡沫不同的是，这一波科技股依托的是技术创新，这也是打破估值瓶颈的核心。创新技术的产业化才是支撑全球经济步入新一轮增长的根本动力，信息技术、新能源技术、空间技术、生物技术等一系列的颠覆性技术产业化，继续展现出巨大的发展潜力。电动汽车、智能(自动)驾驶、肿瘤细胞免疫疗法(CAR-T)、SpaceX猎鹰重型火箭，以及5G建设和大数据、云、人工智能的应用等，这些技术创新的产业化，已得到世界各国的认可。

正是在这样的基础上，我们看到上述科技股持续走强。在中资科技股中，腾讯控股、阿里巴巴、网易、新浪微博等也走出了比较出色的行情。这背后都有实实在在的基本面支撑，而非炒概念，可见实质性的盈利模式才是关键。所以对科技股板块，未来依然是看好的，只不过选股时要格外讲究。

在A股内部来看，芯片等硬件板块相比于软件板块，走势的持续性更好一些。这主要是因为硬件的发展空间更大,而且硬件升级才能带来软件方面创新的空间。不过从局部走势来看,软件的概念因素强,所以在牛市时爆发力更强。我们可以对比一些板块的龙头股,如浪潮软件、浪潮信息和士兰微就是比较典型的。浪潮系横盘时间长,但在局部的反弹中涨幅大,如2015年那一波牛市中涨幅达到数倍(见图3-16)。士兰微在2015年牛市时仅有翻倍的涨幅,但如果周期放大到十几年,其反弹的持续性就非常强了(见图3-17)。所以,在市场强势时,短周期的软件股强;在大周期中,芯片股的持续性好。但这是从板块角度来看的,在个股方面还有一些更具体的研究。

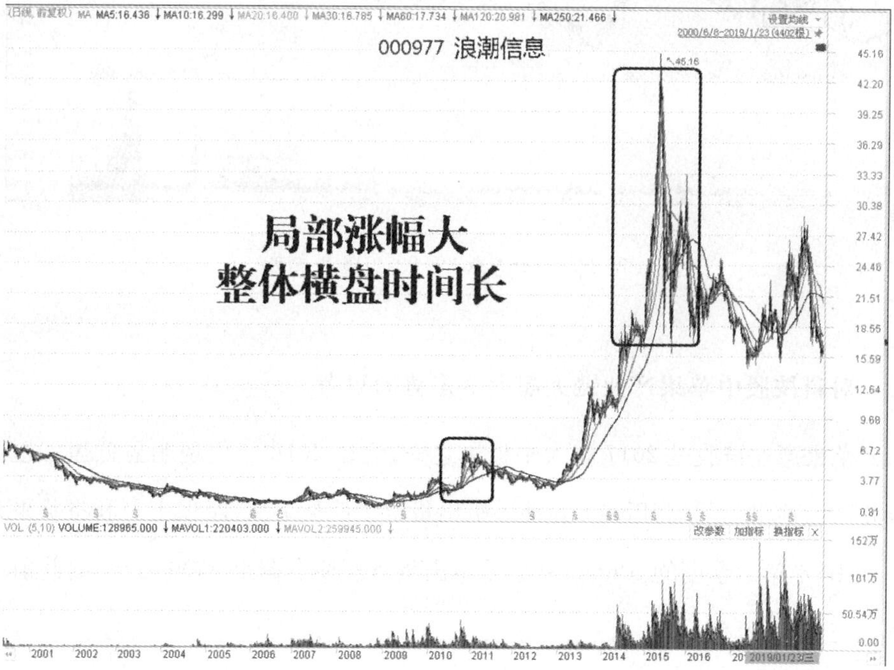

图3-16 浪潮信息2001—2018年走势

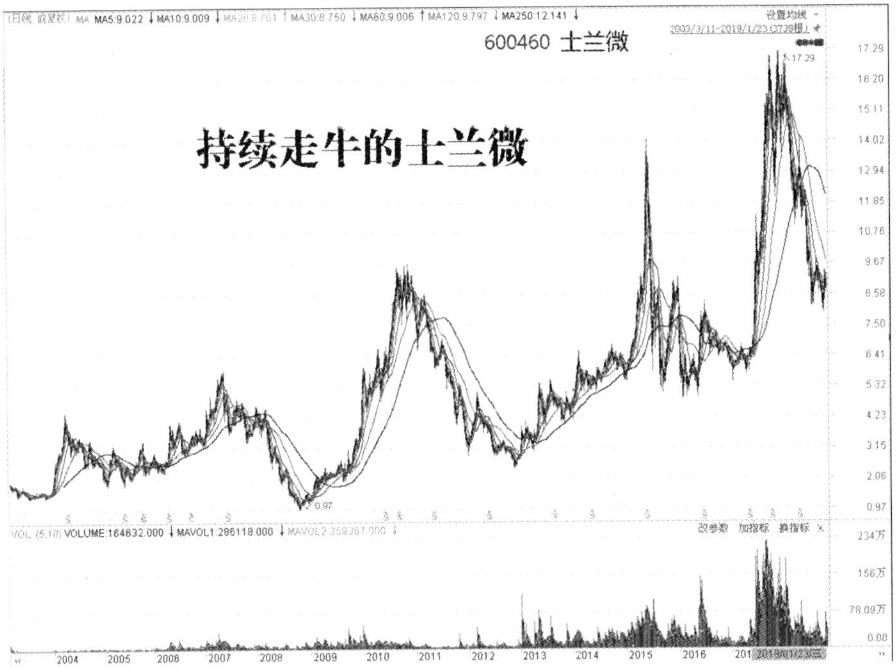

图 3-17　士兰微 2004—2018 年走势

对科技股中苹果产业链大起大落走势的思考

苹果产业链股是 2017 年大牛板块之一，但在 2018 年出现明显低迷。这主要是因为苹果公司的 iPhone 智能手机出货量预期被下调，摩根士丹利将苹果公司 2018 年第二季度的 iPhone 智能手机出货量预期下调至 3400 万台，而此前的预期是 4050 万台。

港股市场相关股票也出现大跌。舜宇光学科技、瑞声科技、丘钛科技等跳水；A 股市场的苹果概念股更是持续大跌，江丰电子、欧菲科技(欧菲光)、立讯精密、科森科技、信维通信等 2017 年的牛股变成了 2018 年的大熊股(见图 3-18)。

这就是科技股行情的特点:大起大落。

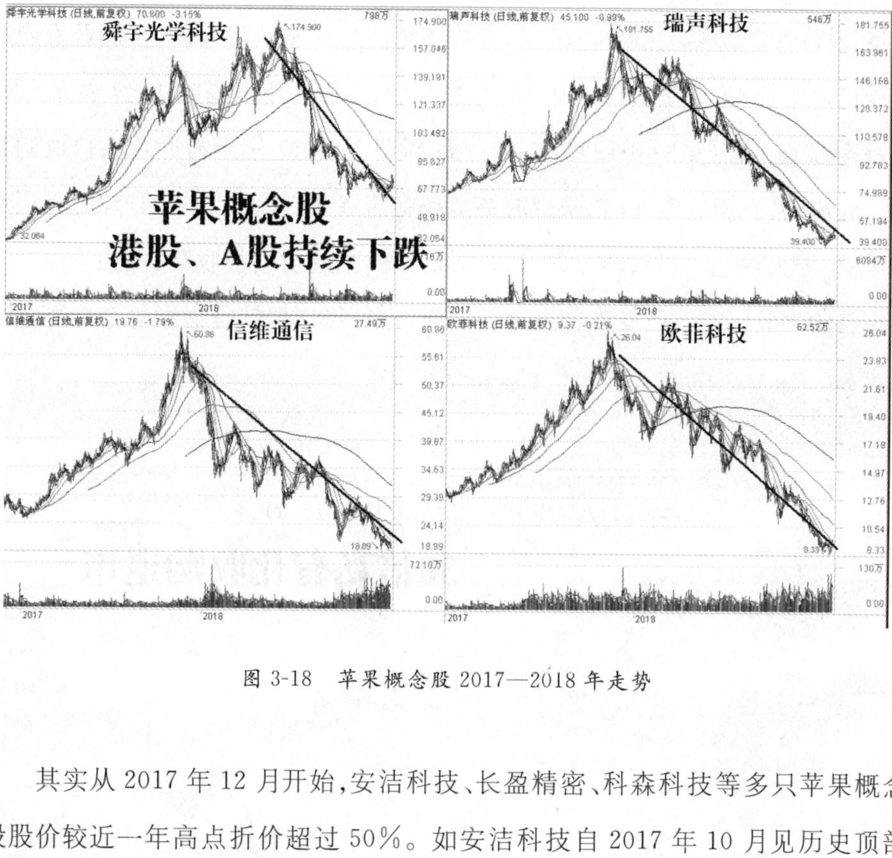

图 3-18 苹果概念股 2017—2018 年走势

其实从 2017 年 12 月开始,安洁科技、长盈精密、科森科技等多只苹果概念股股价较近一年高点折价超过 50%。如安洁科技自 2017 年 10 月见历史顶部以来,6 个月中有 5 个月股价下跌;科森科技的走势也相类似,大跌 60%以上。这一走势不仅是因为股价炒高了,也和业绩因素有关,尤其是和国内手机产业链景气度下降有关。根据中国信息通信研究院数据,截至 2018 年年底,国内智能手机出货量已经连续 13 个月同比发生断崖式下跌,因此相关上市公司业绩下调明显。

医药科技股带来的诸多启示

科技股板块有很多不确定因素。以医药科技股为例,一旦药品研发成功,业绩暴增,股价就会暴涨。早在2016年,美股中精准医疗领域的Celator制药有限公司股价只用了18个交易日就从1.68美元/股上涨到了最高的13.9美元/股,18天暴涨逾7倍(见图3-19)!Celator的新药Vyxeos用于治疗急性白血病Ⅲ期试验成功,有望成为40年来提高高危癌症患者生存率最有效的产品,是引爆其股价"导火线"。最终,该公司以较起涨点30倍的价格被收购,成为不少投资者期待的牛股标本。但投资者也可以发现一个现象,那就是这样的个股可遇不可求。

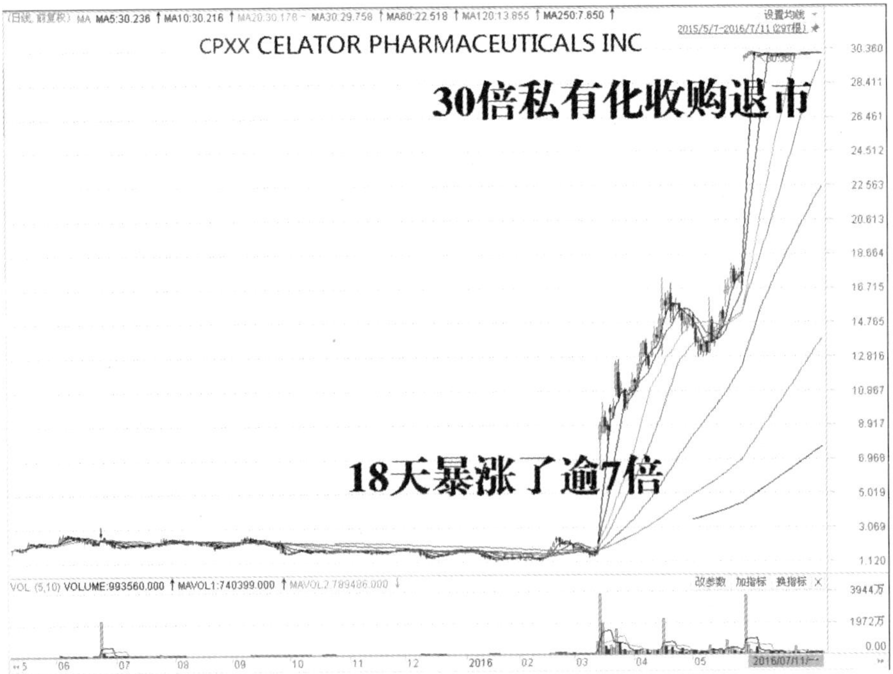

图3-19　Celator 2016年走势

医药科技股的数量非常多，而最终能够研发成功的公司少之又少，95%以上的企业项目最终不了了之。更重要的一点是研发周期非常长，即便研发成功最终拿到“牌照”能够成功进入市场，也往往需要几年甚至十几年。这期间一旦出现任何问题，都可能前功尽弃。

2018 年长春长生(ST 长生)疫苗事件之后，一些投资者问，这次会不会和当年的乳业事件一样，否极泰来，最终走出伊利股份那样的牛股呢？笔者的答案是否定的。因为科技和消费是完全不同的，尤其是经历过重庆啤酒“乙肝疫苗”事件之后，就可以明确这里面的水太深了，笔者从此不再参与此类股。医药和医疗股的行业因素相对清晰，远比疫苗和医药科技股来得可靠。

1998 年，重庆啤酒以 1435.2 万元收购佳辰生物 52%股权。当时佳辰生物声称依托第三军医大学的科研平台，自 20 世纪 90 年代初开始进行乙肝新药的开发，随后重庆啤酒将佳辰生物股权比例增持至 93.15%，乙肝疫苗的光环令其股价数次被爆炒。

2011 年年底，由于乙肝疫苗揭盲数据(试验药和对照药的安全性及疗效比较)低于预期，重庆啤酒股价迎来连续 9 个一字跌停，此后其在资本市场的表现也一直不尽如人意(见图 3-20)。重庆啤酒 2014 年年报显示，实现营业收入 31.69 亿元、净利润 7343.52 万元，分别同比下降 6.44%和 53.74%。2014 年 12 月 9 日，重庆啤酒发布公告，决定停止乙肝疫苗的实施主体重庆佳辰生物工程有限公司的生产性业务。

按照惯例，一个新药由概念到进入市场，通常需要 10～15 年的时间，从一期到临床到最后能够上市的不超过 10%。这意味着新药研发有 90%的失败率，而研发成功后还面临审批等市场风险。资本是逐利的，在投入初期，它可以给药企带来关注度和现金流，但同时也会令研发风险有所增加。

可能很多投资者会说，医药“人命关天”，自然要慎之又慎，而很多科技是用

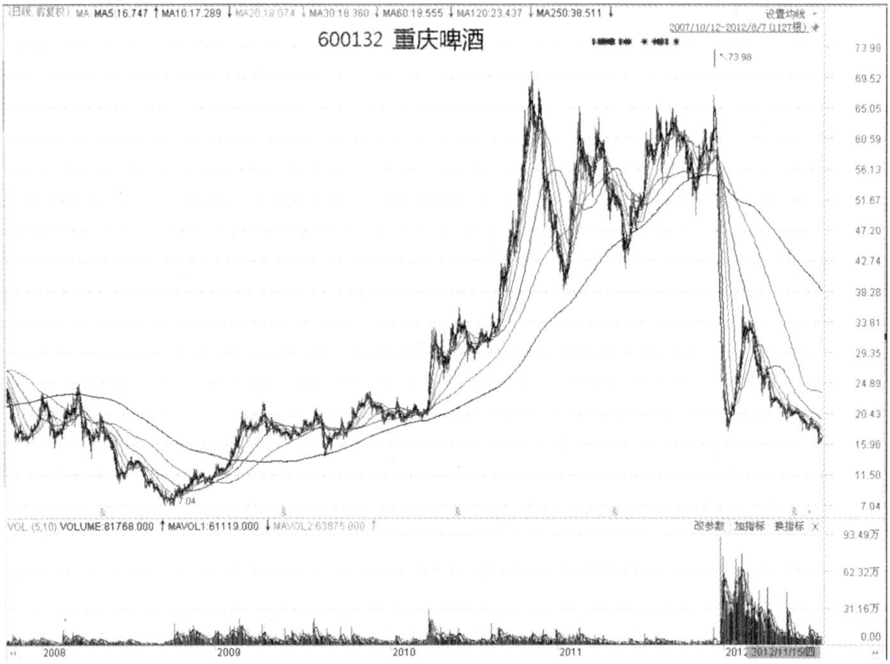

图 3-20　重庆啤酒 2008—2012 年走势

于生活的，就不会如此了。真的吗？答案是否定的，比如老投资者都非常熟悉的一只个股——京东方（见图 3-21）。从基本面来看，它是半导体显示龙头，尤其是在面板技术上已经实现了对世界第一梯队的技术追赶，盈利情况也还不错。所以不少投资者经常说，这是位居世界前列的大公司，持股差不了。但结果上市 18 年来，除了市场大牛市周期，它的其余表现均很一般。为何？就是因为公司始终无法自给自足，代差追赶只能靠购买，而持续经营只能靠外部不断输血来实现技术突破，同时也需要大量的国家补贴。

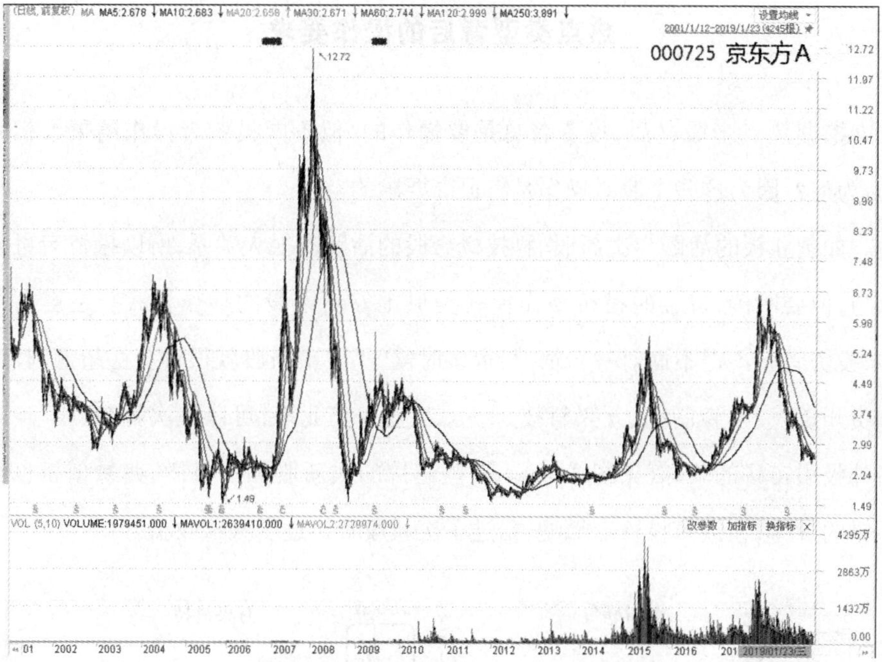

图 3-21　京东方 A 2001—2018 年走势

这可能让大家想到了中兴通讯——一旦外部环境变差，技术断供，马上就面临巨亏的困难境地。如今芯片的发展模式与面板非常接近，我国 2025 计划中的高端制造业，有很多都要靠补贴扶持，靠不断增发来输血，而非内生增长。所以笔者要提醒投资者，这些题材股的中长期投资收益未必好，很多时候就是局部的题材式炒作。5G 通信等题材的炒作也是非常强的，但冷静下来就可以知道，历史上 3G、4G 题材也是雷声大雨点小，最终让不少投资者被套其中。因此，投资者要分清好行业与好股票之间的差异，这是做好科技股最核心的注意点。

热点类型背后的操作要求

挖掘热点个股之后,投资者总是要操作的,但不同投资者操作结果大相径庭,为何?因为这些个股对操作是有很高要求的。

如创业板的活跃与次新股、科技概念股的活跃有很大关系,所以投资者可以参与,但要明确,资金的投机炒作模式类似雄安新区股的炒作模式。在震荡市中,投资者就不得不面对一个情况:很多时候,不买次新股就很难获得超额利润,如贵州燃气、华森制药、万兴科技、七一二、盘龙药业等,可以说次新"妖股"走势格外吸引市场的眼球(见图 3-22)。一些芯片的次新股如国科微、兆易创新也有不错的炒作,让很多投资者唏嘘,错过了次新股就错过了大额收益。

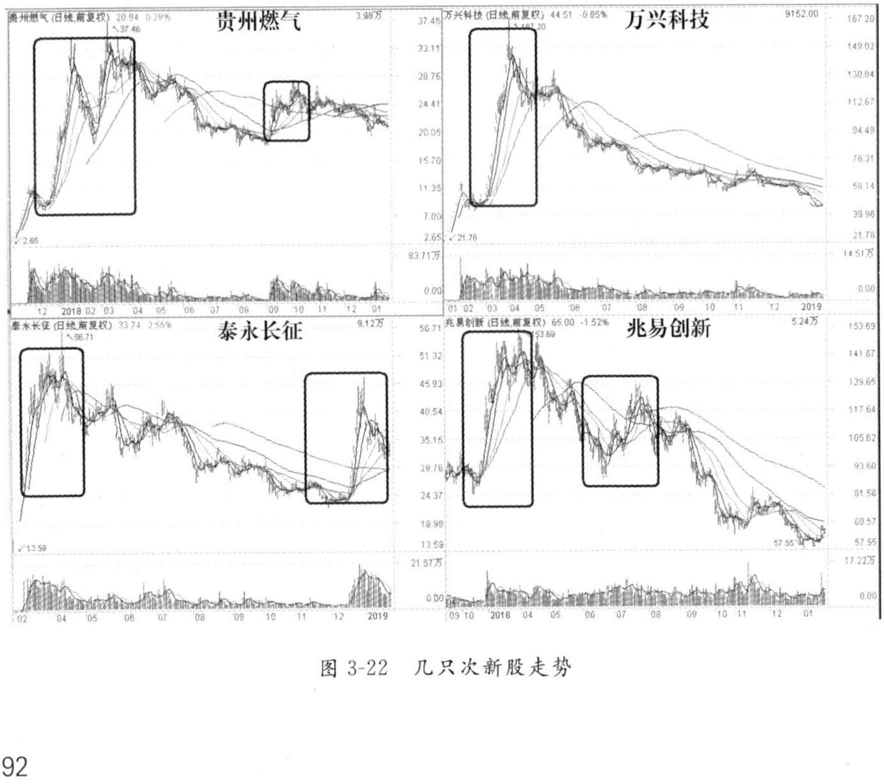

图 3-22　几只次新股走势

但投资者也别忘记了,对这种次新股的操作要求是很高的。其对于换手率、量价关系等指标有非常高的要求,尤其是要叠加“热点+次新”。2018 年科技股、医药等次新股活跃居前,但资金“喜新厌旧”,一批新次新股的活跃背后,是一大批旧次新股的跳水。

买入的次新股跌了,很可能是遭遇资金抛售,跑得慢了就很可能被深套。买入的次新股涨了,盘中稍有回落投资者就害怕大跌,但卖早了又很可能错过好几个涨停板;买入的次新股涨了,走势挺好,投资者又害怕监管“特停”,生怕突然就从涨停到跌停了。这就是现实——从来就没有“完美”的操作,没有不付出就能获利的操作,投资者只看到收益而忽视风险和付出,这才是最大的问题。股市的核心就是对风险收益比的抉择,拒绝谈风险,就意味着远离收益。只有正视风险和付出,才有收益。

同一个板块，不同个股操作不同

同一个板块,不同个股,股性差异非常大,投资者应该根据自己的操作风格去选择对应的个股操作。彼之蜜糖,汝之砒霜,不同个股对于不同风格投资者来说,差异非常大。就好比穿鞋一样,不能削足适履,只能根据脚去挑选合适的鞋。炒股就是这样的选择过程。

比如说 2018 年的年报金股板块——医药医疗板块,整个板块成为 2018 年上半年市场的主要热点。从行业角度来看,资金流入的持续性和强势个股数量、涨幅等都排名靠前。而从个股角度也有诸多分类,如有恒瑞医药、复星医药、乐普医疗等慢牛股,其有非常稳定的上升通道,但局部从哪一天看,走势都不算显眼,甚至让人感觉不踏实。但一段时间看下来,就会发现其重心又稳步提高了。还有一些是超跌股,普洛药业是最典型的。很多新投资者喜欢超跌股,总认为股价低,但实际上这样的个股操作格外讲究,因为每一次筑底看起来都有机会,实际上往往要有明显的放量突破才行，否则很可能是一个反复新低寻底的走势。所以，这样的个股一定“重趋势轻价格”，很多时候价格低不表示有机会，还可能更低。而趋势转变，哪怕价格比最低点高一点，但后期反弹空间大，就会形成利润。

笔者个人喜欢的则是股性活跃的，比如通策医疗、葵花药业、鲁抗医药等。即便是洗盘时也有比较凶狠的走势，量能配合后，反弹走势也非常活跃，可操作的空间大。这些股有点属于“烈马”性质，一些心理承受力不强的投资者，可能一个洗盘就“怀疑人生”了。但这些个股波动空间大，资金量大的操作者也有足够的纵深。所以从上而下选股，最终选择的是一个牛股群，这时投资者只要按照自身风格去选择个股，适合自己的就是最好的。

三只个股操作背后的思考

同样一只个股，不同的投资者，操作的盈亏差异非常大，这是老生常谈了。其核心是投资者是否熟悉个股的走势，如同骑马，马和骑手是否形成了统一。有三只个股很典型：雄安的韩建河山（见图 3-23）、海南的海峡股份（见图 3-24）、次新股的新疆火炬（见图 3-25）。

雄安股自 2017 年 4 月出现之后，就被很多投资者重视。但由于雄安新区并没有详细的规划和项目招标，所以不存在真正受益股，只有概念股。这样走势方面，就只能看量价关系做波段。前面也给大家分析过多只雄安股的走势，都是局部脉冲反弹后阴跌，然后重心下移，如果投资者盲目持股，结果只能坐过山车。这就是此类股的核心。那么作为投资者，我们明白了“马”的脾气秉性，就要考虑自己能否驾驭，或者说如何应对个股这样的走势。为何笔者挖掘韩建河山？因为既然板块情况是这样的，就需要找到在短期爆发能力强的个股。从换手率角度大家可以发现，该股平时换手率在 1%甚至更低，但只要换手率放大到 20%～

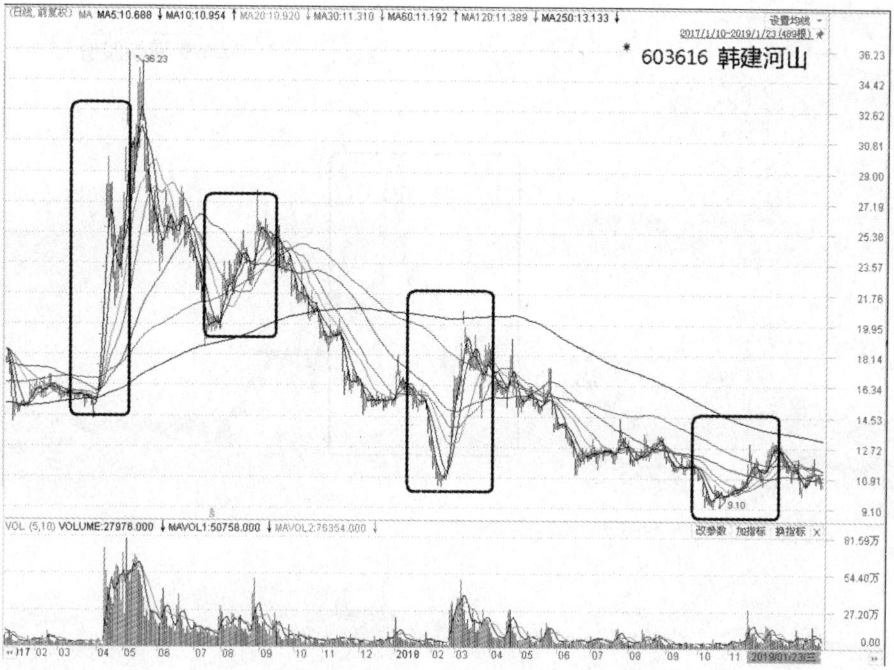

图 3-23　韩建河山 2017—2018 年走势

30%,机会自然就来了。这就是投资者操作中要注意的。

海南板块从 2017 年年末开始大有接力雄安板块之势。作为“炒地图”的重要支撑,这一板块也是投资者关心的。而海峡股份在该板块中始终保持较高的换手率,低迷时日均换手率也在 5%左右,说明资金在频繁进出(前面的数据也已提到券商自营盘在其中操作)。作为短线操作,就需要这样的活跃才有空间。

次新股对投资者操作要求更高了,而且它们股性各异。有贵州燃气这样的“妖股”,也有合盛硅业这样的“良心股”,更有一些是持续低迷股。不同个股,策略不同,新疆火炬就是比较有代表性的。其拥有“次新+天然气”概念,但不像贵

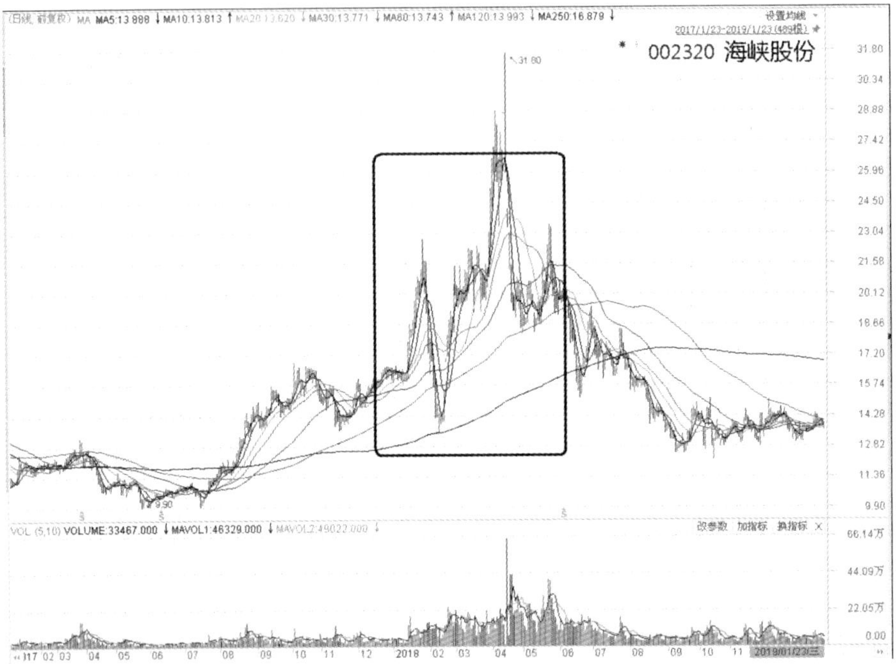

图 3-24　海峡股份 2017—2018 年走势

州燃气那样“妖”，相对好把握。其风控相对简单，而局部放量后的上行趋势也比较适合做波段。但这样的次新股显然不适合两类投资者，一类是没有精力盯盘的投资者，坐过山车是经常的事儿，很难锁定利润；另一类则是不具备短线操作能力的投资者，碰到一些局部大波段的走势就不知所措、哭天抢地的，就要远离这样的品种。

这三只个股都有非常典型的走势特点，研究这些个股然后拓展到其他板块中类似个股，不断提高自己的操作能力，就能够拓展可操作个股的范围。这样的模式，做多了就熟悉了，而且形成了自己的主体优势，别人谁也拿不走。

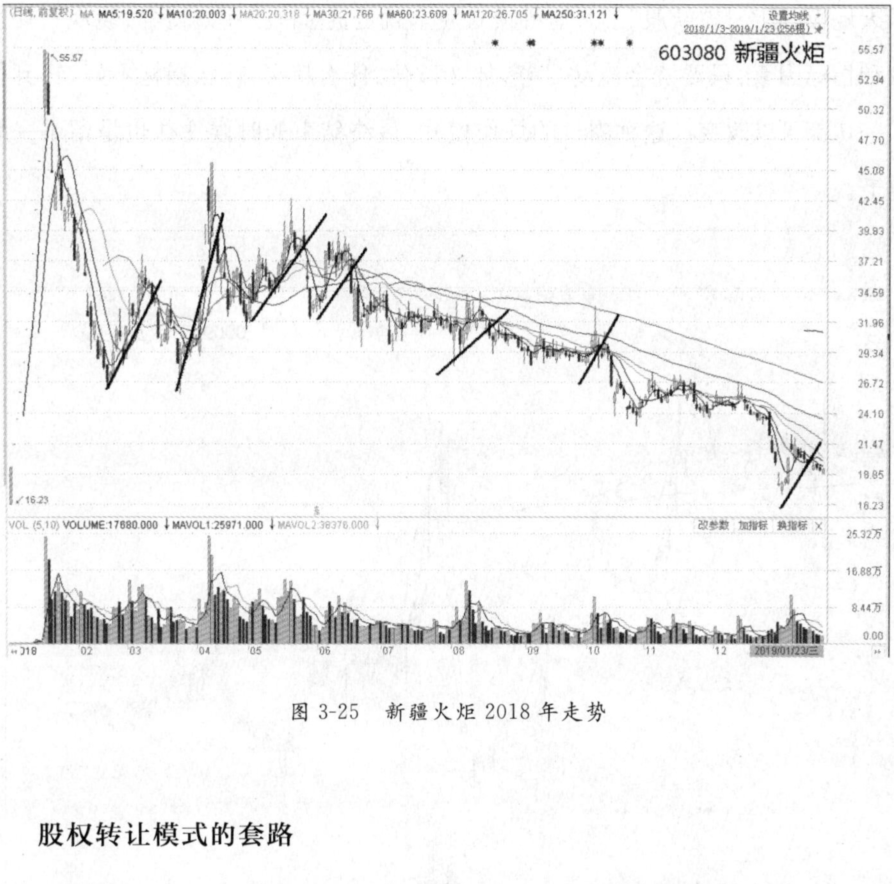

图 3-25 新疆火炬 2018 年走势

股权转让模式的套路

股权转让成为近几年比较常见的套路。这几年重组的停牌时间太久，而震荡市行情的反弹与下跌又非常频繁，资金一旦被锁定，没了流动性，就很难运作了。所以不少个股哪怕是重组成功，停牌后也难免有一波跳水。由此出现了对股权转让的概念炒作新模式，而且有意思的是，资金根本不图转让成功或业绩是否真正重回正轨，就是炒一波就跑。

2018 年 7 月，欣龙控股突然传出重组消息，连续一字板涨停，引发了板块活跃(见图 3-26)；随后我们看到先锋新材巨额亏损，尝试重组；而华塑股份(已终止股票挂牌)、天成控股(ST 天成)等也因为重组均连续大涨,尤其是天成控股走出了天地板,已经是“妖股”了。这种模式完全就是资金高换手的博弈,藐视一切技术和指标因素,只要资金流动足够,什么破位,什么超买,什么指标不好,钱到位了一切都可以改变。这种霸气的炒作模式,最终结束的时候往往也是留下一地鸡毛。

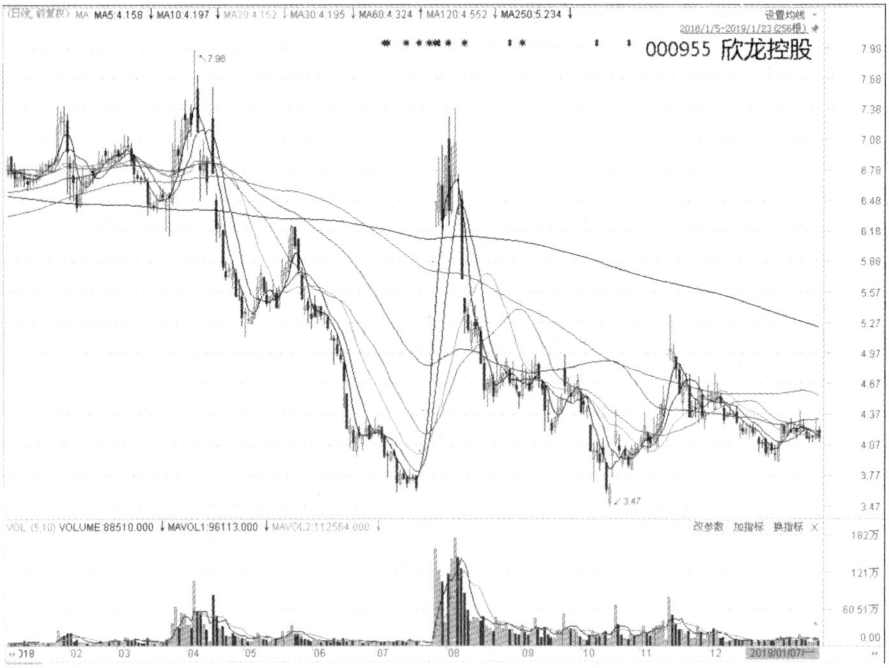

图 3-26　欣龙控股 2018 年走势

历史上就有过这样的炒作。2016—2017 年股权转让模式同样大行其道的时候,当时的泸天化,就是先有股权转移的消息但随后不了了之,不过股价一波涨起来,资金赚了就跑,该股随后甚至被* ST(见图 3-27)。这就是典型的套路。

启动前没有太多征兆，启动后出现“妖股”模式，天地板都可以出现，横扫一切技术和基本面因素，就是赤裸裸的资金博弈。所以参与这种品种，投资者不要考虑太多其他因素，投机和资金博弈效应是唯一核心，其他并不是主力在乎的。

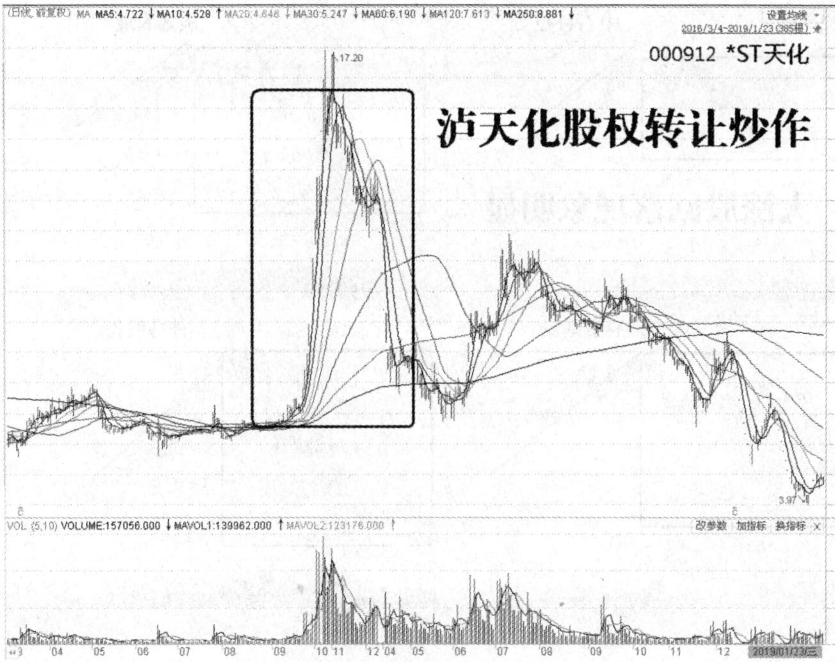

图 3-27 泸天化 2016—2017 年走势

强势股回落现象

2018 年前三季度，剔除年内上市次新股，仅有 290 只个股逆市上涨。而这里面的翻倍股仅剩下中石科技、建新股份、神马股份、卫宁健康、顺鑫农业和泛微网络 6 只个股，显得非常凄惨。其实年内翻倍过的个股不止这些，风华高科、蓝晓科技等多只个股也曾经实现翻倍，但最终跌回。即便是翻倍股神马股份，也从涨幅近 200%跌到了随后的不足 120%,回撤幅度相当大(见图 3-28)。如果将周期扩大到 2018 年全年,我们会发现,从年 K 线来看,竟然没有一只个股的涨幅超过 100%,这是非常尴尬的纪录了。

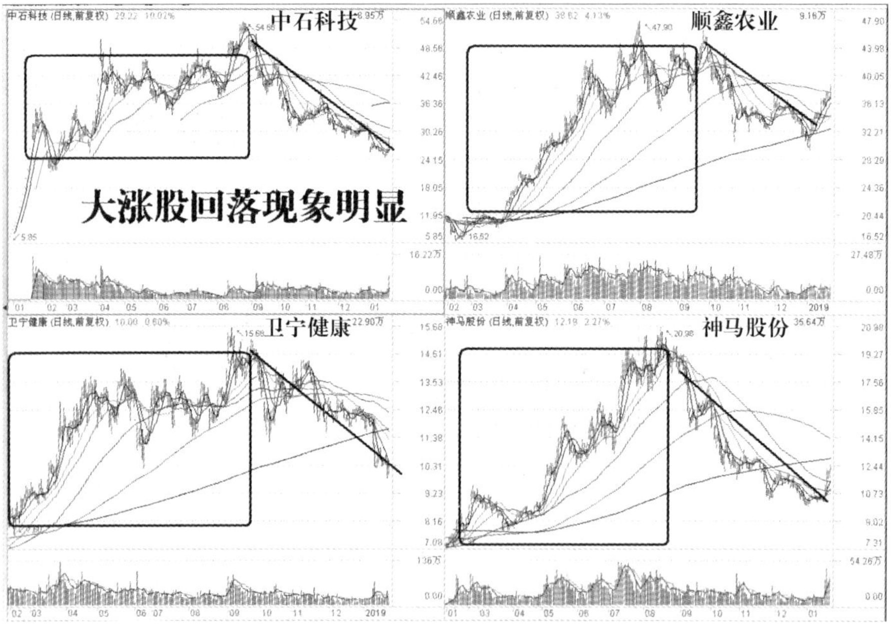

图 3-28　2018 年大涨股回落现象明显

这对投资者来说是一种启示:震荡市中操作,讲究的就是波段,如果投资者盲目持股,涨跌都不操作,结果一定是苦涩的。数据是冰冷的,现实是残酷的,目前两市只有一成个股保持 2018 年年内上涨,更有很多个股有过局部大涨后又跌回的走势。如通策医疗、青松股份、罗牛山等个股均一度接近翻倍。而到了 2018 年年底来看,有的涨幅仅剩 50%,有的甚至不足 10%。但我们不能说这些个股没有出现过机会,如果投资者能够踏踏实实把握好波段,利润空间也是相当可观的。

还有一个特点是强势股的回落。震荡市中涨跌频繁，热点轮动多，也就出现了一些强势股反弹后回撤，甚至从大涨股变成大跌股的情况。2018 年年初银行股板块就是典型，一波 20%～30%的板块涨幅后又跌回。个股的类似情况更是比比皆是，如华友钴业从涨幅逾 70%到跌幅近 20%，葵花药业年内涨幅一度超过 70%，随后仅剩 5%了。如果投资者不做好波段，哪怕是局部牛股也会成为熊股，这就是震荡市的特点。

具体来看，2018 年上涨的一成个股中，热点是相对集中的，医药、食品医疗、化工是三大板块，近四成的个股来自这个板块。如果加上计算机、电子、机械设备和公共事业板块，那么占比将高达 65%。这是很常见的，因为震荡市不缺乏机会，只是没有齐涨的机会，多头合力差，但板块轮动很多。这就导致投资者很难追涨，或者说追涨就会被套，根本不可能把握轮动机会，只能伏击。所以，做好一两个板块中自己熟悉的一两只个股，足矣。

第二节 如何理解多与空的意义

我们看到的就是股市的真相吗？多与空就是股市的全部吗？其实我们都错了，我们仅仅看到了股市的一部分。跳出自己的思维，看懂全貌，才能有更深刻的多空认识。

股市中，面对同一个事件，不同的人总能有不同的解读。

如有的专家说，"国家队"基金都入场了，说明没有后续子弹了，应该看空；随后"国家队"基金清盘，又有专家说"国家队"离场了，没看头了；有的专家认为延期注册制是利空，废除注册制才是利好；还有的专家看到什么都说重大利好……

笔者对此的看法是，市场本身就是多空对立的场所，仁者见仁，智者见智。各种投资门派有的喜欢新高，有的喜欢博弈新低，但无论哪一种，都有自己的盈利模式和投资纪律。这才是最关键的，往往也是投资者最容易忽视和混淆的。

投资者不要追求观点上的统一，还是要从市场角度出发。投资者可以有任何观点，但市场走势只有一种，出现就要接受。当你的模式在市场中无法赚钱的时候，就是该改变的时候。而且我们不要总是去找和自己一致的观点，反而可以多看看那些和你不同的观点，发现哪些是自己忽略的。补足自己，才能更全面地看待市场。

我们都只看到市场的局部

投资者喜欢以指数来衡量市场，但监管层则以股市的市值来看待市场的发展，这就导致了差异：前者看市场是熊市，因为指数呈现下跌趋势；而后者看市场是牛市，因为市值屡创历史新高。

同样，解读一条政策信息，投资者总是不自觉地往股市上靠，但实际上，监管层是全面考虑的，这样必然导致误读。

投资者看估值，但主力看的是赚钱效应，在意换手率和资金效率，这又导致操作上的差异。所以很多时候，投资者看不懂市场，并不是市场的问题，而是我们自身忽略了太多因素，或是需要更换视角了。

农行的千亿元融资行为对市场影响

2018 年 3 月 12 日，中国农业银行抛出千亿元定向增发计划，引发市场热议。有的说这是巨额融资，股票要大跌；有的说“国家队”套路深，要收割“韭菜”了；有的说银行股将大面积融资，小心吧。但实际上我们发现事实并非如此，农业银行的股价不仅没有跌，反而出现了中阳(2018 年 3 月 13 日)。有意思的是，2018 年 5 月 29 日农行获得证监会批复通过千亿元融资计划之后，从 5 月 31 日开始，该股走出了 4 连阳(见图 3-29)。

仔细研究农行的计划可以发现，首先要纠正一个说法。农行的千亿元融资并不是针对二级市场的，其定向增发的对象从汇金、财政部到中国烟草总公司，没有一个民营资本，全部是国资背景，并未从二级市场融券，不存在所谓的“市场抽血”效应。相反，有了“国家队”资金增持的意味。这也是农行反弹的原因。

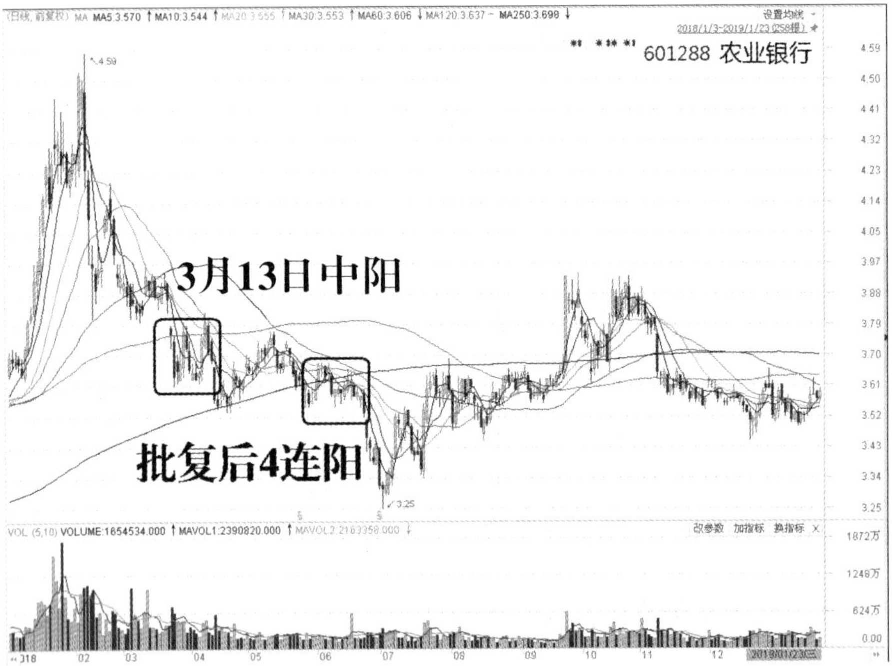

图 3-29 农业银行 2018 年走势

其次，业绩是保证。业绩快报显示，农行不良、息差、业绩等指标将继续实现大幅改善，未来业绩还是很可靠的，而且股价破净状态依然保持明显的价值特征。历史上无论是 6124 点还是 5178 点，几次大熊市之后，银行股总是最先收复失地的创新高点板块，与其稳定的业绩增长和低市盈率有关。

另外，农行 IPO 时间较晚，2011 年工、中、建行配股时农行并未参与，与另外三大行相比，一直存在资本缺口。本次定向增发，完全是为了解决长期历史遗留问题。绝大部分银行目前资本水平充裕，在当前风险资产增速放缓的大背景下，并不存在普遍的股权再融资需求，所以不存在其他银行融资潮出现的可能性。显然，对一个事件，市场肯定有不同的解读，很多时候，我们只看到了局部。

1 月涨则年线阳，1 月跌则年线阴

连阳是投资者最希望看到的。如 2017 年年末到 2018 年有过一波 11 连阳，只隔了一天又出现 7 连阳(见图 3-30)。我们做过功课之后可以发现,2015 年 3 月有过一次 10 连阳,随后 5 月还有一波 7 连阳。

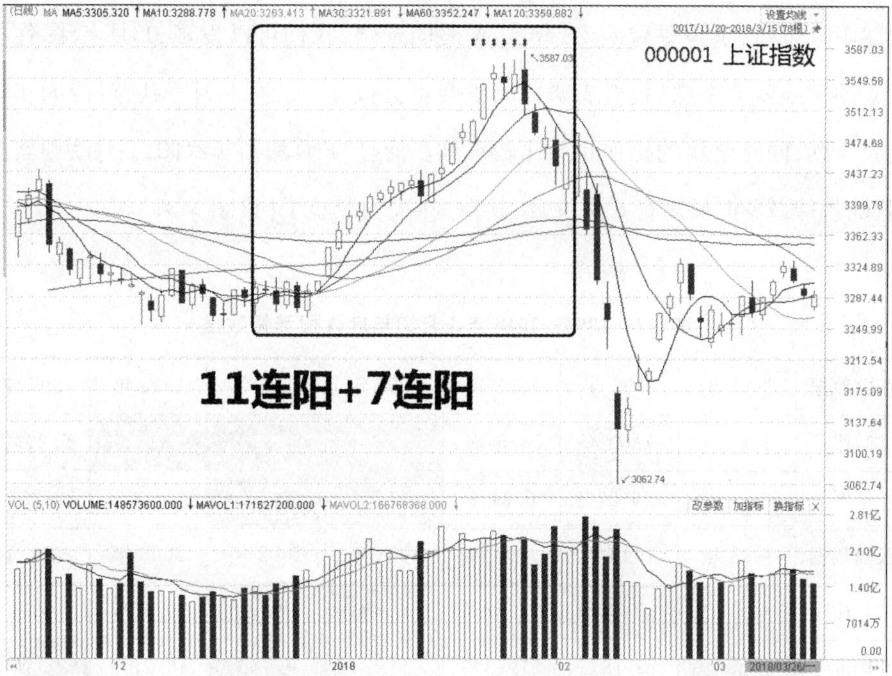

图 3-30　2018 年沪指的连阳走势

2014 年 9 月 23 日—10 月 9 日有过一波 8 连涨,此后迎来半个月的回调,12 个交易日收了 10 个阴线。2014 年 11 月 20 日有过一波“7 连阳+5 连阳”,走势更为凌厉。

2013 年 2 月 6 日开始,指数进入了漫长的调整阶段。所以,连阳、连阴在 A 股市场中,无论是走势还是个股,出现得都非常频繁。指数方面,连阳后有继续反弹的,也有连续下跌的,甚至V形反转都有。投资者不能一味套用,关键是要看到市场的风险与机会点。2018年开门连涨之后也出现了大跌,甚至急跌更猛,直接跌破了起涨点。这就是股市行情,没有什么不可能,投资者必须时刻有风险意识。

继续扩大视野,从2018年1月连涨看到历年1月走势,如表3-1所示。A股自1990年建立以来,1月行情涨和跌次数分别是15次和13次,几乎参半。这还不是重点,重点是综观28年来A股的走势,我们可以发现,1月上涨,往往对应的年线就会上涨,投资者赚钱的机会也会很多;反之,1月下跌,对应的年线就会下跌,同时全年的操作也会比较艰难。而且"1月涨则年线阳,1月跌则年线阴"的规律,28年来只有8次失败,其余20次均应验了(见图3-31)。

表3-1 1991—2018年1月和年度A股涨幅数据

涨幅数据	1991年	1992年	1993年	1994年	1995年	1996年	1997年
1月	1.85%	7.00%	53.57%	-7.62%	-13.16%	-3.23%	5.20%
年度	129.41%	166.57%	6.84%	-22.30%	-14.29%	65.14%	30.22%
涨幅数据	1998年	1999年	2000年	2001年	2002年	2003年	2004年
1月	-2.41%	-1.05%	12.32%	-0.38%	-9.37%	10.47%	6.26%
年度	-3.97%	19.18%	51.73%	-20.62%	-17.52%	10.27%	-15.40%
涨幅数据	2005年	2006年	2007年	2008年	2009年	2010年	2011年
1月	-5.90%	8.35%	4.14%	-16.69%	9.33%	3.78%	-0.62%
年度	-8.33%	130.43%	96.66%	-65.39%	79.98%	-14.31%	-21.68%
涨幅数据	2012年	2013年	2014年	2015年	2016年	2017年	2018年
1月	4.24%	5.12%	-3.92%	-0.75%	-22.65%	1.79%	5.25%
年度	3.17%	-6.75%	52.87%	9.41%	-12.31%	6.56%	-24.59%

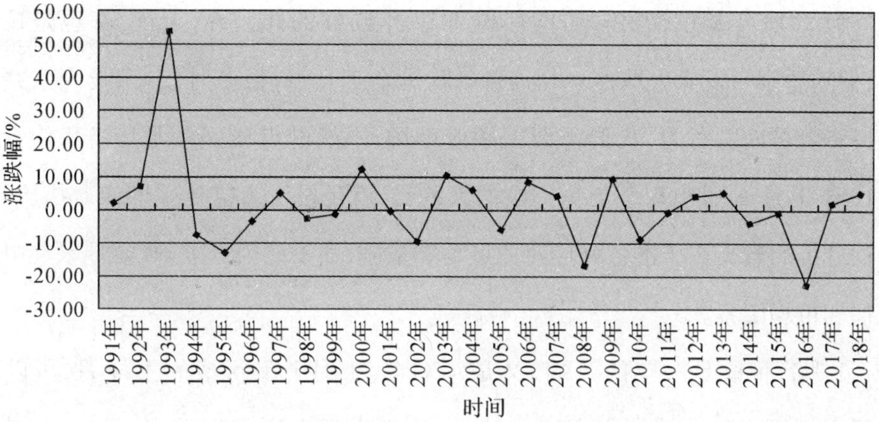

图 3-31　1991—2018 年历年 1 月涨跌幅

能够保证如此高度的规律性,显然有其原因。A 股市场个股数量激增,主力资金构成更加多元化,各类交易制度日趋完善,市场规模快速扩大,却都没有改变“1 月效应”,这也能够说明市场在 1 月有重要的因素多次出现。

年初资金面最宽松,也没有结算和排名压力,此时正是各路资金早投入、早收益的时间。此时如果主力介入带来赚钱效应,就会激发更多的资金效仿,从而将行情做大。而此时如果资金不入,那么随后经济和政策面将变得更复杂,流入股市的资金只会更少。所以 1 月时主力确定的方向,就定下了其一整年操作的方针和主线热点。这不仅决定了市场走势的强弱,也直接影响到市场赚钱效应的强弱。这就是“1 月涨则年线阳,1 月跌则年线阴”的内涵所在。

2017 年就是这一效应的典型体现。先是新年开门红,随后很快出现跳水,创业板一度击穿 2015 年股灾后的低点。而权重股则出现了明显的护盘,甚至上证 50 是中阳,所以主板指数仅仅是一个长下影线。随后在 1 月末,春节红包窗口开启反弹,1 月收阳。这和全年走势暗合:创业板全年跳水,新低不断,上证 50

为首的大盘股却节节走高。

但2018年却正相反。其也有和2017年同样的开门红，上证50也是拉升的，但随后则引发了大跳水。1月高点就是全年高点，很多时候，市场因素并不是投资者可以左右的，我们需要去顺应市场，不能以点概面。尤其当我们看到2016年1月A股出现创历史纪录的大跌，这就是投资者需要采取应对措施的。数据分析的意义在于准备好应对的策略和措施，却不能刻舟求剑，要寻求其中的规律和市场因素。

1月行情既是一年的开端，又是年初1—4月上涨行情的主导月，可以说是重中之重。其总结起来有三大特点，或者说三大研究的重点：第一，1月行情决定年线涨跌，尤其是资金面的变革决定全年股市的走向和特征。第二，1月走势决定了年报操作开始的时间和走向。第三，1月底或2月初往往是春节长假，而一年中春节、“十一”长假及一些小长假，投资者都将面临持币还是持股的抉择。所以节日时持股策略的选择标准及具体的持币方案和持股板块选择，是需要仔细研究的。只有对这些都进行了研究，才能全面了解1月行情的意义。

2017年“市值投资”现象

有人说2017年是价值投资之年，因为大量白马股、蓝筹股大涨，机构投资者扎堆股出现集体活跃。真的如此吗？还是用数据来分析吧。

剔除2017年上市的次新股，2017年全年两市共有2326只个股下跌，占A股全体的76.79%。其中2018只个股跌幅超过10%，占比66.62%；1555只个股跌幅超过20%，占比51.34%；1007只个股跌幅超30%，占比33.25%。而影响涨跌的关键指标是市值，请看这一组数据：

2017年市值低于20亿元的个股共计35只，年内全部下跌，平均跌幅高达

49.28%;市值在20亿~50亿元的个股共1017只,其中990只年内出现下跌,占比高达97.35%,平均跌幅32.67%。

然而随着个股市值的增加,下跌个股占比开始减少,而且平均跌幅开始缩小。当市值超过200亿元时,平均涨跌幅已变为正数:

市值在200亿~500亿元的个股共有340只,其中146只年内出现下跌,占比为42.94%,平均涨幅13.27%;市值在500亿~1000亿元的个股共有81只,仅22只年内出现下跌,占比仅27.16%,平均涨幅高达37.37%;市值超过5000亿元的个股仅9只,2017年内全部实现上涨,平均涨幅高达47.84%。

通过这一组数据,投资者应该可以清晰地看到,这根本不是什么价值投资,就是典型的市值投资。如果投资者看不懂这一点,就会被市场行情所欺骗。

套住投资者的是思维的局限性

很多时候,投资者不是被市场或资金套住了,而是被自己狭隘的思维套住了。如以下的散户心理:

买的股票涨了,想的是肯定还会涨,继续持有;涨完跌一点,就想要是当时卖了能差不少钱呢;再跌一点,就想涨回去就卖;等跌到成本价了,就想,拿这么多天了不能一点也不赚呀,赚点钱就卖;再跌亏本了,就想着当时怎么不赚点就走呀,这股票不好,等回本了就抛;再跌,就想亏这么多了,还不如刚开始亏一点就卖了呢;后来股票涨点,会想还会涨上去的;只要再跌,就想卖了。一段时间回来再看,自己手中的个股又涨回去了,而投资者却在不断换股之间越亏越多……

说实话,以笔者的个人经验认为:当投资者觉得无助,当各界消息让你烦心,当你找不到方向的时候,记住,什么都不要做,冷静下来,通过更大的视角俯瞰全局,就有答案了。这其实也是围棋中常用的方法。局部过于复杂,无法看清,那就跳出来,冷静一下,就有了破解之道。很多时候,不动反而是最好的方法。

我们可以思考一下,主力资金能套牢你吗?不能,只要你不买就行了。散户只能自己套牢自己。所以我们一定要认清股市走势的核心因素,以防当了"接盘侠",自己套牢自己!同样,市场大跳水,被套的只有你吗?不是吧,大机构也同样被套。但为什么最后他们是赢家?因为他们手中不仅有个股,还有很多其他金融产品——债券、期货、基金、股权、期权等,有很多对冲的工具,最关键的是,还有后续的资金及修复时间,因此很多时候,我们需要思考更多,不能自己将自己限制住了。

10 年指数零收益,个股大收益

2018 年 8 月 6 日,上证综指报收 2705.16 点,而 10 年前的 2008 年 8 月 6 日,上证综指收报 2719.37 点。从指数角度来看,经过 10 年的 A 股市场似乎回到了原点,指数甚至没有跑赢 CPI。但如果投资者仔细研究,就可以发现一些问题。如从 1556 只个股这 10 年的表现来看,平均涨幅为 117.43%,中位数为 49.58%,有 1143 只个股上涨,占比 73.46%(见图 3-32)。也就是说,七成个股跑赢了指数。这是不是让很多投资者感到诧异?

进一步研究,从涨幅榜来看,这 10 年来股价涨幅超过一倍的个股有 552 只,占比近 1/3,而涨幅超过 1000%的个股有 18 只(见表 3-2)。所以,并不是说指数回归起点了,投资者就不赚钱了。相反,把握好个股及市场的主线热点变化,才能够获利。太多的投资者头脑中想的都是"指数涨,牛市就能躺着赚钱",这是错误的。这也和前文提到的相关内容(港股、美股方面的个股与指数对比等)得到了相互印证。

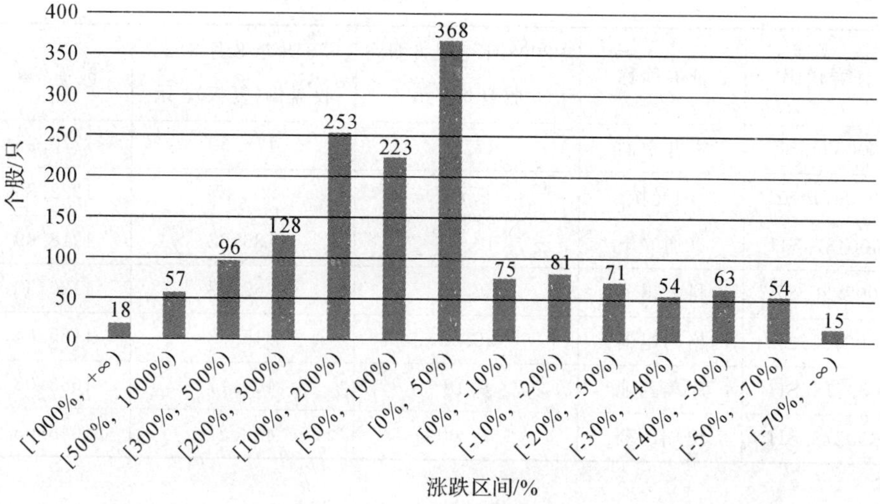

图 3-32　A 股 10 年间(2008 年 8 月 6 日—2018 年 8 月 6 日)个股涨跌分布

表 3-2　A 股 10 年间大涨股一览

证券代码	证券简称	2008 年 8 月 6 日收盘价/元	2018 年 8 月 6 日收盘价(复权)/元	涨幅/%
000661.SZ	长春高新	8.34	223.08	2574.83
600340.SH	华夏幸福	7.73	181.53	2248.37
600436.SH	片仔癀	22.67	446.04	1867.55
000631.SZ	顺发恒业	0.76	13.18	1633.66
002252.SZ	上海莱士	27.70	470.49	1598.53
002236.SZ	大华股份	39.28	655.60	1569.03
000977.SZ	浪潮信息	6.75	110.54	1537.67
002049.SZ	紫光国微	8.15	131.32	1511.27
600703.SH	三安光电	12.98	203.83	1470.37
600763.SH	通策医疗	6.23	96.62	1450.93
002044.SZ	美年健康	4.86	70.72	1355.23

(续表)

证券代码	证券简称	2008 年 8 月 6 日收盘价/元	2018 年 8 月 6 日收盘价(复权)/元	涨幅/%
000596. SZ	古井贡酒	12.80	175.39	1270.25
000671. SZ	阳光城	6.99	92.47	1222.85
600487. SH	亨通光电	10.36	136.62	1218.69
002230. SZ	科大讯飞	30.15	369.73	1126.30
000651. SZ	格力电器	20.05	245.68	1125.34
600518. SH	康美药业	9.18	106.77	1063.03
600276. SH	恒瑞医药	38.60	442.37	1046.03

在下跌个股中,跌幅超过 70%的个股有 15 只;总计 413 只个股下跌,占比不足三成,但为何大多数投资者亏损呢?主要是由于不少投资者的操作很盲目,并不是跟随市场变化而变化,加之市场牛熊切换和震荡市周期中的结构性分化,如果把握不好市场运行节奏,亏损是必然的。随着市场发展,资金结构完善,对投资者的要求也在提高。只有踏实做功课,才有赚钱的机会。

指数新低,市值新高

图 3-33 和图 3-34 是 A 股市场 2001—2018 年流通市值和总市值图,A 股是保持持续增长的。对于监管层来说,其发展市场规模、扩充市值的目标实现了。那么,为何市值和指数脱节了呢?

主要原因有两个:

第一,新股和次新股导致。如今新股采取审核制,相对稀缺,上市之后无论个股质地如何,都被一波暴炒,有的还要经历次新股的投机炒作,最终形成泡沫。次新股光环消失之后,就是持续阴跌。如此一来,其市值是增加的,但持续阴跌

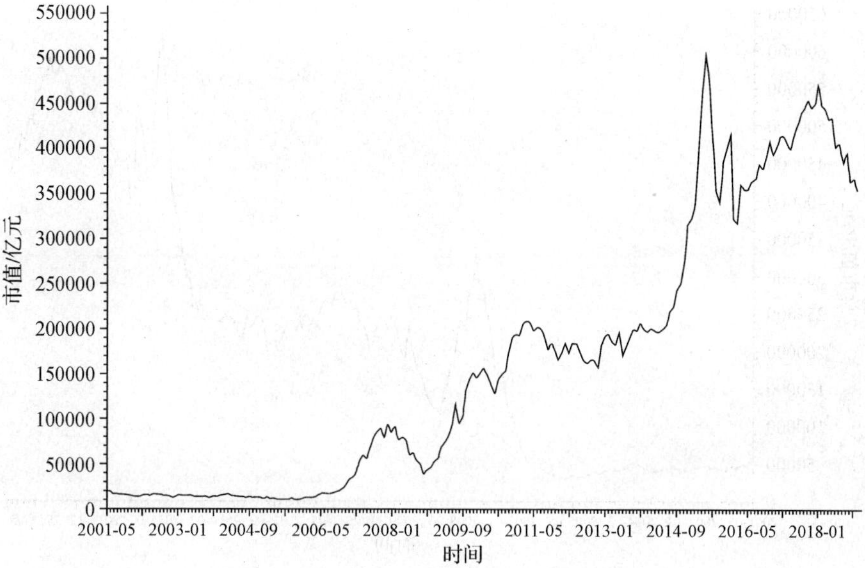

图 3-33 A股2001—2018年流通市值

对指数的贡献就相对有限了。如今“独角兽”的回归也增加了市场的市值,但从二级市场角度来看,没有任何可以赚钱的机会,利润都被上市公司和一级市场打新瓜分了。

第二,市场只进不出,占据资金却无法带来机会,僵尸股现象增加。美股近几年的平均退市率高达6.3%,相较之下,A股则是0.31%,3000多只个股,一年退市的不足两位数,这其实也是很“奇葩”的数据了。市场没有足够的新陈代谢反而不断地增加新股,资金热衷于“喜新厌旧”的次新股炒作,不断压制老股的资金,最终的结果可想而知——就是市值扩大而指数重心下移。

尤其是2018年4月下旬之后,虽然IPO数量减少,但仅药明康德、工业富联、宁德时代三只“独角兽”企业的募集资金净额就高达340亿元左右,相当于100多家中小企业(平均每家3亿元)的IPO募集规模。而且“独角兽”企业快速

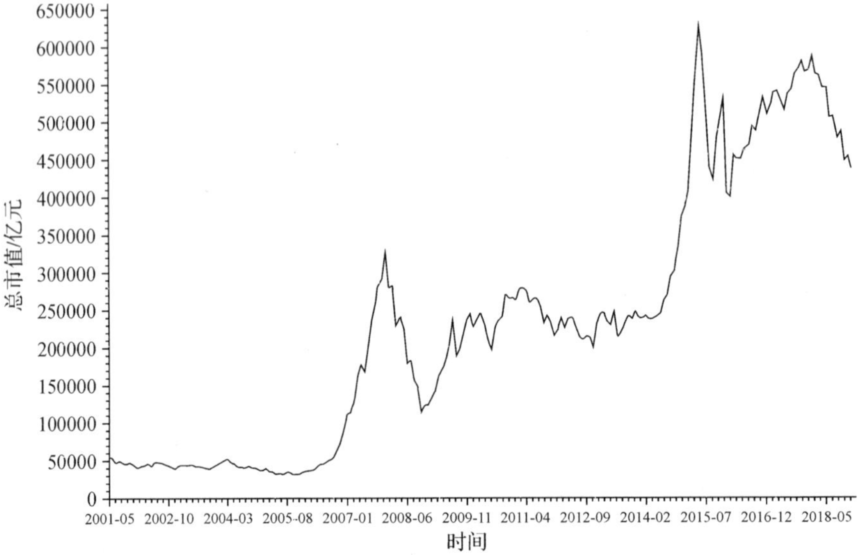

图 3-34　A 股 2001—2018 年总市值

通道还有即将出现的 CDR(中国存托凭证),占据的都是市场本身就不多的存量资金,更可怕的是这些个股一旦开板,巨大的吸金作用将指数一次又一次地砸向新低。没有政策利好预期、没有热点支撑,再没有量能维系股价,那么市场不跌才真是奇迹了。

说到僵尸股现象,再来看一个数据。2015 年下半年的股灾大跌平息后——即 2015 年 8 月底,单日成交额超过 1 亿元的股票逾 1500 只,占比超过 50%;而截至 2018 年 6 月 22 日,两市成交额超过 1 亿元的股票仅 688 只,占比不足 20%,这意味着市场中大量个股正在被“边缘化”。没有资金推动的股票是无法走出颓势的,大家进一步翻看个股也可以发现,阴跌数月、1 年甚至 2 年以上的个股在增加,且很可能常态化,成为“仙股”。所以尽管指数原地踏步,但从个股角度来看却是面目全非,这就是投资者需要关注的事实。

股价 15 年涨 3260 倍的财富神话

说到个股,有一只中资股涅槃重生的走势很值得研究,那就是网易。根据其2001年7月26日创下的最低价0.51美元计算,短短15年的时间里,网易股价复权后的累计涨幅已经达到了3260倍(见图3-35)。关键在于,它并不是暴涨暴跌,而是持续稳定地上行。

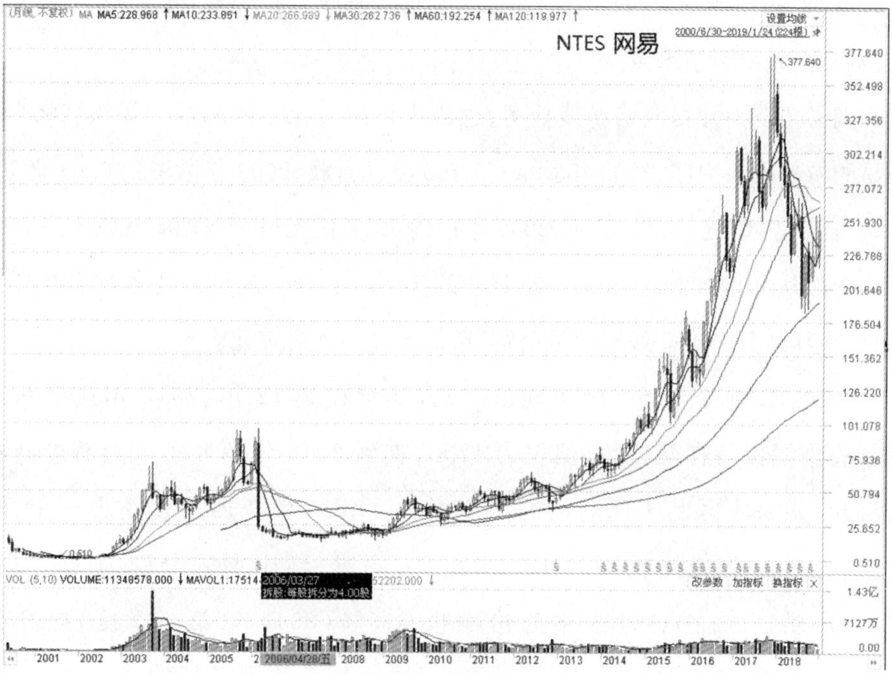

图 3-35 网易 2000—2018 年走势

网易是中国最早的互联网公司之一,2000年6月登陆纳斯达克。但其很快就赶上了互联网泡沫破裂,股价连续跳水,最低时已跌至0.51美元(未复权),在退市(股价跌破1美元达到一定时间,将触发退市)阴影下挣扎了1年,几度被传将贱卖。就在岌岌可危之际,网易一步步走出泥潭,而一朝被蛇咬,十年怕井绳,网易直到 2006 年 3 月交易价格接近 100 美元时才实施了 1 股拆 4 股,或许正是对“低于 1 美元强制退市”的规则心有余悸吧。

2001 年,网易净收入 2603 万元,直接成本 6006 万元,市场、行政、研发三项费用合计 1.95 亿元,净亏损 2.33 亿元,这样惨淡的业绩,个股濒临退市也是一种必然。拯救网易的是无线增值服务。2002 年,该业务营收暴增 10 倍,达到 1.61 亿元,占该年总营收的 73%;2003 年该业务收入再增长 74%,达到 2.8 亿元,网易由此得到了重生。

网易还奋力开拓网络游戏业务,这成为日后其稳定的利润增长点:2001 年网易的游戏收入为零,2002 年就取得 3700 万元营收,2003 年激增到 2.03 亿元,2004 年更是飙升至 6.29 亿元,2005 年达到 13.8 亿元……同期游戏收入占总营收的份额从 0 增加到近 90%。在其后的 10 年间,网易的游戏业务崛起并长盛不衰,使其跻身中国一线互联网公司,市值超过 100 亿美元。

2010 年,网易营收一度出现负增长,尽管在 2012 年、2013 年连续两年总营收增幅保持在两位数,但仅为 12%,直到 2015 年第四季度随着电商收入崛起,网易才再度实现利润的高速增长。2015 年第四季度季报显示,网易邮箱、电商及其他收入达 17.91 亿元,同比、环比增幅分别为 355%和 78%;邮箱、电商在总营收中的份额也从 5%(2014 年第一季度)提升到 23%(2015 年第四季度)。可以说,这一次网易又找到了新的盈利增长点,这也是其股价持续反弹的关键因素。

显然,网易的股价能从 0.51 美元(未复权)涨到最高 377 美元/股,并不是靠炒作得来的,是靠不断地拓展盈利增长点换来的。网易只要在一段时间没有新的发展,很快就会导致营收方面的被动,甚至是困境,这从网易的财报中就可以看出。网易 2016 年净收入 381.79 亿元,同比增长 67.4%;净利润 116.05 亿元,同比增长 72.3%。另外 2016 年第四季度净收入为 120.99 亿元,同比增长 53.1%;第四季度净利润为 36.83 亿元,同比增长 70.2%。2017 年收入继续大幅增长,虽然随着成本的提升,净利润增速有所下滑,但利润总额还是创了新高,网易的股价依然创出 375 美元的历史新高。很显然,网易的涅槃重生也给了我们很大的启示。

创业板股走势引发的思考

创业板股总是给人不踏实的感觉。2018 年的年报第一股农尚环境,年报首次披露之后有一波反弹,但很快就调整了;年报正式披露之际更是加速跳水,甚至比之前还低。这显示了创业板年报股给市场的形象。2018 年"国家队"资金"破天荒"地介入苏交科,结果虚晃一枪又跑了;也有炬华科技这样涨停之后又连续跌停,持续阴跌的;还有地雷股千山药机、神雾环保、乐视网、尔康制药、国民技术、九洲电气、联建光电等。大家要注意,这些个股都是创业板中市盈率最低的一批个股,如果绩优股都这样,其余个股的操作难度就更大了。

对于创业板股,大多数上市公司本身的创业因素导致其很容易出现一些未知因素,导致地雷,投资者对此要有所重视——这和传统行业、家电、白酒、银行等是不同的。还有一批创业板股则牛股转熊股,"跌跌不休",如长盈精密、坚瑞沃能、华灿光电、金雷风电(金雷股份)、双林股份、振东制药、新文化、顺网科技等(见图 3-36)。

而且,金雷风电、顺网科技这样的持续两年下跌的股比比皆是。笔者认为,投资者应该多看一些这样的个股,才能明白其中的风险。买入依据不存在,盲目持股就等于慢性自杀。一旦跌破趋势线,就应该坚决止损,不要有侥幸心理。说实话,创业板博弈还是重趋势、轻股价的,股价高低很多时候不是重点,反弹趋势不再,则毫无意义。毕竟,如今的创业板还不是美股的纳斯达克,更新换代不够,

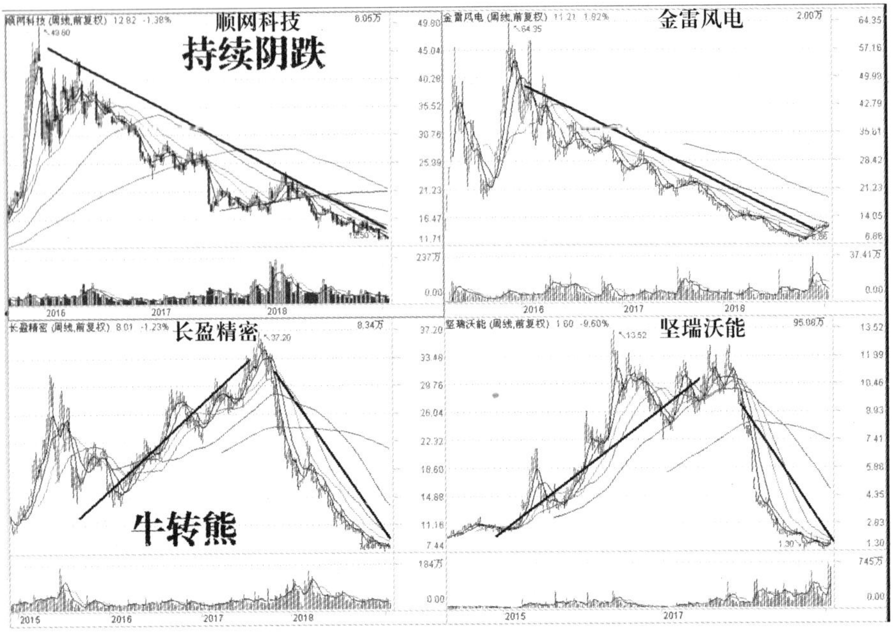

图 3-36　创业板大跌股分类

能像网易那样靠自身动力实现持续走强的公司就更少了。所以投资者不能只想着单一持股这一种模式,自己把自己限制住了。

猜底中的风险与有关底部的指标

猜底是不少投资者最喜欢做的事,有不少人因预测对了某个低点而沾沾自喜。但实际上,真正的大资金和股市高手不会参与所谓的猜底,而且真正的底部也有很多自身的因素,需要投资者全面了解。

猜底模式背后的两大陷阱

一方面,从高点到真正的低点,只有最低点有意义,其余低点尤其是砸盘后的新低,其点位是没有太多意义的,且猜中的概率很低。很多投资者往往可以躲过初期的下跌,但却栽在了抄底上,尤其是很可能在真正的底部来临之前失去重要的资金。另一方面,由于热点类型完全不同,中长期底部的热点和短期底部的热点截然不同。如果选错,势必导致操作上出现问题。

以创业板为例,2016 年至 2019 年年初,其阶段性反弹后的阶段性底部有十几个之多,其间经历过的低点几乎有上百个之多(见图 3-37)。也就是说,不考虑

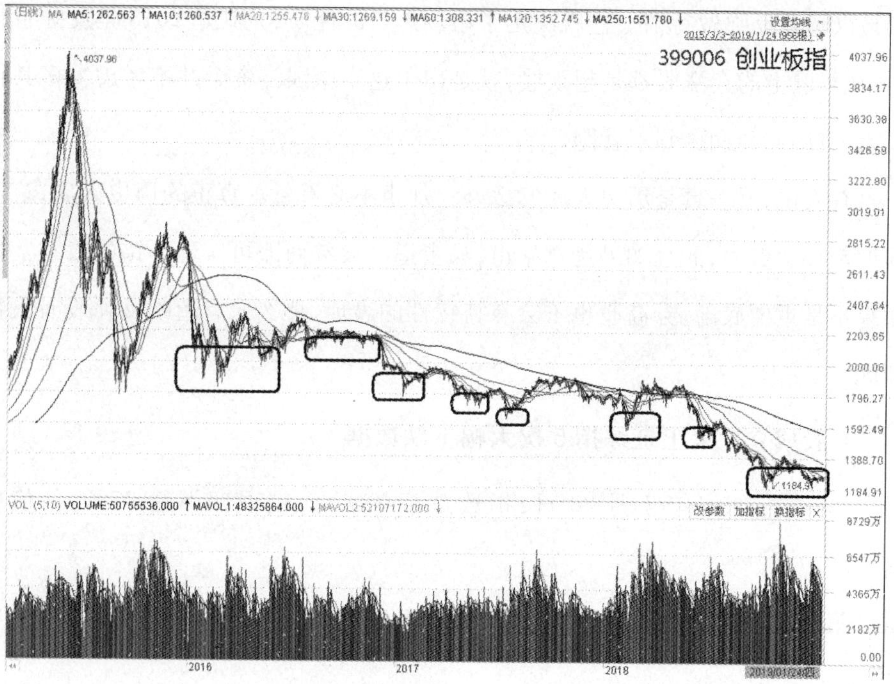

图 3-37　创业板指数 2016—2018 年走势

是否为真正中长期底部，即便是短期底部，预测成功率也在5%以下，甚至更低。而且我们看到，这些所谓的底部随后又以创新低的方式被刷新，变得毫无意义，不少投资者也在抄底过程中一步步地被吞噬。

创业板和主板不同，其换手率始终保持较高水平，新低后的局部中长阳也不少。也就是说，资金改变了运行模式，采取反复的波段模式，砸盘、跳水也是波段的有效构成。每次新低后反弹，资金炒一波就跑。

主板方面也有类似的情况，每个阶段性底部低点都被猜作真正的中长期底部。即使缩小时间范围，这些低点也是连一年内的低点都无法保证。而很多大资金不会管这是否是中长期底部，更多的资金就是短炒一波，锁定利润后撤离，都是以超跌反弹做行情。这就决定了市场热点的性质，尤其是2018年反弹行情中，70%以上的大涨股都是超跌股，就是出于这个原因。资金并不考虑太多其他因素，将局部利润赚到手就跑。

有人说，万一真是历史大底怎么办？那也不必着急。真正的历史大底，筑底周期都长达数月，而且如果是真牛市，马上追一波券商即可实现不错的收益。但如果不是重要底部，券商股也不会有持续性的表现，那么只有超跌反弹股有大额利润。

A股成立以来上证综指5次大幅下跌数据

第一次：1994年7月28日，指数跌至339点，较顶部下跌77%，估值回落93%；

第二次：2005年6月6日，指数跌至998点，较顶部下跌56%，估值回落74%；

第三次：2008年10月28日，指数跌至1665点，较顶部下跌73%，估值回落75%；

第四次:2013 年 6 月 25 日,指数跌至 1849 点,较顶部下跌 47%,估值回落 72%;

第五次:2016 年 1 月 27 日,指数跌至 2638 点,较顶部下跌 49%,估值回落 44%。

有意思的是,2018 年 10 月 19 日,指数不仅跌破 2638 点,更是达到了 2449 点;2019 年 1 月 4 日再度刷新到 2440 点。所以,2638 点并不是真正的底部,只是砸出的低点。这就是市场的残酷——并不是跌多了就是底部,而是大反弹了才有底部。

而从估值底部值的具体分布来看,之前五次底部估值区间并不一致,甚至没有区间的规律。如从第一次到第五次,0～40 倍市盈率估值的个股比重为:92%、60%、72%、54%和 30%,最高到最低差了近 3 倍,且第三次指数 1665 点比 1849 点时估值还高。所以估值这个指标的确充满了迷惑性(见图 3-38)。

不过换一个角度,从高估值角度来看,估值与指数似乎也有一些同步性,即从第一次到第五次,估值大于 60 倍市盈率的个股比重较低,分别为:4%、14%、9%、20%和 40%。与此相比,2018 年市场高估值个股数量占比高于 25%,显然还没达到所谓的底部水平,或者说还不够惨烈,至少没到最后一跌的状态。

那么再回到开头的那个问题。估值低了就不跌了吗?实际上,指数是可以更低的。再来分析一组数据:根据每个上市公司的市盈率区间进行分组,如 0～10 倍 PE、10～20 倍 PE、20～30 倍 PE 等,然后再根据上市公司在后一年中(时间滚动一年)的 EPS(每股盈余)增速表现进行分组,如增速在 0%～10%、10%～20%、20%～30%等。如表 3-3 所示,对角线之下是净利润增速较之前下滑的,对角线之上则是净利润增长的。

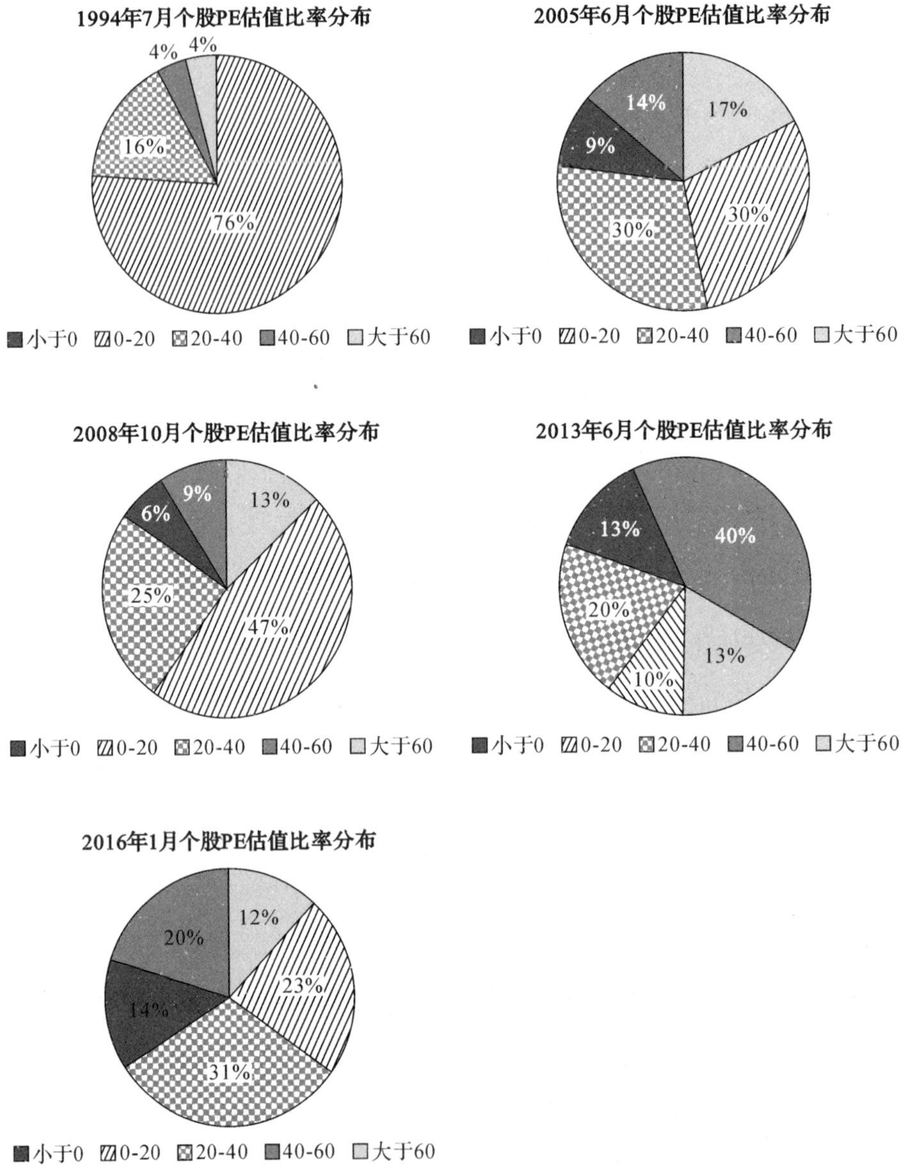

图 3-38　A 股 5 次大跌后估值回落情况

表 3-3　A 股 2000—2017 年个股估值与收益率数据

上市公司当年的净利润增速	下一个年度上市公司的净利润增速									
	<0	0～10%	10%～20%	20%～30%	30%～40%	40%～50%	50%～75%	75%～100%	>100%	全部平均
<0	-1%	1%	5%	3%	0%	4%	8%	1%	8%	5%
0～10%	18%	15%	38%	18%	26%	19%	40%	68%	209%	21%
10%～20%	5%	18%	25%	29%	30%	47%	50%	71%	86%	18%
20%～30%	-4%	6%	13%	21%	28%	37%	42%	48%	58%	10%
30%～40%	-9%	-3%	4%	8%	14%	20%	29%	28%	42%	3%
40%～50%	-14%	-7%	-2%	4%	4%	9%	18%	31%	30%	-2%
50%～75%	-16%	-13%	-10%	-9%	-3%	-4%	1%	12%	25%	-8%
75%～100%	-16%	-15%	-13%	-13%	-10%	-6%	-4%	-2%	22%	-9%
>100%	-14%	-15%	-18%	-14%	-14%	-13%	-9%	-9%	2%	-10%
全部平均	-8%	-3%	2%	5%	8%	10%	13%	13%	12%	0%

从表 3-3 中可以发现，当净利润增速为正值，且增速越大，收益率越明显。笔者认为，从这个角度来看，上市公司业绩增速的回归才是推高股价的关键因素。毕竟，估值降低了很可能是基本面变差导致股价下行速度快了而已。所以估值这个数据是非常具有迷惑性的。那么有没有直接又可靠的底部数据呢？答案是有的，资金面、换手率、盈利模式等，都比估值来得直接。

新低缺口因素

市场下跌中容易出现大的缺口，如 2018 年 10 月 11 日、2018 年 6 月 19 日等，都出现过“千股跌停”的情况。2015 年 6 月至 2016 年 1 月股灾后，市场“千股跌停”的情况已经很少了，但并不是不会再现，这就是投资者要面对的。我们要随时重视市场系统风险，尤其是这种群体性跳水时，如果不及时控制好仓位，很容易出现资产的大幅缩水。

将视野放大到 2018 年行情。先看主板方面，如图 3-39 所示，沪指 2018 年已经多次出现跳空新低的缺口，随后又有了局部反弹，但没有一个真正形成底部。笔者认为这一特征非常值得投资者重视。首先是 2018 年 2 月 9 日出现了近 80 点的大缺口，随后 6 连阳反弹修复，迎来春节红包窗口。但节后行情再度走弱，横盘 2～3 周后，3 月 23 日再度出现了 80 多点的跳空向下缺口，随后又是 2 周的横盘小阳线，再度在 4 月中旬持续阴跌，再创新低。随后凭借降准因素实现了近 1 个月小反弹。不仅是在 2018 年，实际上在 2010—2013 年的震荡市慢熊周期中，也有过类似的情况。资金放水是带来持续 1 个月以上反弹的关键因素，那么本次是否也有呢？这是比较关键的问题。

2018 年 5 月 30 日，市场也出现了较大幅度的跳空缺口并形成新低，随后也形成了 5 天的反弹，然后 6 月 7 日再度跳水，一路新低，直到 6 月 19 日的大幅跳空缺口并形成长下影线；还有 10 月 11 日的大缺口，直到 1 个多月后才补回缺口。笔者总结这些，并不是让投资者追求图形上的形似，而是希望大家做一些总结：

第一，大幅低开缺口形成新低之后，市场往往会有局部的超跌反弹，甚至有超过以后连阳的情况。但这并不能保证形成底部，很可能反弹后又再创新低，投资者只能做好波段。

第二，资金面因素是底部最重要、最简单的指标，资金面放水或新增资金才能带来坚实的底部，否则只能是诱多。

第三，要有一个引领人气的板块，如中字头股护盘成了比较好的“把手”——盘子大、对指数贡献大，容易形成人气效应。这样的大权重板块能否稳定，是筑底的关键，也成为投资者重要的抄底指标。

图 3-39 上证指数 2018 年走势

换手率指标与底部的关系

说到人气指标，就要看换手率了。换手率反映的是市场流动性与投资者交易情绪，1993—2000 年，A 股是一个坐庄的时代，所以投机氛围较重，交易异常频繁，平均日换手率为 11.14%，且经常出现高于 100%的情况。2000 年至今，随着公募基金等机构投资者数量不断增加，以及 QFII、沪深港通等海外资金加入，股市的日换手率逐渐趋于稳定，平均值为 1.58%。

通常，市场底部的换手率也较低，历次市场见底时期的平均换手率分别为 9.42%、1.23%、1.03%、1.01%和 1.22%，但换手率的见底有时早于市场。如

2008 年 10 月及牛市后期，换手率就已经达到最高点并逐步下行，这说明换手率对市场走势有一定的预警作用。

这种现象在次新股中最明显。如 2018 年 6 月的“妖股”超频三，日均换手率达到了 60%。这实际上意味着资金 1 天就可能完成腾挪。但问题是这样的资金进出非常频繁，神出鬼没，撤离就跌停，进来就涨停，这就是“妖股”之所以“妖”的地方。

换手率＝某一时期内的成交量÷发行总股数×100%。若考虑到大股东等锁定筹码，那么公式可换为：换手率＝成交量÷流通股本×100%。

那么如果将换手率放大到整个沪指，甚至整个 A 股，会出现怎样的情况呢？如图 3-40 所示，上半部分为沪指月 K 线，而下半部分是对应的换手率指标。选

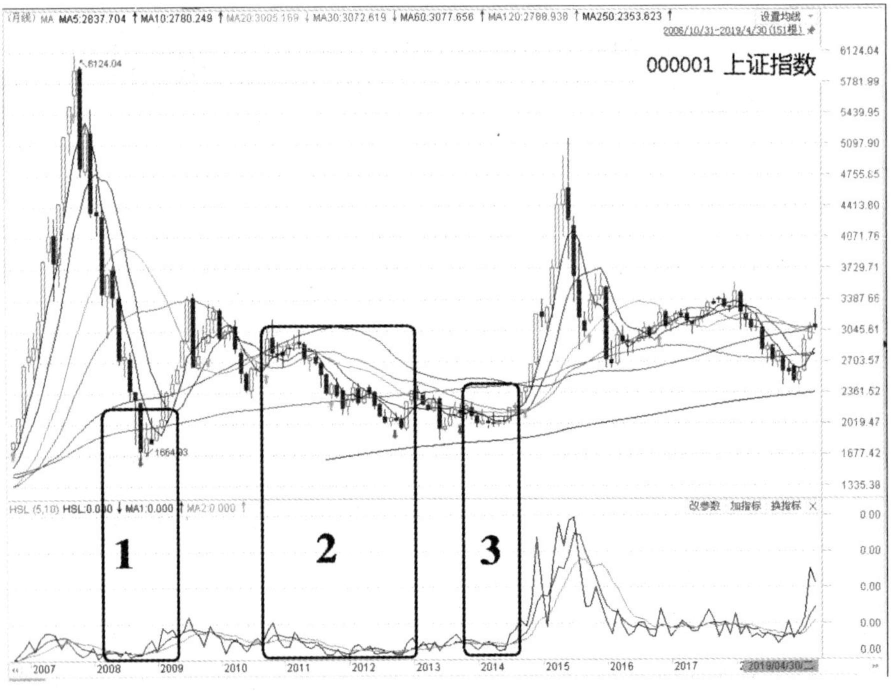

图 3-40　换手率与股市走势对比

取2008—2018年这10年间的走势。图中标出的3个区域(即图中的“1”“2”“3”)中,区域1(2008年8—10月)和区域3(2014年7—9月)都是换手率达到低点之后出现明显反弹,形成了阶段性底部;但区域2(2010—2012年)则出现了持续2年多的换手率低点,始终没有形成底部。为何会有这样的差异?

这里面的关键是,换手率达到低点之后,能否有一个再度放大的动作,即资金持续流出达到极限,然后又出现资金持续流入,最终形成底部反弹。比较典型的是2014年第四季度至2015年上半年,资金杠杆带来的巨量资金导致市场换手率激增,从而带来了大行情。

从这个角度来看,很多时候,市场连续阴跌让投资者感觉很难受,但这往往并不是“最黑暗”的时候——或者说还不是最惨的时候。换手率还有随着市场走弱而进一步降低的空间。必须要等待换手率下降到低位之后,再度提升,资金重新流入,才会形成阶段性底部。

资金因素才是反弹中最真实的

每逢市场连续调整,我们就可以听到各方面的声音。不少所谓的“专家”纷纷投身娱乐圈,有变着各种底部名字唬人的,有肆意谩骂的,有变成“巫师”跳大神的,还有段子手,但这些有用吗?除了自我安慰一下,增加一些谈资,意义不大。

市场最核心的因素就是资金,下跌不需要资金,一个恐慌消息就管用;但上涨是要真金白银堆上去的。从市场层面来看,2018年有哪些方面在给市场输入资金呢?公募基金、MSCI被动指数、北上资金,仅此而已。但筹资可是变着花样来,IPO、“独角兽”、CDR,还有新股加速发行和定向增发等留下的解禁高峰等。最关键的是,“资管新规”逐渐严格也在驱动资金的外流。

这样一个市场,想要快速扭转颓势有可能吗?显然很难,需要时间,需要一个筑底、磨底、考验的过程，这是市场规律。尤其是对于大资金来说，必须有足够的盈利空间和时间，才能展开操作，投资者也要等待这样的过程才有大机会。不必丧失信心，但要顺势而为，不能自己创造行情。

回顾历史，A 股市场每年至少有 1～2 次涨幅在 10%以上的行情。如 2018 年之前的 5 年里，2013 年 6 月至 12 月上证综指上涨 15%，2014 年 6 月至 12 月上证综指上涨 60%，2015 年 1 月至 6 月和 8 月至 12 月，上证综指分别上涨 60%和 23%，2016 年 1 月至 4 月和 6 月至 11 月，上证综指分别上涨 12%和 17%，2017 年 5 月至 11 月上证综指上涨 12%（见图 3-41）。涨幅在 10%以上的行情背

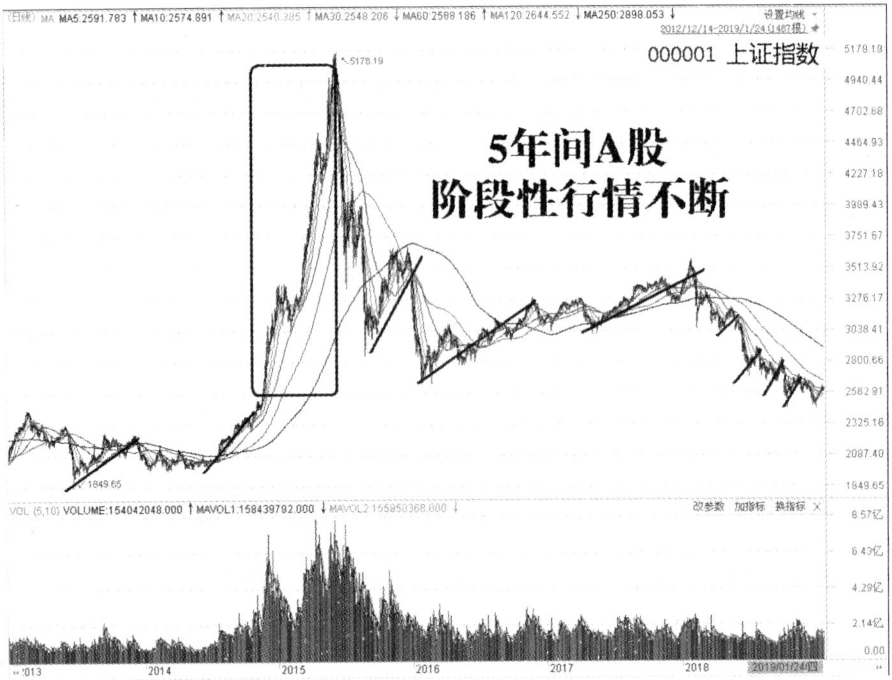

图 3-41　沪指 2013—2018 年走势

景都是基本面有所改善或政策面出现明显转暖迹象。

2018 年之后，A 股市场走势的波段特征更为明显，涨跌波段交替。可以发现，2016 年 12 月至 2017 年 1 月，2017 年 4 月至 5 月，2018 年 2 月、4 月、6 月至 8 月，10 月至 11 月等，虽然下跌模式不同、幅度不同，但都出现了持续的缩量。笔者认为这对投资者是一种提醒，存量资金博弈的市场中缺乏增量资金，因此一旦资金撤离，就会导致弱势。只有资金完成调仓，重新投入买盘，才能带来新的机会。

与主板相比，创业板更有“个性”，整体趋势是下降的。但从小的局部来看，3%以上的中长阳 K 线不少，局部反弹很犀利，而且均是在新低之后才形成的，是一种典型的苦肉计，而且局部的量能放大明显。这也说明震荡市中缺乏足够的机会，砸出低点反而成为最具有吸引力的因素。笔者认为这种模式非常重要，只有明确这个因素才能够做好行情。

第三节 对大象起舞与八二效应的思考

如果我们将散户低买高卖的模式强加在大资金上，那么看任何股票似乎都不合理。但如果我们换成大资金模式，就会发现一切都不一样了。股市在发展，资金模式在改善，投资者也要学会跟随市场发展。

个股价值是两方面的叠加——基本面价值和权重价值。也就是说，除了个股本身的价值，权重股对指数的权重价值也有其意义；而且一些大市值股大多是行业龙头，本身业绩足够好，行业话语权高，同时体量大，适合大资金扎堆，从而形成了抱团效应。而一些中小盘股相对而言往往业绩差，容易出现业绩地雷，但股性活跃，大起大落，因此成了游资的最爱。

大盘银行股的独特魅力

上证 50 被看作权重股的代表，从 2005 年第三季度至 2007 年第三季度，曾经有过 9 个季度的连涨，此外 2014 年第二季度至 2015 年上半年有过 5 个季度的连涨，2016 年第三季度至 2017 年底有过 6 个季度的连涨。反观创业板，最多也不过是 4 个季度的连涨。显然，大资金对权重股更执着，这背后的原因值得我们研究。机构扎堆权重股的模式，会让不少散户被迫退出市场或者消失，但这就是股市，残酷却“适者生存”。

大银行股屡创历史新高

进入 2018 年,A 股成了大银行股的天下。大银行股在 1 月的 19 个交易日里仅跌 1 天,工商银行、建设银行、招商银行纷纷大涨,再创历史新高！工商银行在 2007 年后时隔 10 年再度成为全球市值第一大的银行。而且 2008 年和 2015 年两次股灾之后,银行股都是率先收复失地并创新高的,这里面显然有值得思考的因素。

还有一个现象很有意思。如表 3-4 所示,12 月总被投资者看作是调整的月份,因为年末资金结算压力大,容易导致资金面紧张而涨少跌多。但换个角度来看,2000—2018 年这 19 个年份的 12 月月度平均收益率为 2.77%,这是同期 12 个月份中涨幅最大的。这是由于 2006 年、2012 年和 2014 年这三年的 12 月,单月的月度涨幅较大。更进一步分析可以发现,除了 2006 年是在牛市行情市场涨势较好,在另外两个年份中,大盘银行股的拉升是主要因素。如 2012 年 12 月,招商银行涨 37%,建设银行涨 8%,工商银行涨 7%,中国银行涨 7%;2014 年 12 月,招商银行涨 36%,建设银行涨 43%,工商银行涨 20%,中国银行涨 24%(见图 3-42)。这两次都是大盘银行股拉升引发了市场的变革,实现了指数的反弹。可见,大盘银行股是市场反弹的重要力量。

表 3-4 1991—2018 年各月份涨跌幅数据

年份	月份											
	1 月	2 月	3 月	4 月	5 月	6 月	7 月	8 月	9 月	10 月	11 月	12 月
1991 年	1.85%	2.34%	−9.64%	5.20%	0.78%	19.79%	4.54%	23.08%	1.40%	20.83%	18.76%	12.77%
1992 年	7.00%	16.42%	4.55%	16.82%	177.23%	−3.52%	−11.68%	−21.75%	−14.69%	−27.78%	42.85%	7.70%
1993 年	53.57%	11.80%	−30.90%	46.75%	−31.15%	7.65%	−12.51%	1.66%	−0.60%	−8.47%	20.88%	−15.34%
1994 年	−7.62%	0.09%	−8.63%	−15.88%	−6.13%	−15.63%	−28.85%	135.19%	0.74%	−17.21%	4.37%	−5.23%

(续表)

年份	月份											
	1月	2月	3月	4月	5月	6月	7月	8月	9月	10月	11月	12月
1995年	-13.16%	-2.37%	17.78%	-10.36%	20.79%	-9.98%	10.30%	4.07%	-0.20%	-0.71%	-10.62%	-13.39%
1996年	-3.23%	2.90%	0.62%	22.42%	-5.51%	24.95%	2.27%	-1.52%	0.10%	11.56%	5.76%	-11.22%
1997年	5.20%	7.80%	18.71%	12.79%	-7.79%	-2.72%	-4.84%	2.63%	-10.13%	7.56%	-3.45%	4.78%
1998年	-2.41%	-1.34%	3.02%	8.08%	5.04%	-5.10%	-1.66%	-12.66%	8.06%	-2.06%	-2.47%	-8.17%
1999年	-1.05%	-3.93%	6.24%	-3.21%	14.13%	32.06%	-5.21%	1.60%	-3.47%	-4.21%	-4.63%	-4.77%
2000年	12.32%	11.70%	5.00%	2.01%	3.17%	1.77%	4.95%	0.12%	-5.49%	2.68%	5.57%	0.14%
2001年	-0.38%	-5.15%	7.84%	0.30%	4.49%	0.17%	-13.42%	-4.49%	-3.78%	-4.29%	3.48%	-5.84%
2002年	-9.37%	2.21%	5.20%	3.98%	-9.12%	14.32%	-4.68%	0.91%	-5.10%	-4.69%	-4.86%	-5.34%
2003年	10.47%	0.81%	0.09%	0.72%	3.60%	-5.72%	-0.62%	-3.71%	-3.86%	-1.38%	3.63%	7.14%
2004年	6.26%	5.30%	3.87%	-8.38%	-2.48%	-10.07%	-0.93%	-3.18%	4.07%	-5.45%	1.53%	-5.54%
2005年	-5.90%	9.58%	-9.55%	-1.87%	-8.49%	1.90%	0.19%	7.37%	-0.62%	-5.43%	-0.59%	5.62%
2006年	8.35%	3.25%	-0.06%	10.93%	13.96%	1.88%	-3.56%	2.85%	5.65%	4.88%	14.22%	27.45%
2007年	4.14%	3.40%	10.51%	20.64%	6.99%	-7.03%	17.02%	16.73%	6.39%	7.25%	-18.19%	8.00%
2008年	-16.39%	-0.80%	-20.14%	6.35%	-7.03%	-20.31%	1.45%	-13.63%	-4.32%	-24.63%	8.24%	-2.69%
2009年	9.33%	4.63%	13.94%	4.40%	6.27%	12.40%	15.30%	-21.81%	4.19%	7.79%	6.66%	2.56%
2010年	8.78%	2.10%	1.87%	-7.67%	-9.70%	-7.48%	9.97%	0.05%	0.64%	12.17%	-0.43%	-0.43%
2011年	-0.62%	4.10%	0.79%	-0.57%	-5.77%	0.68%	-2.18%	-2.97%	-8.11%	4.62%	-5.46%	-5.74%
2012年	4.24%	5.93%	-6.82%	5.90%	-1.01%	-6.19%	-5.47%	-2.67%	1.89%	-0.83%	-4.29%	14.60%
2013年	5.12%	-0.83%	-5.45%	-2.62%	5.63%	-13.97%	0.74%	5.25%	3.64%	-1.52%	3.68%	-4.71%
2014年	-3.92%	1.14%	-1.12%	-0.34%	0.63%	0.45%	7.48%	0.71%	6.62%	2.38%	10.85%	20.57%
2015年	-0.75%	3.11%	13.22%	18.51%	3.8%	-7.25%	-14.34%	-12.49%	-4.78%	10.80%	1.86%	2.72%
2016年	-22.65%	-1.81%	11.75%	-2.18%	-0.74%	0.45%	1.70%	3.56%	-2.62%	3.19%	4.82%	-4.50%
2017年	1.79%	2.61%	-0.59%	-2.11%	-1.19%	2.41%	2.52%	2.68%	-0.35%	1.33%	-2.24%	-0.30%
2018年	5.25%	-6.36%	-2.78%	-2.73%	0.43%	-8.01%	1.02%	-5.25%	3.53%	-7.75%	-0.56%	-3.64%
2000—2018年平均值	0.19%	1.85%	1.25%	2.40%	0.02%	-2.85%	0.68%	-1.67%	0.17%	-0.09%	1.31%	2.77%

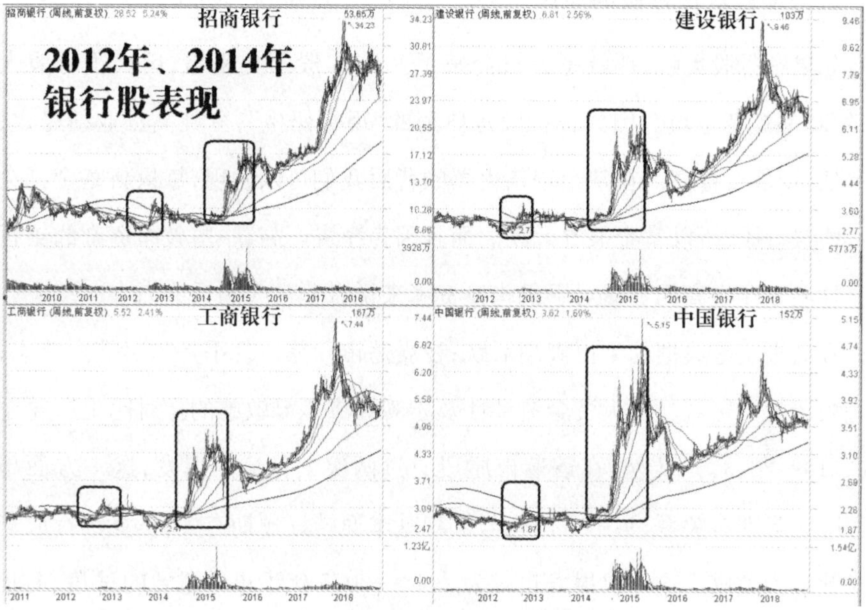

图 3-42　银行股 2012—2018 年走势

2017 年,85%的基金产品实现了正收益,而同期 A 股有 70%以上的个股处于下跌状态。2018 年,个股涨跌比例并没有太多改变,而 95%的基金产品实现了净值增长,这也是基金销售火爆的主要原因。而基金产品扎堆行业龙头股,大市值品种是为其带来收益的关键。如今得到新一波基民的支撑,基金自然会强化自身的盈利模式,继续推动这些品种走强。

2017 年是基民战胜投资者的一年,也是继 2007 年之后再度出现此类现象,并且带来了基金销售火爆。2018 年 1 月 16 日开始募集的兴全基金旗下产品兴全合宜灵活配置基金当天就宣布提前结束募集,首日募集超过 300 亿元,这一现象更是 A 股多年未见的场景。而提供大额利润来源的就是银行股。

机构都喜欢银行股的原因

如果银行股大跌，那就是大机会来了。从A股历史来看，历次银行股大调整，绝对都是黄金坑。因为银行股是典型的“现金奶牛”，分红高且业绩稳定，市盈率低，指数权重高。在基金销售火爆的背后我们可以发现，每只新基金都会配置一些银行股，所以基金很难大跌。而且因为净资产高，一些破净资产的银行股安全性还是非常高的。这对于机构投资者来说有非常大的诱惑力。

券商板块是典型的牛市周期活跃，在震荡市和熊市几乎是“装死”的状态；而银行板块对于宏观面的大资金流动性及宏观经济是最敏感的。对比上一轮震荡市(2010—2013年)走势，在震荡市尾段有过两次大行情的爆发，这一方面与资金面降息降准有关系，另一方面也与宏观基本面转好预期有关，毕竟银行放贷业务对此最为敏感。这两次爆发也成为2014—2015年牛市前重要的试盘，而且正是银行股发力后，才有了市场1849点的意义。而且银行股作为两市最大权重，护盘意义也很大。

如果对比其他蓝筹股，如家电板块的格力电器、美的集团等，地产股的万科、保利地产等，这些蓝筹股都有过涨停的走势。我们可以发现，大盘银行股几乎是没有涨停的，但板块持续性的历史涨幅巨大。银行股也好，其他蓝筹股也罢，机构为何喜欢这些品种？笔者认为，一方面是因为这些品种的确拥有良好的业绩和发展前景，作为行业龙头比其他企业更努力，更有创新精神；另一方面是这些个股盘子虽然大，但考虑到大股东和机构锁定的因素，实际上流通盘并不大，走势方面反而更安全，抱团取暖更踏实。

“国家队”年报揭晓大资金盈利模式

证金公司2017年度未经审计财务报表显示，截至2017年年末，公司总资产1356.51亿元，负债100.96亿元，营业收入43.03亿元，净利润32.73亿元。相比 2016 年实现的营业收入 23.22 亿元，净利润 17.48 亿元，2017 年公司的营业收入和净利润分别同比增长 85.31%和 87.24%。

从这个角度来看，“国家队”资金的收益增长还是非常明显的，甚至可以说成绩斐然。那么这些增长来自于哪些方面呢？2017 年，银行股、保险股异军突起，各领风骚。2017 年沪指全年上涨 6.56%，而银行、保险板块同期分别上涨 22.8%和 58.8%。银行股走势常规，保持 6～7 倍市盈率、15%左右的年化收益率。证金公司在 2017 年第四季度增持光大银行、交通银行和中国银行的数量最多，分别为 5.14 亿股、4.65 亿股和 4.55 亿股。

进一步仔细研究可以发现，2017 年证金公司的营业收入中，投资收益为 6.35 亿元，与 2016 年 6.1 亿元的投资收益相比，变化并不大。变化最大的是利息净收入，达到 36.67 亿元，占营业收入的 85.21%，较 2016 年的 17.1 亿元增加了一倍多。转融通业务正是证金公司收入的主要来源之一，即证券金融公司将自有或者依法筹集的资金和证券出借给证券公司，以供其办理融资融券业务，从而获取利息收入。由此可见，对证金公司贡献最大的不是炒股等投资收益，而是融资融券余额创新高之下，转融通业务带来的利息收入。这一收入大幅超越 2016 年，助推业绩稳步增长。

所以对很多大资金来说，它们是不需要做差价的。类似的，为什么保险系大量举牌？因为举牌之后就可以避免权益收益，直接以金融资产计算，同时获得控制权和更稳定的利润。因此，大家虽然诟病宝能系的“野蛮人”行为，但宝能系成为最大赢家，赚得盆满钵满，却是不争的事实。笔者认为，这给了投资者太多的启示。如果我们将散户低买高卖的模式强加在大资金上，那么看任何股票似乎都不合理，但如果我们更换成大资金模式，就会发现一切都不一样了。股市在发展，资金模式在改善，投资者也要学会跟随市场发展。

对机构扎堆蓝筹股现象的深入研究

随着A股市场严格监管、逐步完善，资金结构丰富之后，机构投资者逐步掌握市场的控制权、形成主导的模式是一种必然，也是成熟金融市场的大势所趋。这个过程也伴随着散户逐步被市场淘汰。所以作为投资者，我们还是要对市场有一个整体的判断，必须提高自己，跟上市场的步伐，否则就会被市场淘汰。

基民战胜投资者，蓝筹股模式的研究

2017年A股的结构性行情中，基金等机构的收益表现不错，其中85%的产品实现正收益，8%的基金收益率超过30%，近40%的基金收益率超过10%。与之对应的是，近七成投资者在2017年“赚了指数不赚钱”。如此大的反差揭露了一些问题，值得投资者研究。

指数涨了，为何大量个股却没有机会呢？这背后的原因还是银行、地产、石油石化板块对指数的接力护盘。2017年，仅中国平安、招商银行、贵州茅台这3只个股就实现了对上证50的控制，这也就意味着控制了沪指——这是投资者“赚了指数不赚钱”的原因之一。

2017年市场的“价值模式”背后，实际上是市值模式。说白了，就是各个行业中影响力最大、权重最大、话语权最强的大市值个股活跃。为什么？道理很简单。一方面，其容量足够大，可以容纳机构投资者；另一方面，业绩足够好，充分享受行业发展的红利。这样的个股数量并不多，所以机构扎堆涌入，自然会形成好的走势。

进一步扩大时间周期，从2016年至2017年业绩来看，因为2016年市场震荡调整，导致纳入基金排名统计的98家基金公司中仅55家获得正收益，赚钱比例仅56.12%。再扩大时间周期，即从3年期(2015年至2017年)绝对收益排名看,东方资管基金旗下权益类基金 3 年期平均收益率达到 107%,排名第一。从更长期的 2013 年至 2017 年的 5 年间来看,2014—2015 年上半年的牛市,以及 2015 年下半年的股灾跳水行情,也考验了基金公司的选股能力。如表 3-5 所示,一些公司在这五年间有不错的表现,如富国、中欧、国泰基金等,兴全基金 2013—2017 年的净增长率排名第一。

表 3-5 基金 2013—2017 年收益情况一览

基金公司	2015—2017 年		2013—2017 年	
	净增长率	排名	净增长率	排名
东方证券资管	107%	1	成立未满 5 年	无
万家	97%	2	146%	10
兴全	93%	3	193%	1
民生加银	86%	4	119%	23
富国	83%	5	151%	6
诺德	81%	6	134%	13
中欧	81%	7	167%	3
国泰	78%	8	148%	8
华润元大	74%	11	成立未满 5 年	无
富安达	72%	10	151%	7
银华	71%	11	134%	14
交银施罗德	70%	12	105%	32
新华	70%	13	93%	40
汇添富	70%	14	158%	5
南方	62%	15	113%	25

投资者不赚钱，还是因为忽视了行业龙头股；而以基金为首的机构投资者之所以能实现大额收益，就是因为集体扎堆行业龙头股。白酒行业的茅台和五粮液、家电领域的美的集团和格力电器都新高不断，几乎不理会大盘的走势。这些个股的强势，源于两大因素：一是行业龙头的基本面成长性突出，拥有强大的业绩增长作为支撑，股价重心提升也是必然；二是机构投资者扎堆购买，甚至有调整就增仓，毕竟 A 股里这样的个股少，连沪深港通和 QFII 也集中涌入这些个股。

行业龙头持续上涨有它的道理，因此这些个股的走势非常值得投资者研究。投资者可以看看景气度高的各行业龙头公司，比如地产板块的万科、保利地产，汽车板块的上汽集团，乳制品的伊利，大零售的王府井，医药的恒瑞医药、复星医药，猪肉股的牧原股份、化工的万华化学等，都有过持续性的走势。

大牛股背后皆有基金扎堆

102 家公募基金管理人 2017 年权益类基金的净值增长排名中，有 87 家基金公司获得正收益，占 85.29%。位居 2017 年权益类基金净值增长前三甲的分别是东方证券资管、诺德基金和国泰基金，三家公司管理的权益类基金净值增长率分别是 52.85%、31.84%和 30.62%。第 4 至第 10 名分别是长安基金、景顺长城、富安达基金、圆信永丰、兴全基金、中海基金和银华基金。

排名靠前的基金公司多是由于旗下一些基金重仓白酒、白电板块或消费电子等一些成长板块的行业龙头公司，选股时对公司的业绩增长确定性有较为严格的要求，对估值合理甚至偏低。

2017 年 A 股市场诞生了一批涨幅巨大的牛股。数据显示，2017 年涨幅前十的个股全部为次新股。剔除次新股，涨幅靠前的有鸿特精密（派生科技）（328.38%）、江南嘉捷（三六零）（288.92%）、方大炭素（211.88%）、赣锋锂业

(171.03%)、海康威视(148.22%)及水井坊(147.31%)等。这些牛股中均有机构投资者集中入驻。

以海康威视为例,2017年年度主动型基金收益率冠军东方红睿华沪港深灵活配置混合型基金即重仓持有海康威视。东方红睿华沪港深基金在2017年年初持有海康威视1849.84万股,第一季度加仓349.8万股,第二季度减持320.05万股,第三季度再度减持193.81万股。这意味着东方红睿华沪港深大部分仓位拿满2017年全年,部分仓位进行了低吸高抛,而该基金在2017年收益最高达到68.11%。显然,正是由于对行业龙头股的集中、重仓持股,才有了基金收益的大幅提升。尤其是随着机构投资者对市场控制力的提升和资金结构的完善,这一特征还会持续强化。

个股回落现象与风格切换

2018年最大的一个市场特征是回落——熊股回落,牛股也回落,小盘股跳水,大盘股也跳水,震荡市周期中没有板块可以逃过"波段"的考验。即使是一些绝对的白马股——广汽集团、三聚环保、中天科技、中国中冶、五矿资本、平安银行、中国太保等,也出现了跳水;还有一些个股则出现大涨后回落——万丰奥威、泰禾集团、三钢闽光、华夏幸福等在一波大涨后跳水,跌幅近50%。

这一现象打破了很多投资者总是想着靠单纯捂股赚钱的思维模式,而同一只个股,也在不同时间扮演了牛股和熊股的角色。所以,炒股讲究的就是对市场趋势、热点和操作节奏的把握,但这恰恰是不少投资者所忽视的,总是认为牛股总是牛股。实际上,同一只个股也是有牛、熊阶段的。

梳理市场2014年至2018年的规律可以发现,2014年至2015年牛市环境中,兼并收购为中小创公司的业绩快速增长做出了巨大的贡献。业绩增长与估值提升的正向循环,以及资金成本的不断下行,是"中小创"形成巨大泡沫的主要驱动因素。

在经历了2015年上半年的资金杠杆牛市之后,市场迎来了2015年下半年的股灾大跳水;而在2016年年初的熔断跌停考验之后,市场再度出现了新的价值风格切换,重新回归蓝筹股白马股行情,这个现象在2017年最为明显。

2017年,市场以大盘蓝筹股行情为主,所以公司市值与股价表现存在明显负相关。分层统计数据也表明,无论是涨跌幅的平均值还是中位数,300亿元市值以上的大盘股的表现最好。而2018年第一季度,走势最好的股票市值区间在300亿~600亿元,600亿元以上的大盘股出现了调整。更值得关注的是,2018年春节以来,表现最好的是小盘股,而且市值越小,表现相对越好,600亿元市值以上的大盘股涨幅均值则出现了负数。很显然,这与市场热点模式发生改变有关系。

显然,市场对千亿元的大蓝筹炒作已经非常充分了,价值股和行业龙头股的最大问题是涨多了,需要时间来消化,等待业绩上行,重新推动股价。这是需要一定时间的。震荡市中存量资金博弈,所以风格转换频繁,将主板蓝筹与"中小创"之间的跷跷板效应体现得淋漓尽致。所以,并不是说蓝筹股不会跌,而是说其会和"中小创"各领风骚一段时间,然后触发风格切换。这就引出了下一节的内容。

不要割裂二八效应:哪个有机会就操作哪个

二八效应和八二效应是投资者在股市中经常听到的,实际上说的就是市场中大盘股和中小盘股的跷跷板效应。似乎两者水火不容,只能留其中一个。但其实并非如此,作为投资者,我们要看懂这里面的核心因素。

成长与价值的意义

很多投资者总是刻意地对立蓝筹股和概念股，或者对立上证 50 和创业板，这是不对的。对于投资风格，其实很多时候没什么可选择的。要炒“独角兽”概念，炒题材，只有“中小创”有，主板很少，这就是市场现状；而当我们要选择行业龙头股时，则明显主板更有优势，“中小创”就少多了；超跌股、资金风口股则不分主板还是“中小创”。所以作为投资者，我们没有权力去选择二还是八，只能是哪个有机会就选择哪个。

很多人错误地认为小市值公司会“成长”，但这些公司是否具有成长能力，值得商榷。同样，很多价值股活跃的背后，是业绩的成长。2017 年之所以出现行业龙头股跑赢小市值公司、价值股和周期股跑赢“成长”，最重要的原因在于龙头公司、“价值”类公司和“周期”类公司的盈利出现拐点，而这些公司估值又在相对底部。

如果放眼更远的未来，投资者现在能做的是判断相关上市公司未来的盈利，而不是猜风格。那么价值与成长实际上很难单独区分，是一个整体。所以，“中小创”并不是成长的代名词，蓝筹股也不是全都有“价值”，需要更深入的研究和甄别。同时，资金因素也很重要。

2017 年全年，创业板成交量是上证 50 的 1.84 倍；而比较涨幅，创业板跌 10.67%，上证 50 涨 25%。可见投资者不能说量能大就是机会，毕竟炒作模式不同。“中小创”中概念股多，如两会周期就是概念股活跃的周期。而概念股结束炒作之后，创业板指数就又创新低了。

投资者不能单纯孤立地看二类股或八类股，一定要从热点角度去分析才有意义。比如 2018 年有一批医药股创新高，这里面既有创业板的爱尔眼科、乐普医疗，也有沪市的片仔癀、济川药业，深市的华东医药等。所以，看准“热点—行业—板块”后,无论其是主板还是创业板,都是最终标的。投资者并不选择风格,而是由热点因素决定。只要有好的机会,无论创业板还是主板,都是我们应该追逐的。

基金重仓股中的二八平衡效应

2018 年第一季度,一年业绩排名前 100 的主动管理型基金,其前十大重仓股平均更换了 3.96 只,而在 2017 年第四季度时这一数据仅为 2.82 只,提高了 40%。显然,偏股基金明显加快了调仓换股的速率。其中有一些是主动的,比如说重仓股表现不太好,不得不调仓;还有一些是被动的,因为 2018 年市场的调整和机会点都很多,但切换特别快。这是典型的震荡市特征,如果不动就很难赚钱,只有不断地做波段,才能做出一些利润。

此外,“仙股”范围扩大。A 股的低价、低成交个股数量还在增加。成熟市场中必然存在大量的“仙股”,远的不说,H 股市场就有这样的现象,这是由于机构投资者对这些品种的规避。所以投资者对此也要格外小心,不仅选股要谨慎,做好功课,对个股所处趋势和操作节奏也要注意。一旦碰到了“仙股”,即便中长期持股也很难带来收益。

我们看到基金重仓股中,蓝筹和“中小创”的比例越来越平衡,或者说没有偏好了——哪个有机会就做哪个。这也是调仓带来的——将重仓股中二类和八类股的比例调整到一个可守可攻的状态,才能有好的收益。震荡市中,资金进出频繁,所以投资者一定要选择股性活跃的品种才会有收益。这样,做波段时腾挪空间也更大。

还有关键的一点,实际上“中小创”内部也有分化——内部也有“二八效应”,即创业板 50 权重和其他创业板股的差异。所以二八问题或八二问题永远存在,投资者必须明白这一点。

蓝筹股与概念股的操作

不少投资者很困惑:盘面热点一会儿是蓝筹,一会儿是概念,没法操作啊。是的,这就是我们经常要面对的情况——市场机会多,但适合自己的是有限的,关键是找准定位,选择适合自己的。

机构之所以扎堆蓝筹股,业绩因素是显而易见的。局部可以休整,可以跑输概念,但这些机构本身就不是短跑。能够参与这些热点的资金,也不可能去碰游资打造的概念股和次新股,双方井水不犯河水。行业龙头股、银行股都不可能在短线和概念股拼涨幅,但这些板块都是长跑能手,拼的就是时间和持续增值。尤其是破净资产、6～7 倍市盈率的银行股,哪怕是从 6124 点或 5178 点计算,10 年来也从未套牢过投资者,这就是典型。

而且主力大资金的体量不同。2018 年 A 股两次纳入 MSCI(摩根士丹利资本国际公司)提升的增量资金,也是选择蓝筹而非选择概念股。所以选择价值股,就选择了接受这种模式,忍受寂寞,与价值为伴。当然,这也就意味着与概念股那种刺激的走势绝缘了。

最差的一种模式,就是买了蓝筹股又看着概念股好,改做概念股,但又没有短线能力,结果蓝筹股又涨了,最后什么都没得到。这是投资者要思考的,能做什么,做得了什么,将能力范围内的钱赚到手。

第四节　理性看待市场的变化和行情规律

> 很多时候，投资者是不能赌气的。不能和市场作对，更不能和任何资金作对，我们无法创造行情，只能顺势。所以当我们发现市场中所有的事和热点都和我们对着干，所有人都错了的时候，那么往往是我们自己错了。不改变自己，就无法在市场中生存，仅此而已。

投资者进入股市的根本目的还是赚钱，因此从操作角度来说，无论是什么个股、什么品种，只要可以赚钱，那么不必拘泥。比如说有时候某些个股的表现不好，投资者就会纠结为什么，白白错过了时间。其实这根本没有必要，个股不好就换，跟随市场的变化和行情规律做，不和市场赌气，才能和气生财。

不同角度，不同结果

"横看成岭侧成峰，远近高低各不同。不识庐山真面目，只缘身在此山中。"这首诗其实放在股市也是很对的，很多时候我们总是站在自己的角度看市场，忽略了其他角度，就容易导致一些误区。

盈利模式不同，结果大相径庭

投资者看到市场跳水，就觉得似乎一切都不对。但我们来看看A股的总市值规模扩大了多少：2007年，A股总市值最高达到32万亿元；而2018年年初尽管指数是 3000 多点，却依然有 58 万亿元的峰值，即便是 2018 年年末跌到了 2500 点一线，两市市值也有 45 万亿元，远比 6124 点时高。

显然，根据不同的角度和盈利模式，看待同一个问题会产生不同的结果；每个角度说得都有道理，而且不是非对即错的，投资者要对照自己的盈利模式判断其是否有用。“网红”要流量，媒体要曝光率，机构要人气，券商要交易量，所以这几类人会不断地宣传、鼓吹行情，甚至很多时候会“人造牛市”，这些都是可以理解的。

任何资金进入股市，都是为了赚钱——QFII、社保、险资、险资，甚至“国家队”资金。没有谁就该赚钱之说，大家都是靠能力、靠研究、靠本事吃饭的，必须看懂股市的残酷。作为投资者，我们是拿真金白银操作的，所以必须考虑市场的风险、可操作度、选股思路和策略、投资者自身的把握能力等诸多因素。投资者能够看懂这些，很多时候就会避免落入陷阱。

投资者总听媒体或机构说，放弃看大盘，专心做个股就行了。但实际上，大盘环境往往会左右个股的走势。所以投资者绝不能不看大盘，而是要自上而下地搞懂所处的环境和资金、趋势因素，才能放开去做个股。

为何笔者总是坚持自上而下模式？因为投资者本来就容易视野狭窄，如果再只盯着个股，就更容易只看见树木，看不见森林了。大多数个股都不是独立于市场的，一定需要市场环境和资金配合，甚至是板块联动的。所以作为投资者，研究了这些因素，才能够更好地看到市场的全貌。

别赌气，要顺应市场

为什么 2017 年有 85%的基金产品实现正收益，而 70%的股市投资者没赚钱？就是因为机构投资者扎堆行业龙头股。这些品种的体量够大，适合大资金，同时业绩够好，又有行业话语权和竞争力。这样的公司在各个市场都是稀缺的，而且沪深港通、QFII 也都买这些品种。2017 年市场处于震荡市，存量资金博弃。资金集中于这些品种，势必导致其余大部分品种的弱势。一些投资者总是看不惯这种模式，但这有意义吗？进入股市是为了赚钱，顺应市场才是真正的投资者该做的。

从市场大格局来看，2017年炒监筹，看好行业龙头后捂股就行了；但2018年各类股看上去都有机会，有过医药股、石油、天然气、海南、雄安、水泥、钢铁等局部热点，但最后这些板块都有明显回落，即便强势股也有局部规模的调整，所以只有做波段才有利润。

所以很多时候，投资者是不能赌气的。不能和市场作对，更不能和任何资金作对，我们无法创造行情，只能顺势。所以当我们发现市场中所有的事和热点都和我们对着干，所有人都错了的时候，那么往往是我们自己错了。不改自己，就无法在市场中生存，仅此而已。

对投资者来说，股市从来不会足够安全，准备好应对策略才是关键。炒股不能只喊口号，靠所谓的“梦想”撑着，而是要脚踏实地，对任何个股都要准备好风控因素。这才是投资，否则就是对自己的资金不负责。

全球股市均欺负散户？ 结构型分化成新潮流

继续放大视野，如果说炒A股亏损的多，那么炒美股赚钱的多吗？炒港股的呢？众所周知，2008年全球发生金融危机，2009年危机结束之后，在过去近10年时间里，世界大部分牛市基本都走出了一轮波澜壮阔的“慢牛”走势。不光是发达国家市场，新兴经济体和发展中国家资本市场也同样如此。

研究美国、德国、法国、韩国、印度和巴西这6个国家的指数，发现从2009年低点以来，各个国家的股市指数涨幅最高超过300%，最低也超过了100%。在这个过程中，各国的“慢牛”行情基本呈现出结构性状态：大部分公司的股价涨幅跑不赢指数，有20%～50%的公司涨幅甚至为负值，即这些公司当前股价低于其 2009 年金融危机低点时的股价。

例如，美国纳斯达克指数从 2009 年 2 月的 1200 多点上涨到 2018 年 8 月时最高 8133 点，9 年多的时间里指数涨了逾 500%，但其中仍有近 20%的公司股价甚至比金融危机时的最低点还要低，只有不到 30%的公司跑赢了指数涨幅（见图 3-43）。

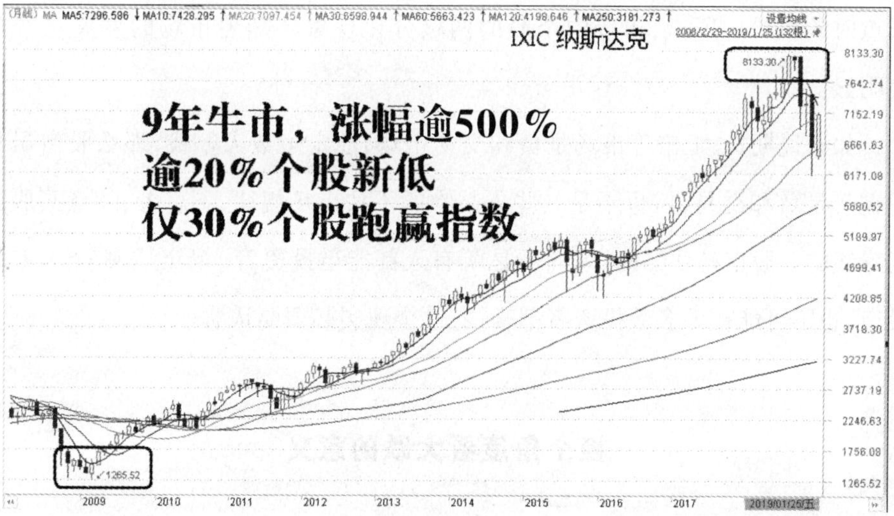

图 3-43　纳斯达克指数 2009—2018 年走势

德国 DAX 指数从 2009 年低点的 3800 点涨到最高时 13598 点，但只有 30%的公司股份涨幅超过指数涨幅，30%的公司当前股价低于 2009 年低点。法国 CAC40 指数上涨了一倍，将近 40%的公司涨幅跑赢指数，但有同样比例的公司股价低于 2009 年低点。韩国股市分化更为严重，指数涨幅近一倍，但只有不到 10%的公司涨幅跑赢指数，近一半的公司股价在这段时间里是下跌的。

在新兴经济体中，印度股市过去十几年都是“慢牛”走势，当前股指比 2009

年低点上涨了3倍，其中20%的公司跑赢指数，但有25%的公司是下跌的。巴西股市的情况类似，2009年低点至今股指上涨1.3倍，近30%的公司跑赢指数，而同样比例的公司股价是下跌的。

回到A股市场，从之前的“二八分化”到如今的“一九分化”，市场结构性行情愈显极端。在2018年部分权重蓝筹股在1月份创出新高的同时，却有部分股票的股价（前复权）已经低于2013年6月25日沪综指创下1849点历史低点时的股价。所以，市场中个股的两极分化现象伴随着市场的发展已经愈发明显。

如果说期货、汇市等市场是负和交易市场，注定多数人赔钱，那么股市虽然不完全是负和交易，但也不是一些人鼓吹的不按市场规律、不思考、随意买股就能赚钱的。股市是残酷的，真的不是所有人都能当投资者。无论是哪个国家的股市，也不可能让大多数投资者都赚钱，这个现实必须要认清。

换个角度看大跌的意义

个股一下跌，投资者就很容易慌。很多时候，个股下跌的背后，很可能是多重复合因素的作用，而非单一的个股因素。很多行情背后的套路模式，是需要投资者深刻思考的。

个股跳水时不要找理由，先找对策

历史上，每次出现大幅度跳水的情况，一般都有一些共通的因素，如股市极度高估、泡沫严重，发生经济危机或金融危机，股市杠杆比例很高等。如2007—2008年股市跳水是股市泡沫与全球经济危机同时爆发造成的，2015—2016年的跳水则是股市泡沫与资金杠杆因素共振造成的。

2018 年 2 月和 10 月的两波跳水,却并非由上述因素导致。2018 年 1 月底开始的 10 个交易日内,指数就从 3587 点跌到了 3062 点。实际上在此期间,全球股市也在跳水。10 月的情况也很类似,全球股市跳水,A 股则又在 10 个交易日里从 2821 点跌到了 2449 点。这两次,都出现了“千股跌停”的情况。但是当时上证 50 的整体动态市盈率都在 10 倍左右,明显是偏低的;全球经济正出于相对较好的复苏期;而经过 3 年的去杠杆,A 股资金杠杆情况较 2015—2016 年大幅下降。尽管如此,市场既然出现下跌,投资者一样是要做出应对的。

牛股变熊股的情况同样值得警惕。2017 年一度大涨超 50%且创出历史新高的诺德股份,在 2017 年 8 月开始调整,随后一路阴跌到 2018 年年底,股价跌去了 55%,连零头都不剩了,非常残酷(见图 3-44)。而且阴跌十几个月,对投资

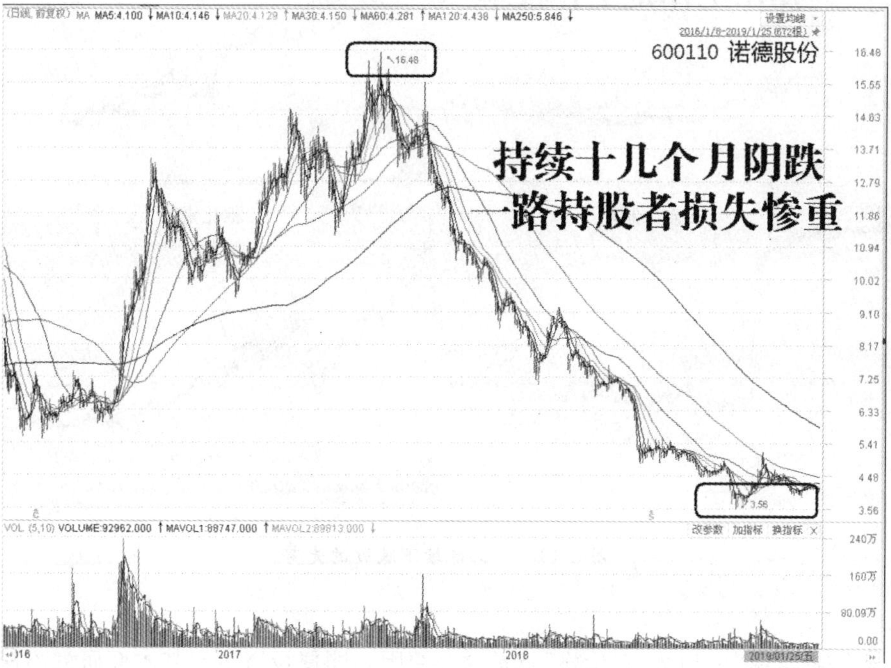

图 3-44 诺德股份 2017—2018 年走势

者来说是非常惨痛的教训。同期类似的走势还有杭萧钢构、太空板业(太空智造)、日月股份、雅化集团、容大感光、云意电气、安洁科技、融捷股份、先导智能等一大批个股——都是年度大涨后,持续数月甚至十几个月以上的阴跌(见图 3-45)。

还有如融钰集团、嘉应制药、凯瑞德(ST 凯瑞)、金龙机电、奥瑞德等,均是在高位横盘后破位,出现连续跌停,可以说杀伤力巨大(见图 3-45)。这些个股均是业绩持续大幅下滑甚至亏损的品种。前期处于低换手的低迷走势,随着一些利空因素放出,如业绩预减、预亏、股份质押触及平仓线等,就出现了局部的加速破位。

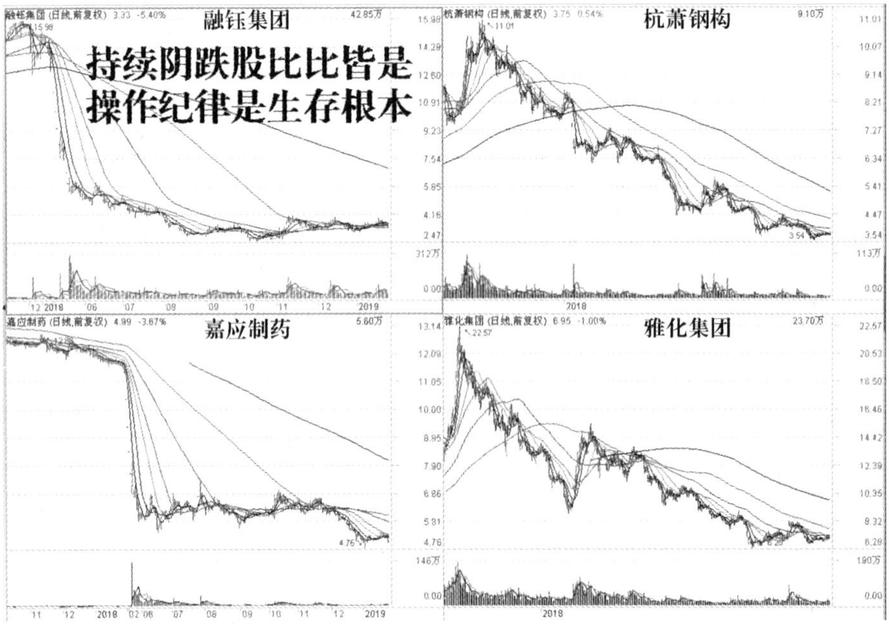

图 3-45　一批持续下跌股的走势

笔者常说"重趋势,轻价格"就是这个原因。即便投资者对基本面研究不深,对可能出现的利空因素没有预警,但个股趋势是清清楚楚的,长期弱势且没有改变迹象，持股的意义就不存在了。很多投资者在个股被套后不止损，也不反思买入依据是否存在，就盲目持股，结果遭遇连续跳水，又后悔不已，感慨利空因素发酵。实际上，真正的问题早就出现了，并不是在大跌时才有的。所以，碰到个股破位，别先着急找理由，应先找对策控制风险。否则，一些个股的下跌可不仅仅是急跌一波，而很可能是持续很长时间的阴跌，逐步吞噬投资者的资金。这才是最可怕的。

那些如今看上去可笑的大跌

当然，有时候大跌也是投资者的"朋友"。作为一个股市老兵，笔者经历过的大跌还是很多的，发现很多大跌都是当时几乎绝望，如临末世，但如今再去看，却会觉得非常可笑；有些大跌则已经成为一笔财富，改变了笔者交易的习惯。接下来，笔者向大家分享个人实际经历，希望大家找到一些破解市场群体大跌的策略。

20 多年前初入股市之际，笔者记忆最深刻的一次大跌是在 1996 年 12 月 16 日——T+1 交易制度及 10%涨跌停限制制度正式施行，上证与深证分别以 9.91%和 10.08%跌停(见图 3-46)。当时投资者都在说，这是投资者用实际行动表示抗议，用脚投票，认为这样下去股票就没法玩了。当时的笔者还懵懵懂懂，却切实感受到了"你恨一个人，就让他去股市吧，那里就是地狱"这句话的意思。没办法，因为看不懂，也不知道该怎么办，就只有硬扛了。没想到之后半年还是很甜蜜的，股指几乎呈一路反弹的走势，不仅逐步收复失地，还再创新高。这期间，笔者也跟着老师，向股市慢慢地学习，看了不少书，并开始在市场中应用一些理论。

时间来到 1998 年 8 月，正赶上亚洲金融危机，又出现了海外股市暴跌，更关键的是我国长江流域出现了百年一遇的大洪水，对经济影响巨大，市场恐慌情绪

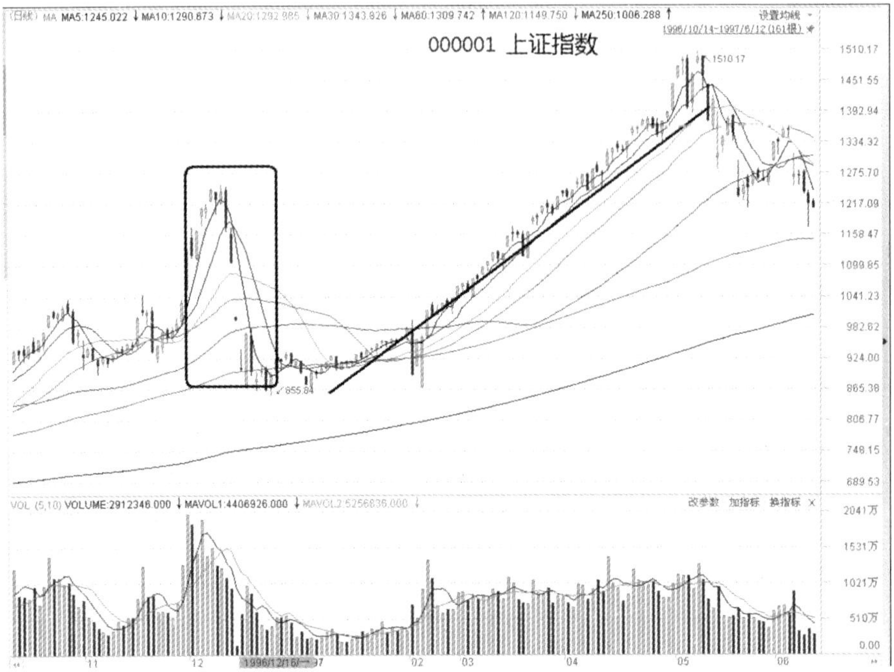

图 3-46　沪指 1996 年 12 月走势

蔓延。8 月 17 日，上证指数大跌 8.36%，原因说出来现在的投资者可能都不太相信——中国证监会召开计算机 2000 年问题工作会议，部署证券、金融行业防“千年虫”问题。投资者对“千年虫”产生恐慌，造就了一波跳水，9 个交易日内指数下跌 20.5%，从 1312 点直落到 1043 点(见图 3-47)。笔者当时的感受是，技术派、消息派都是苍白的，股市中有太多因素真是预测不到，洪水、国外股价跳水，就连“千年虫”这样的事都能让股市崩盘，投资者也太难了。就在心灰意冷之际，市场又逐步恢复，随后又创新高。到 1999 年，著名的“5・19”行情出现，此时笔者感觉到的是“你爱一个人，就送他去股市吧，那里是天堂”。

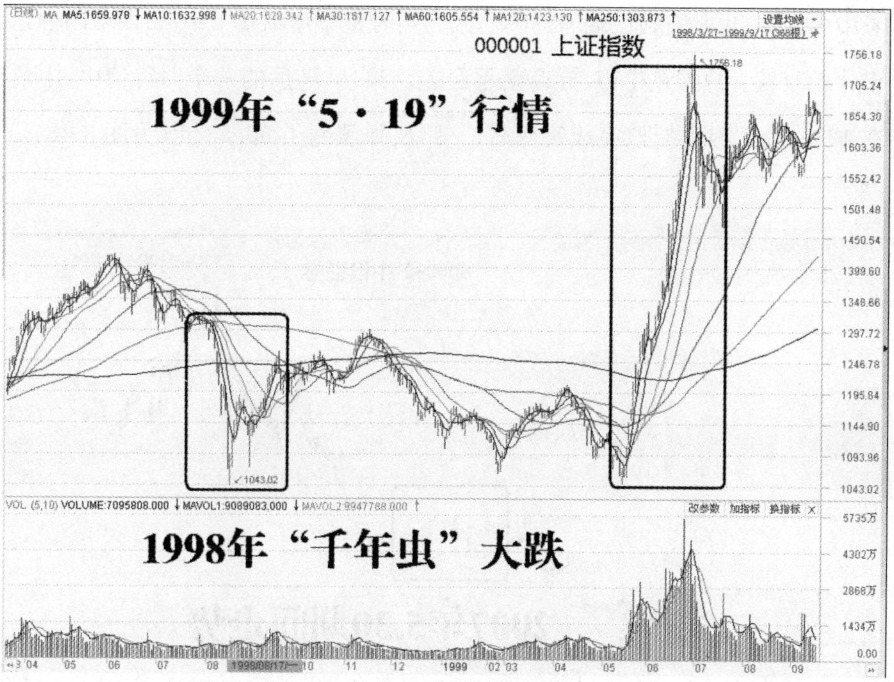

图 3-47　沪指 1998 年 8 月—2019 年 8 月走势

说这些，可能一些新投资者不太能理解，或者觉得太久远了，感受不深。那么笔者就来说说大家都感受过的 2007 年大牛市中的"5 · 30"事件吧。2007 年 5 月 30 日凌晨，印花税上调的消息发布。早盘股指大幅低开后，指数开始上行。笔者当时想跑，但又觉得有机会翻红，就留下了半仓的中信证券。结果大家也看到了，当时第一个月非常惨烈。有不少新投资者是看着市场牛市而入市的，什么涨买什么，这一次事件成为对新投资者的一次风险意识教育。不少投资者也因此出现大幅深套，甚至一些人从此离开了股市。

但也有一些投资者由此建立起了风险意识和操作控制机制，这其实是好事。

所以，如果投资者能够认识风险，这样的经历就值了。实际上，笔者在 2007 年继续留着中信证券，也是有自己的考虑的。因为当时整个市场处于牛市，很难因为这一个事件就改变。只要是牛市，券商就不会差。果然，随后的一个月行情中，中信证券在 13～16 元之间整理，完成筑底后，一路反弹涨到了 30.53 元(见图 3-48)。

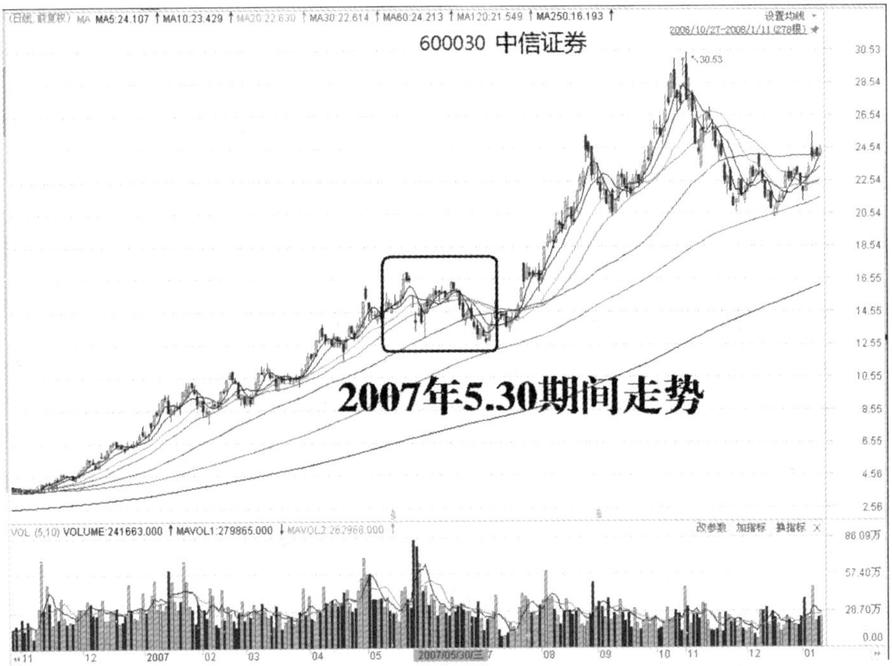

图 3-48 中信证券 2007 年走势

其实，这个经验投资者也可以借鉴。以后只要有牛市，作为龙头的中信证券就不会差，2009 年和 2014—2015 年牛市皆是如此，根本就不用看其他个股。牛市就是资金泛滥，交投活跃，所以券商受益是最大的，这就是最大的基本面。这也是为何笔者说过，震荡市中我不看好证券板块，但如果要做券商股，就只看中信证券——因为要么没行情，要么牛市。能撬动该股的不是普通资金。

股灾之后，价值回归，推动股价

说过一些风险，投资者也要问，那么就没有战胜股灾的方法吗？有的，那就是时间，时间是最好的良药。为什么？因为时间可以换来空间——靠的就是基本面和业绩的推动。还是以 2017 年的情况为例。2017 年年初，笔者挖掘了*ST 江化(浙江交科)，期初有一波反弹，可就在市场春季攻势最好的时候停牌了。等到复牌时，本来携着成功摘帽、业绩大幅增长，大股东成功重组等因素，该股应该大涨，却恰逢市场处于 4 月和 5 月“喊话式监管”的跳水环境中，不仅没有大涨，反而跌停，而且从 9 元一线一口气跌到了 7 元下方，短线下跌近 30%。这意味着投资者不仅将之前赚的钱赔了进去，还有近 15%的亏损。很多人觉得这口气实在是咽不下去。

说实话，笔者也感觉很难受。因为无论是从挖掘还是到最终的事实情况，每一步都没有任何问题，但就是赔钱了，市场就是这么残酷。但又能怎么办？难道去骂股市，怪市场趋势？什么都不能。笔者当时写了一篇长文，阐述我对该股的研究分析，并且提出 12～18 元的价值区间，认为其价值至少应该在 12 元，保守按照中值，15 元也是可以看到的。如果投资者看好，那么请给我一点时间，也给个股一些时间，等待价值回归。

还好时间不算太久，该股 1 个多月之后就已经有了反弹；5 个月后，该股来到 16 元关前，算是完成了一波价值回归(见图 3-49)。尽管比预期时间久了一些，但最终是实现了。这其实给不少投资者以启示：以价值为核心挖掘的个股，局部会受到市场大跌的影响，但只要基本面因素不改变，随着时间推移，终会体现价值。价值投资在很多时候，做的就是这样的坚守。

类似的情况还出现在通策医疗上。笔者在 2017 年 9 月底挖掘了该股，而且明确提出赣锋锂业等锂电池股已经出现了泡沫，应该抛弃，转向医疗股寻求防

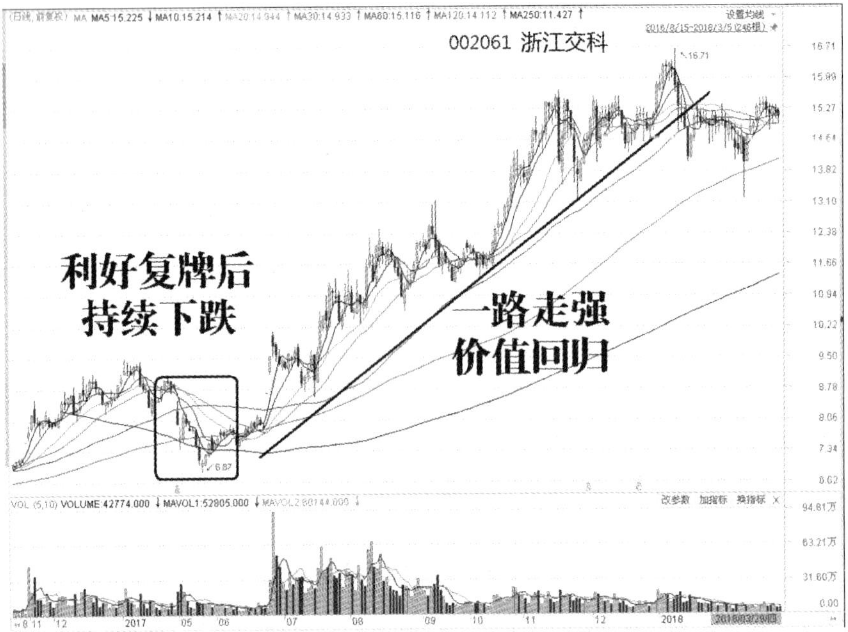

图 3-49　浙江交科 2017 年走势

御。放弃新能源汽车这样大热题材，而转向医疗这种相对冷门的品种，本身就需要勇气，加上 2017 年国庆节前该股一路阴跌，国庆节后出现一个涨停，接着又是连续阴跌，投资者就面临着是坚持价值还是放弃的选择。我选择的是坚持。随后，该股不负众望一路反弹到了 39 元以上，几个波段下来到了 2018 年第四季度，该股已经稳定在 50 元上方。

自 2008 年熊市之后，银行股是最先收复 6124 点的板块，其背后的原因也是业绩的持续增长。6～7 倍市盈率(6～7 年的业绩堆积起来就可实现再造)，这是典型的业绩倒逼股价上行，而且大资金不必频繁进出，可中长期稳定获利。再说银行会亏损吗？会倒闭吗？投资者总在想高位主力如何出货，却忽略了像银行股这样的板块，主力无须出货，靠持续分红和业绩增长就能完成增值。因此我们看到，不少行业龙头股的市盈率低于10倍，是行业平均市盈率的一半都不到。这些个股虽然也在几次市场股灾中跳水，但随后又都收复，甚至创下新高。这恰恰就是最本质的业绩增长和低估值因素在推动股价上行，给予资金信心。这些才是关键。

因此很多时候，大跌背后并不全是惨不忍睹的，恰恰蕴藏着很多机会，甚至有大金矿可以挖掘。关键在于投资者不能和市场赌气，盲目在下跌中补仓、重仓。要顺应市场的趋势躲避风险，然后才能够去捕捉机会。

几种典型的个股陷阱

研究一些大跌股，对投资者来说也是有意义的，能够让我们清楚地认识到市场发生的变化。有一些个股以前可能是机会，如今变成了风险，非常值得研究。

大跌股的几种典型套路

有一些个股是已经形成明确套路的，如重组股。曾经，押宝重组股是不少投资者最喜欢的，一旦成功就会大涨。但现在，重组停牌因素成为最大的风险与不确定因素。比如顺威股份，复牌之后不到一年下跌了87%。随着监管层对重组的监管越来越严格，重组成功率下降，不少个股长期停牌之后，市场走弱，复牌后出现大幅补跌的现象非常多，连中国铝业这样的大蓝筹股都难逃大跌。因此对于A股的风险，MSCI最担心的也是随意和长期停牌。投资者也要格外注意，不要轻易博弈重组股，很多时候会得不偿失。

投资者也可以发现，有一批大幅跳水股，仿佛是港股“老千股”的味道——横盘一段时间后突然拉升，吸引市场主力注意，然后突然跳水。如冀凯股份、上柴股份等，几乎跌回了起涨点。所以，投资者对这样的个股应该欣赏而不要贸然参与,否则会成为“接盘侠”。

“会买的是徒弟,会卖的是师傅。”那么谁是“老师傅”呢?那就是“大小非”或控股股东。2016 年,云意电气利用高送转公告,大股东三次实现精准卖出。这种情况还是群体行为,如 2017 年第一季度,利用“一带一路”倡议而火爆的水泥“妖股”之一同力水泥(后更名为城发环境),由于几次上演从跌停、大跌开盘位置瞬间拉涨停的行为,成为市场的焦点。就在此时,大股东公告称,大股东河南投资集团因“自身资金需求”,将在未来 6 个月内减持不超过 2000 万股。大股东出手,二股东天瑞集团也不甘落后,2017 年 2 月 15 日和 16 日刚拿回解除质押的 6747 万股,当天就分别减持了 990 万股和 960 万股(见图 3-50)。

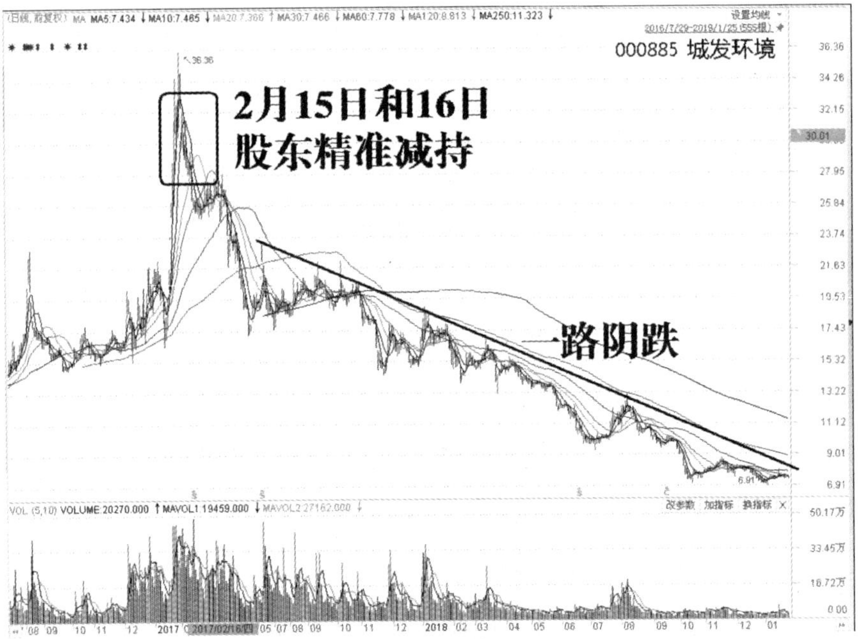

图 3-50　城发环境 2017—2018 年走势

如此着急撤离,也是因为获利丰厚。天瑞集团2015年年初增持同力水泥的均价为10元左右,经过两年持股后涨幅逾三倍,这笔投资可谓获利丰厚。投资者可能会说,这个案例太老了,其实并非如此。2018年行情依然如此,常山药业就是典型。先抛出全资子公司获得药品GMP(药品生产质量管理规范)证书的利好,连续两个涨停,随后披露大股东减持的消息。精准减持之后,该股连续跌停。

2018年年末最火的一波创投股和壳资源股之后,我们看到大热股恒立实业、光洋股份等个股全部发布精准减持公告,行动惊人地一致。还出现了一种新情况:2018年10月下旬,为了解决民企困境和股权质押危机,各地方政府纷纷为上市公司纾困提供资金,结果一些上市公司刚收到纾困款,创投股东就要清仓式减持,博天环境就是典型。对这些风险,投资者必须要思考和认清。

定向增发从机会到风险的转变

2008—2015年,所有一年期定向增发的股票定向增发价平均折让15%~17%。此外,所有发行定向增发的股票,平均每年跑赢中证500指数8%~10%。以上两项相加,就是接近26%的系统性机会(见表3-6)。

表3-6 2008—2016年定向增发收益率

年份	定增平均收益率	沪深300收益率	超额收益
2008年	41.00%	−65.95%	106.95%
2009年	80.00%	96.71%	−16.71%
2010年	43.00%	−12.51%	55.51%
2011年	11.41%	−25.01%	36.42%
2012年	49.29%	7.55%	61.99%

(续表)

年份	定增平均收益率	沪深 300 收益率	超额收益
2013 年	54.34%	−7.65%	61.99%
2014 年	78.00%	51.66%	26.34%
2015 年	42.77%	5.58%	37.19%
2016 年	37.80%	−11.28%	49.08%
平均定增收益	48.62%	平均超额收益	44.28%

2016 年,定向增发市场行情火爆,事件驱动策略产品迎来爆发期。某私募旗下的一款定向增发产品在 2016 年的收益几近翻倍,凭借 98.05%的年度收益率,夺得当年定向增发产品冠军。但 2017 年 2 月和 5 月"融资新规"发布(2 月 17 日的再融资规定让上市公司定向增发不再"想发就能发",5 月 27 日的减持规定让定向增发投资者不再"想走就能走"),在监管趋严背景下,定向增发数量下降且普遍破发。根据 2017 年三季报显示,截至 2017 年 9 月 27 日,2017 年 A 股市场共有 247 家上市公司,完成了 311 次定向增发,累计募集总金额 5792.66 亿元,相比 2016 年同期 12500.81 亿元的定向增发募资金额,大幅缩减了 53.66%。而 2017 年前三个季度定向增发的收益率仅 1.22%,可见定向增发的赚钱效应已经大幅降温。

进入 2018 年,定向增发已经不再是赚钱的铁饭碗了。随着市场定向增发数量的增加,定向增发的含金量越来越小,也就出现了一批个股跌破定向增发价的情况,甚至更出现了定向增发资金不得不退市的情况。如* ST 吉恩的 60 亿元定向增发资金已经逃不出来了,还有 10 家以上的* ST 公司拥有巨额定向增发资金未解禁,且均已处于亏损状态。截至 2018 年年底,* ST 工新浮亏已接近 50

亿元。而从亏损幅度来说,更有跌幅近九成的,如*ST保千。

还有台海核电和首航节能,出现过几分钟内直接砸盘跌停的闪崩走势(见图3-51)。根据龙虎榜交易日数据,这些现象均是由机构集中抛售导致的,且不排除一些爆仓的投资者被强平。仔细研究可以发现,公募基金、社保基金都参与了这些个股。2018年一季报显示,台海核电前十大流通股东中,机构占了4席,分别为中国银行股份有限公司—富国改革动力混合型证券投资基金、中国工商银行股份有限公司—富国天惠精选成长混合型证券投资基金(LOF)、全国社保基金一一四组合和交通银行股份有限公司—富国天益价值混合型证券投资基金。可见,很多时候并不是说机构持股就是没有风险的。

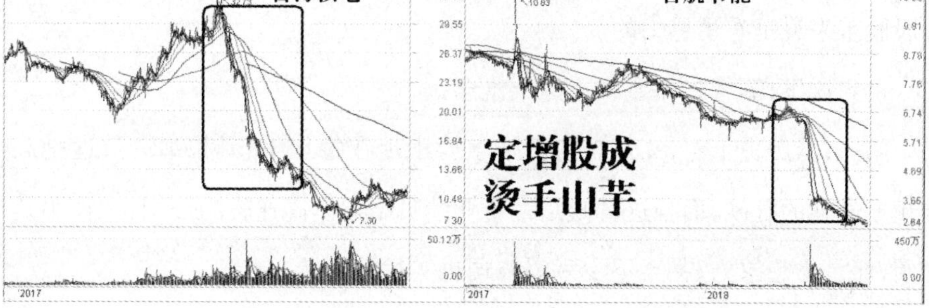

图3-51 部分定向增发股2017—2018年走势

而且,并非所有破发股都有被挖掘的价值。首先,持股成本低不代表没有风险,因为很多定向增发价是公司股价处于高位时确定的,存在较大泡沫,参与定向增发的机构或许会选择割肉出局,其中的风险不可忽视。其次,监管层对上市公司非公开发行股票并无盈利方面的要求,这就意味着即使是亏损的企业也可以申请发行,但是业绩的好坏会影响二级市场的股价。事实上,一些公司在定向增发后陷入亏损或者业绩下滑的境地,令股价下跌并最终导致定向增发破发。

如果该公司业绩没有好转的迹象，这时买入很有可能就是自讨苦吃。所以，在市场炒作模式改变之后，投资者就要明白，有一些看上去是“机会”的，已经不是机会而是风险了。

研究高送转第一股背后的因素

除了上述陷阱，还有一种典型套路，很容易让投资者上当，那就是高送转。

2018 年第四季度，推出首份高送转预案的正元智慧，年报仅预增 15%～25%，并不突出，如果从增幅角度来看是逐季下降的。按三季报的业绩计算，其动态市盈率高达 400 多倍。即使考虑到公司历史上业绩都在第四季度释放，根据年报预告估算，市盈率也超过 50 倍。正元智慧近 1 年内股价从高点最多跌去近 70%，远大于同期创业板指数跌幅，所以利用高送转第一股的名声博一下，对控股股东来说是有诱惑力的。

说到这里，笔者首先要纠正两个概念：

第一，从历史上看，高送转的行情主要出现在每年 11 月和 12 月，这是高送转预期最强的时候，而且这时候是一个业绩真空期。高送转的公司，往往不是靠业绩，而是靠想象力，甚至不少亏损公司也实行高送转。

第二，历史上其实没有所谓的高送转行情，这只是次新股的另一种炒作模式。因为只有次新股局部游资有炒作的要求，无机构投资者、股本小、历史套牢盘少、资金消耗小，容易形成资金跟风效应，高换手率退出容易。同时叠加高送转的外衣，即公司流通股本较小，股本扩张能力就相对比较强；刚上市，往往业绩不会太差，且丰厚的资本公积金是高比例转增股本的重要条件。这样很容易让次新股炒作变得“堂而皇之”。

高送转之所以引起投资者关注，是因为反复的填权。如苏宁电器、思源电气等第一批中小板个股，质地非常好，而且没有在上市后遭遇爆炒，走出的行情持续性非常强，实实在在走出了扩张，并在二级市场上反复填权而走高。新和成、伟星股份、华兰生物等，至今依然是行业龙头，走势稳健。而到了第一批创业板个股，质量就差很多了，并没有形成牛股群效应。而如今次新股上市，无论行业如何，都会遭遇爆炒，这就是导致泡沫的因素。如今的高送转早就变味了，因此不存在所谓的高送转行情了。

高送转行情只不过是次新股炒作的外衣

高送转本质上是数字游戏，并不提升公司内在价值。它只是股东权益的内部结构调整，对公司盈利无实质影响。公司选择高送转，可能是对业绩充满信心的体现，也可能只是为了给大股东提供输送利益而采取的新模式。有些公司在公布高送转预告的同时，大股东就公布减持。还有一些公司业绩大幅下降，却依然高送转，诱使散户托盘。近些年监管层对这些现象加强了管理，高送转个股也逐年减少。从 2016 年开始，高送转行情一年不如一年。

从 2017 年，即公布 2016 年年报开始，高送转数量就开始下降，10 转 10 以上(包括 10 转 10)的上市公司有 175 家左右。而到了 2018 年，2017 年年报中仅有 44 家高转送，缩水幅度高达 74.9%。因为在监管层强压下，上市公司被动调低高送转数量，并有意图地主动减少送转分配，以避免问责。所以，我们看到很多高送转公司的走势很耐人寻味。

2017 年第四季度，根据当时的三季报每股未分配利润和公司公积金(这两个指标是高送转的关键指标)情况做一个高送转潜力综合排名，正元智慧就在这个排名的前十里面(如表 3-7)。但它恰恰是利用一波朦胧预期实现炒作，在 2017 年第四季度的送转预期未能兑现后，实现出货、派发，一路阴跌，到 2018 年第四季度，再度利用高送转预期概念来实现一波炒作(见图 3-52)。

表 3-7　2017 年第四季度高送转两个潜力指标排序

名称	每股资本公积金/元	每股未分配利润/元
尚品宅配	14.08	8.09
捷捷微电	7.65	3.59
同和药业	4.74	2.01
透景生命	9.15	3.64
三超新材	5.01	2.07
正元智慧	4.17	2.16
星云股份	4.33	1.87
三利谱	4.58	4.6
杰恩设计	4.82	2.79
华大基因	7.4	1.55

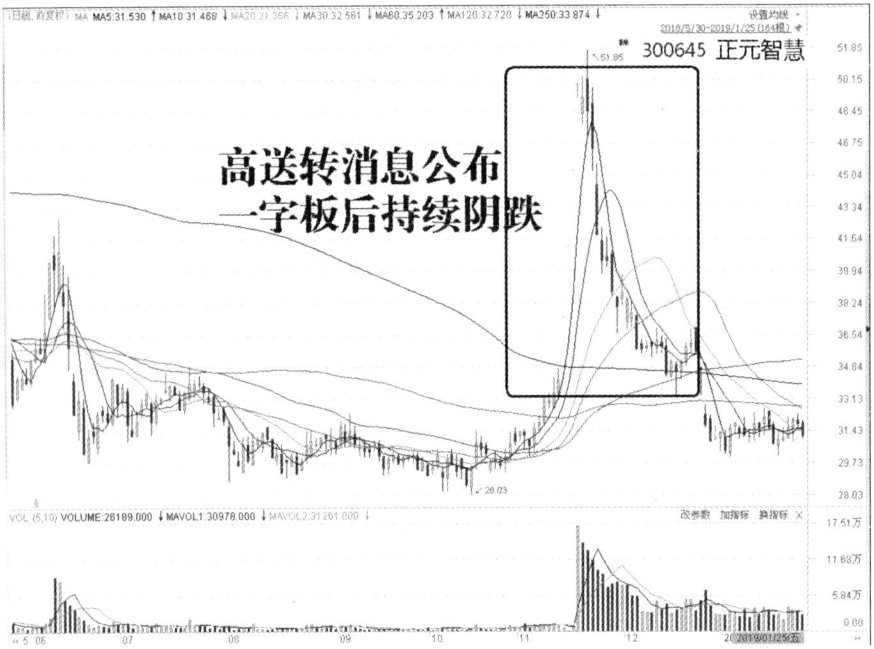

图 3-52　正元智慧 2018 年 12 月走势

无独有偶,捷捷微电在 2018 年年初跟随高科技板块炒作芯片概念,也是利用年报之后的高送转预期,实现局部的派发,获利筹码撤离。不仅如此,还有很多公司的大股东,就是利用高送转之后的行情完成减持的。这一点在 2016 年年末北特科技那一批个股身上最为明显,随后也引发了对高送转的监管的加强。

2017 年第四季度梅泰诺(后更名为数知科技)等高送转股,也和正元智慧差不多,初期一字板,开板就派发,随后持续跳水,新低后有一个反弹,然后又阴跌(见图 3-53)。这其实也是大部分次新股的炒作模式:利用高换手推高股价后反

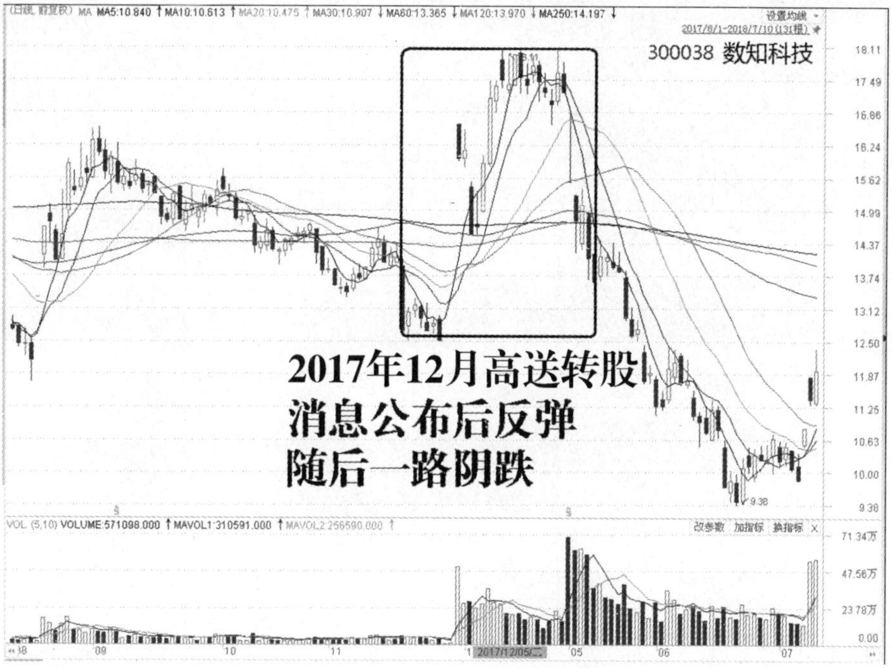

图 3-53 数知科技 2017 年 12 月走势

弹,资金撤离后就一路阴跌,无人问津,阴跌一两年的比比皆是。毕竟次新股不断更新,数量庞大,资金随时有很多标的可选。最关键的一点是,次新股没有基本面可言,因为上市后就是一波一字板爆炒,再好的个股也直接泡沫了。所以,投资者应该对如今A股的高送转有明确的认识,不是不可以参与,而是说要参与就必须按照对应的套路来操作,否则很容易被套其中。

4

操作中遇到的问题

在了解市场的过程中，我们必须进行实战操作，而一旦进行实战操作，必然会遇到各种各样的问题。虽然市场中有无数的机会，但是我们能够把握的机会是有限的，这主要是因为我们的精力也是有限的，所以如果能通过一次功课研究就反复使用其成果，那么不仅没有浪费有限的精力，而且将其变得更有意义了。

对投资者来说,无论有多么完备的策略,最后都需要靠操作来实现,而操作中势必会遇到各种各样的问题。而我们应该如何做,就是本章要解决的问题。

笔者与其他人有一点不同:喜欢追求可复制的功课研究,这样就可以反复使用。这一点投资者也要学习。虽然市场中有无数的机会,但是我们能够把握的机会是有限的,这主要是因为我们的精力也是有限的,所以如果能通过一次功课研究就反复使用其成果,那么不仅没有浪费有限的精力,而且将其变得更有意义了。

第一节 如何理解操作的难度

想要学会游泳,就必须下水扑腾,即便可能会呛水。只有对各种操作和机会进行尝试,才能在资金量大的时候更游刃有余。

有一位读者曾这样提问:"我一直看您的文章,跟着您的思路走,计划也做得比较清晰,唯独就是在什么时候该卖出保住利润这一点上,感觉有些困难。卖吧,害怕还涨;不卖吧,又害怕跌,瞎折腾一阵子也只保个本。希望老师指点。比如通策医疗,虽然现在赚了 50 多个点了,但是总感觉心里十分慌乱……我也想慢慢学会抓住上涨波,逃避下跌波,却只能弱弱地说一句'好难呀!'"

说实话,无论在生活中还是工作中,都有太多难题和难事,但大家都挺过来了。为什么?因为我们没有太多的选择和退路,而我们又知道生活是必须要继续的。股市则不同,有太多的选择了,反而导致我们不专注,一些人甚至还总想着投机取巧，而不是靠自己的研究实现收益。

回到通策医疗这只个股上，我们可以看到它在医疗股板块中是最稳健的。2017 年 9 月底到 2018 年年底，虽然通策医疗有过几次跳水，但是依旧有翻倍以上的利润，不过最关键的是，这期间其他热点的诱惑也有很多。投资者必须清楚各种概念股、“妖股”中，哪些是属于自己应该把握的机会，哪些只能远观。不要奢望自己能力之外的事，才能积累财富。

投资者可能会问：“为什么机构总是宣传各种财富神话呢？比如个股连续涨停、“妖股”快速翻倍等，让我们感觉市场总是有各种机会的。但在实际操作中，我们却觉得无论哪一年都很难赚钱。与其追随这个财富神话，那个成功事件，是不是踏踏实实地操作一两只个股更好呢？”

是的，股市是一个开放的市场，各种声音都有，但唯一让我们在市场中得以生存的，是我们自身的主体优势。我们不断学习，不断吸收，向前迈出一步。可能其并不大，但我的心是安的。因为这一步和别人无关，是我自己的成长。我坚持不断地向前迈出扎实的一步，这就是我要做的。随着主体优势不断地扩大，盈利圈就会不断地扩大；盈利靠自己的成长，没有什么比这个更让人心安的。

闪崩股特征的分析与研究

2017—2018 年，A 股行情有一个新的特征——个股闪崩现象突出，无论是绩差股还是白马股，无论是什么行业的股票，甚至贵州茅台都有过闪崩的情况。在这段时间里，很多个股突然长阴、跌停，甚至有些还出现连续跳水。这个现象必须引起我们足够的重视。2018 年 7 月下旬，机构重仓股分众传媒也出现过类似的走势，在一波快速反弹后就连续走弱，甚至加速跳水，并且局部出现过跌停的情况。

当然,一些典型的个股走势也要研究。例如,弘高创意在 2017 年 4 月的走势就非常有意思——先是放量逆势拉升,股价从每股 3.10 元涨至 4.80 元,紧接着缩量横盘,然后停牌,被*ST、重组、收购等,等到半年之后复牌,却又连续跌停……(见图 4-1)也就是说,如果投资者没有对该股进行研究而只看到局部反弹就贸然追进去,随后觉得它有重组或其他概念,看起来似乎不错,但最终得到的结果很可能是苦涩的。所以,自己不熟悉的行业或者个股,投资者是不应该贸然介入的。而且 2018 年,我们能看到该股还有过两次类似的走势——先反弹,随后连续跳水创新低。这个时候稍有不慎,就会付出被深套的惨痛代价。

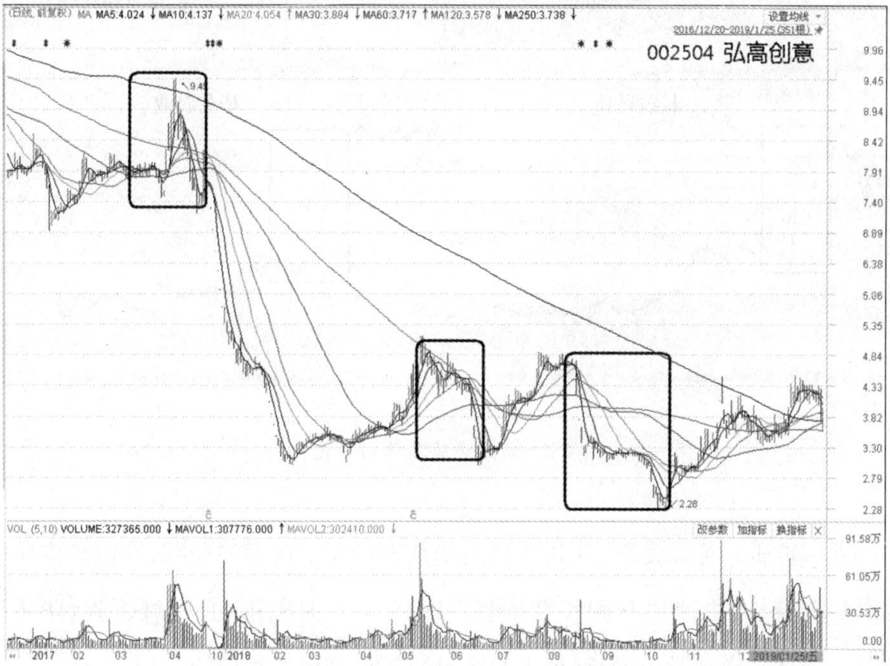

图 4-1 弘高创意 2017—2018 年走势

除了这些个体行为，我们也要注意一些联动闪崩的品种，而这种现象就与资金因素有关系了。例如凤形股份、金一文化、长缆科技、华英农业这四只股票，在2018 年 1 月 31 日的上午 10 点半左右，突然同时闪崩，紧接着连续一字跌停（见图 4-2）。

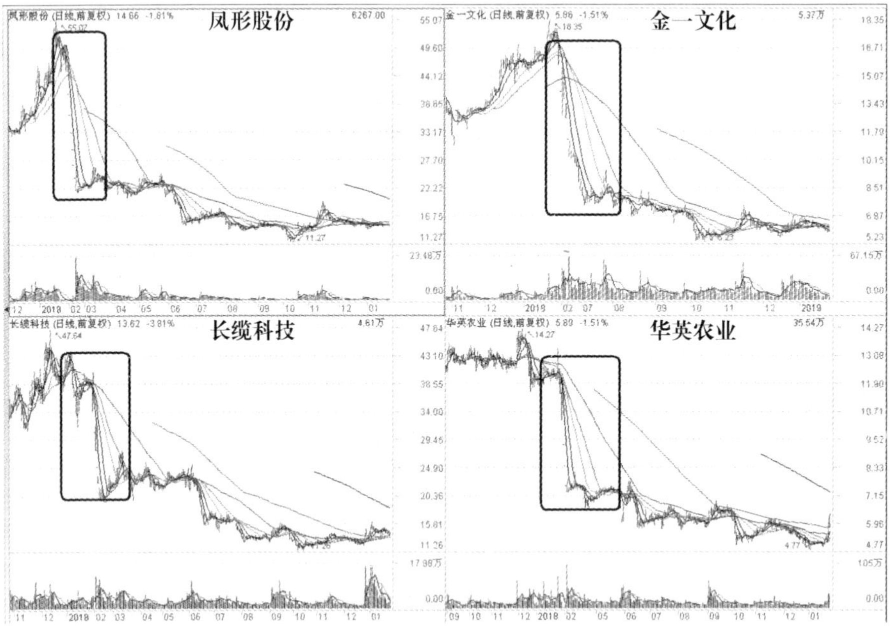

图 4-2　四只个股集体闪崩走势

进一步研究可以发现，这些遭遇闪崩并连续一字跌停的股票，在股价走势上都有共同特点：快速拉升和长期横盘。2018 年 6 月中下旬，长城影视、华平股份、华铁股份、华鼎股份、春兴精工等多只股票也经历了类似的闪崩。

这一现象背后的原因主要是以下几个方面：第一，据调查，长城影视、凤形股份等个股均涉嫌操盘方与资金方勾结，并且借助配资方的资金杠杆操纵股价的情况,最后导致股价意外崩盘。

第二,在杠杆操纵之下,这些账户之间交叉持股的问题非常严重,一只被操纵的股票遭遇黑天鹅事件,就可能导致“火烧连营”。比如,凤形股份等四只股票的崩盘就是因为李卫卫操纵的大连电瓷跌停,最后导致其信托账户被强平,从而引发连锁反应。

第三,资金集中减持。2018 年 6 月 21 日,南京新百在尾盘闪崩后经历了连续 7 个一字跌停,其原因就是牛散吕小奇大幅减持南京新百,引发投资者恐慌,在大盘下挫带动中造成该股股价崩盘。

综合以上方面来看,这些联动闪崩的个股一般表现出的特点有:市值小、流动性差、大股东质押比例高、信托或资管计划等杠杆资金扎堆。此外,笔者认为还有两类股票也要小心:一是在基本面没有重大变化的情况下,成交量突然急剧放大,导致股价连续拉升,甚至逆势大涨,这类股票往往存在股价被操纵的嫌疑。二是成交寡淡、长期横盘的股票,这类股票往往被高度控盘,也就是散户经常说的“庄股”。即便是如今的 A 股,如果跟庄,风险也是很大的。

闪崩股过后,也有机会

不过,有一些闪崩现象是和消息面传闻有关。在 2018 年 1 月底到 2 月的时候,《金融资产管理公司资本管理办法(试行)》出台,对市场各路资金进行了全面规范,此后新政不断。受此影响,市场猜测新规会针对信托资计划资金,从而导致信托资计划持有的股票出现了恐慌抛售,股价也相应下跌。不过很快我们就发现,这一切并没有那么可怕,因为基本面因素没有问题,所以很快就又回到了高位。例如,埃斯顿是以 8 只“信托计划”持股,在该类品种中数量最多的。“信托计划”越多,预示着其涉及的信托公司也越多,也意味着相关个股受信托公司去通道化影响的概率越高。但随后该股反而是一路走高,连续刷新年内高点(见

图 4-3)。与此类似的有美年健康,它以信托计划资金 21%的流通股占比,作为占比比较高的代表,随后也是新高走势。

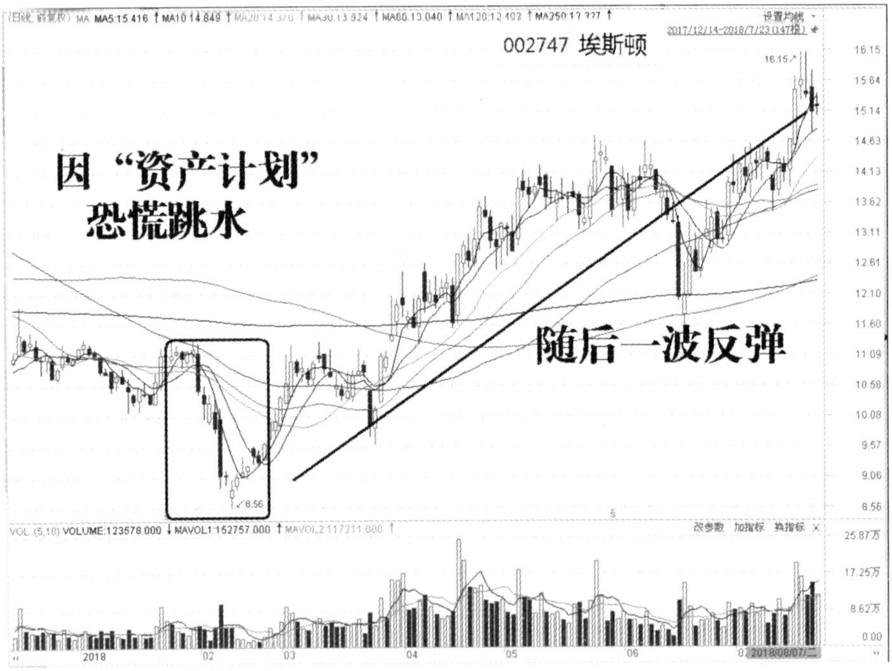

图 4-3 埃斯顿 2018 年上半年走势

国联水产也是不少投资者关注过的,该股在之前走势相对平稳,但在 2018 年 2 月 2 日出现大跌,而且是比较突然的,其原因就是市场对资管新规的解读,“信托计划”资金受到巨大影响,并且将退出市场,这导致当时前十大流通股东中“信托计划”资金集中的一批个股,突然出现跳水,甚至发生跌停的现象。不过,除了少部分基本面或股权质押影响而调整之外,大部分个股还是回到高位(见图 4-4)。

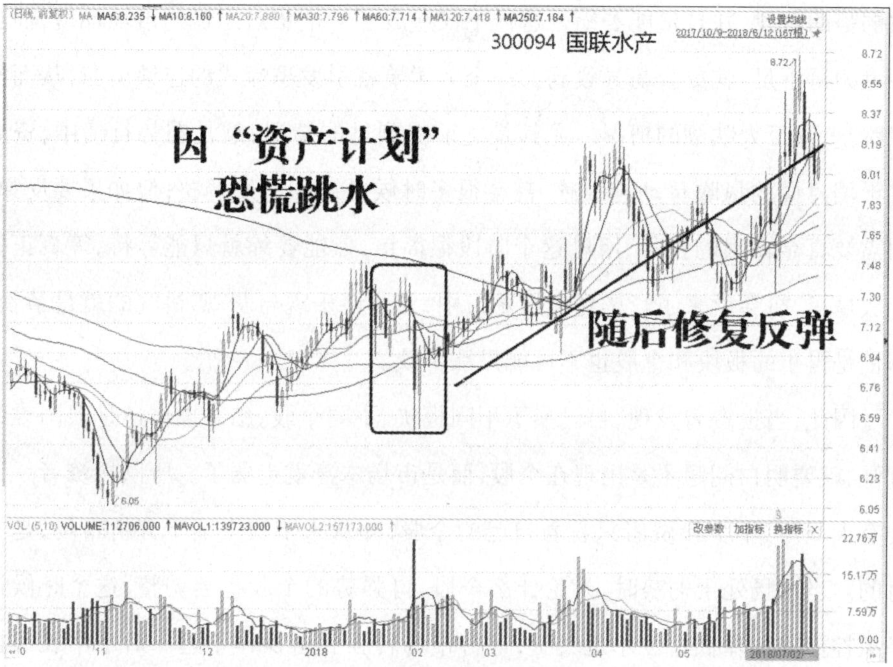

图 4-4 国联水产 2018 年上半年走势

之所以如此，是由于在局部，恐慌资金是占据主动的，这时即便再理性的资金，面对风险也只能跟随止损；企稳之后，对于看好其价值的资金来说，才有了更多介入的机会。这样看好的资金重新介入，就形成了一个换手的过程，不少牛股也是这样产生的。例如，2017 年，江山化工（浙江交科）就是典型。它在诸多利好中复牌后跌停，从 9 元跌到了不足 7 元，一直到年报披露，才逐步止跌走出了一波行情，最终实现翻倍。2018 年，芯片板块也走出了一波不错的行情，不过 2018 年年初这个板块整体调整了 20％以上，所以才有了随后那一波反弹行情。因此我们可以看出，恐慌对短线的影响是很大的，而且如果没有及时止损，就很难有应对措施，但对中长线是没有太多影响的。投资最后还是要回归价值。

通过上述案例大家可以发现一个规律，市场的闪崩股阶段，往往都是市场相对弱势的阶段，并且量能萎缩。这样不仅造成了一个相对恐慌的市场环境，而且买盘力量不足，就更容易导致局部一个大卖单就引发恐慌式的连锁反应，从而出现跳水，甚至大跌潮的情况。尤其是之前提到过的情况，越是弱势行情中，资金对于消息面的风吹草动越敏感，甚至很多时候是误读引发调整；但如果要反弹，则需要真金白银的投入，所以这个阶段很简单，量能萎缩就只能等待，等真正持续放量了，机会就来了。毕竟在震荡市中，无所谓乐观与悲观，讲究的就是节奏，哪怕是再牛的板块和个股也不可能只涨不跌。

因此，当投资者发现，自己换了不同板块、不同个股，结果操作还是很困难的时候，就要明白问题不是出现在个股，而是市场本身就走弱了。所以投资者一定要有大局观，不少投资者只看着自己的个股，却从来不自上而下分析市场，是不对的。当市场处于弱势时，无论什么个股，再强势的个股也会调整，这个时候选择风控措施和降低仓位才是关键，等待市场转强后再操作不迟。对于中长线操作来说，一定会经历市场的熊市或调整市或者个股的局部调整，要知道不仅没有只涨不跌的股市，更没有只涨不跌的个股，很多时候投资者就要做好这样的心理准备，否则就不要入市。

市场中那些赚大钱的盈利模式都变了

为什么在 A 股市场中，媒体、“专家”动不动就说这是底部，那是牛市。实际上，这背后的潜台词是：无论是一级市场还是二级市场，在过去 10 年里甚至更久之前，快速挣钱的模式就已经不好使了。

赚钱难背后是市场的改变

媒体热衷于牛市，而投资者热衷于底部，这背后显露的是对赚钱模式匮乏的无奈。换而言之，就是在股市中赚钱难。当然，这里不是说投资者没有机会赚钱，而是明知有机会却不知道如何参与——这更是一种无奈。问题在于，如果投资者不认真审视市场中发生的重大变化并做出应对，即便底部来了，牛市来了，又能怎样呢？市场已经变化了，再也不可能回到之前那种齐涨共跌，指数涨就蒙眼买股的时代了。

这种变化有两个深层次原因：首先是市场的风险因素多，闪崩现象频现，而且无论是绩优股、绩差股、机构重仓股还是"国家队"持股，都有踩雷现象；其次是原有的盈利模式发生改变，从一级市场到二级市场的整体赚钱方法都出现了重大变化，其中包括重组、券商、"炒小"、ST 复牌股的操作模式等。

不仅散户如此，大资金同样也是如此。以前基金、机构、社保、险资、实业资本等参与定向增发，都是稳赚不赔的。但是 2017 年证监会出台了《关于修改〈上市公司非公开发行股票实施细则〉的决定》《上市公司股东、董监高减持股份的若干规定》(即"减持新规")及相应配套文件等一连串新规，不仅对非公开发行造成了打击，还大幅挤压了二级市场的利差空间。从此之后，80%以上的定向增发都是亏损的，这导致一大批专门做上市公司定向增发的资金突然间没有了目标，最终离开市场。

券商的日子同样也不好过。2018 年，新股发行数量下降，而全国拥有保荐牌照的券商超过 90 家。对于大多数投行来说，曾经的 IPO 大蛋糕已经没有了，"狼多肉少"；而 A 股 IPO 一般从投行进场开始尽职调查到通过发审会审核，周期一般在 4 年以上，有些甚至会更久一些。而 IPO 这事也令很多投资者纠结，一方面由于股市低迷，投资者希望通过"打新"中签来补血；另一方面，投资者又希望 IPO 暂停,让市场恢复;不过最怕的是 IPO 暂停了,股市依然跌,那样投资者甚至失去了中签的可能。

在二级市场上,并购、重组、炒壳等操作模式也正面临重大考验。尤其是停牌制度,因为一旦停牌久了资金就会恐慌,无论随后复牌的情况是利好还是利空,资金都会抛售。而以前只要重组成功,一般都会是连续多个一字板涨停。这几乎是闭着眼睛赚钱,最后炒重组就变成了炒消息。现如今则完全不同,即便企业重组成功,赶上市场弱势,股价一样会跌。ST 股摘帽重新上市复牌后,如攀钢钒钛、重药控股等,先是冲高然后就连续大跌。这要是放在以前,必然会被一波爆炒;也正因此,我们看到不少私募基金被市场吞没,一些躲过了 5000 点大跌的资金,最终却倒在了 3000 点。

以前市场有一种模式是"炒小",尤其是 50 亿元以下的个股。当时的炒作理论是:市场资金总是多的,而个股是有限的,那么越是小市值个股,就越容易被资金狙击而拉升,这只不过是早晚的事。当时还有"横有多长,竖有多高"的俗语。实际上,如今的市场规模扩张非常快,个股变多,资金结构也变得丰富而相对有限。这种情况下,并不是资金多了就什么个股都会炒的,相反,QFII、MSCI、沪深港通等资金对个股的选择非常讲究,也不会轻易地买股。所以,未来 A 股可能也会像其他成熟的股市一样出现大量"仙股"。

员工持股被套现象

当股价下跌之后,经常会出现一些大股东号召的增持和兜底员工持股等风险因素。2018 年,先后有数十家上市公司员工持股计划完成股票购买。然而从市场表现来看,除了极个别公司,2018 年完成购买的员工持股计划悉数被套(见图 4-5)。其中,锦富技术的第二期员工持股计划浮亏甚至超过 60%。2018 年 1 月 12 日,公司第二期员工持股计划通过二级市场竞价交易的方式,累计购买锦富技术股票1864万股,占公司总股本的2.2148%,累计成交金额约2.08亿元,成交均价为11.132元/股,锁定期自2018年1月16日至2019年1月15日。其间有过送配,除权后成本为8.5元。有意思的是,第一批员工持股计划浮亏比例更大。

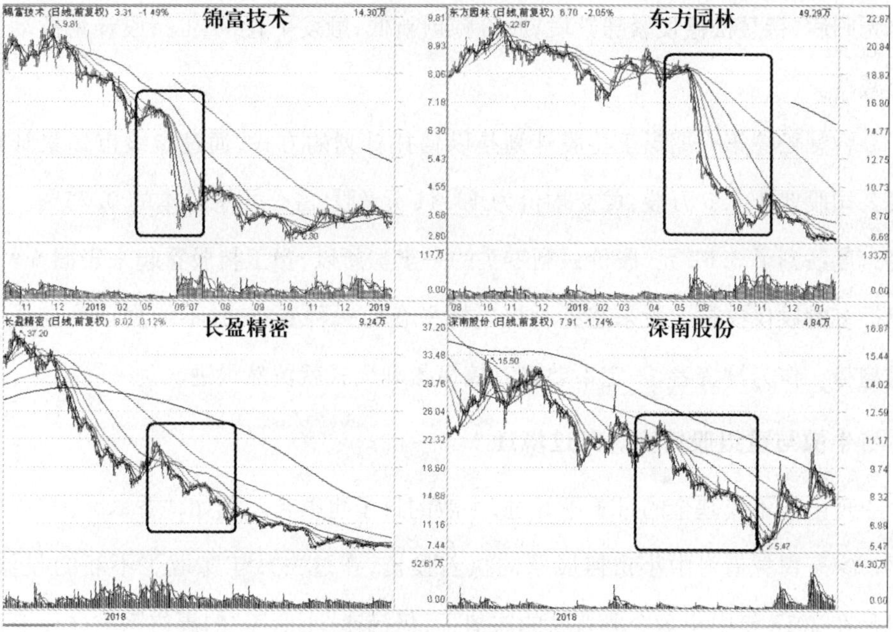

图4-5 员工持股计划被套现象

无独有偶,同期国资概念的东方园林的员工持股计划同样浮亏严重。至2018年2月9日,东方园林公告第三期员工持股计划成交均价约为19.45元/股,2018年年底,浮亏比例逾50%。同样,通威股份员工持股计划成交均价为11.56元/股,浮亏一度也超过50%。此外,长盈精密、深南股份、创意信息、博汇纸业、龙净环保、通鼎互联、老板电器、永贵电器、南洋股份等上市公司的员工持股计划购买的股票,在 2018 年 11 月时浮亏比例超过四成。

还有部分股票也呈现持续性下跌,有一部分是由于股票质押引起的连环平仓,有一些则是资金选择往避险板块流动的结果。反映出的趋势就是市场流动性逐步往头部企业集中,而一些股票正逐渐丧失流动性。例如,自从凯迪生态(*ST 凯迪)成为首个上市公司员工持股计划“爆仓”案例,数百员工上亿资金血本无归后,智慧松德便紧随其后,股价频创新低,触发平仓,员工持股计划被动清仓减持。

智慧松德第一期员工持股计划是以信托计划的方式,通过二级市场累计购买公司股票 438.5 万股,成交均价为 16.41 元/股,占公司总股本的 0.75%。该股一度跌到了 3.62 元,股价只剩零头的一半。所以,员工持股看起来表面光鲜,但很多时候仅仅是大股东避免股权质押平仓的一种姿态,并不能真正改变个股的趋势。作为投资者,一定不要没有搞懂盈利模式就贸然跟进。

牛散与重组股博弈，时过境迁

现阶段不仅基金的日子不好过,牛散的日子也很苦。例如,“香水大王”周信钢一家三口凭借对中小市值股票的执着投资,在过去几年赚取了不菲的收益。但是在 2018 年中小盘个股普跌的态势下,仍痴迷“小而美”的周信钢难逃投资市值大幅缩水的命运。上市公司披露的信息显示,截至 2018 年 10 月 30 日,周信钢在第三季度末共进驻 9 家公司的十大流通股东序列,其中 7 只个股来自于创业板和中小板,另两只个股虽属沪市主板,但总市值均低于 20 亿元,可见周信钢仍在坚守原有的投资风格。

逐一梳理周信钢持仓的个股会发现,这些个股 2018 年股价走势基本都处于单边下跌状态。以康斯特为例,2018 年以来该公司股价持续下跌逾 40%,且在 10 月 18 日创下阶段性新低(见图 4-6)。此外,周信钢所持有的艾艾精工、正川股份亦跌幅明显，新莱应材更是在 2018 年 8 月上旬发生了股价“闪崩”的情况（见图 4-7）。2018 年，重组股哪怕是成功重组，但因为停牌时间过长，资金选择砸盘撤离的也有很多。

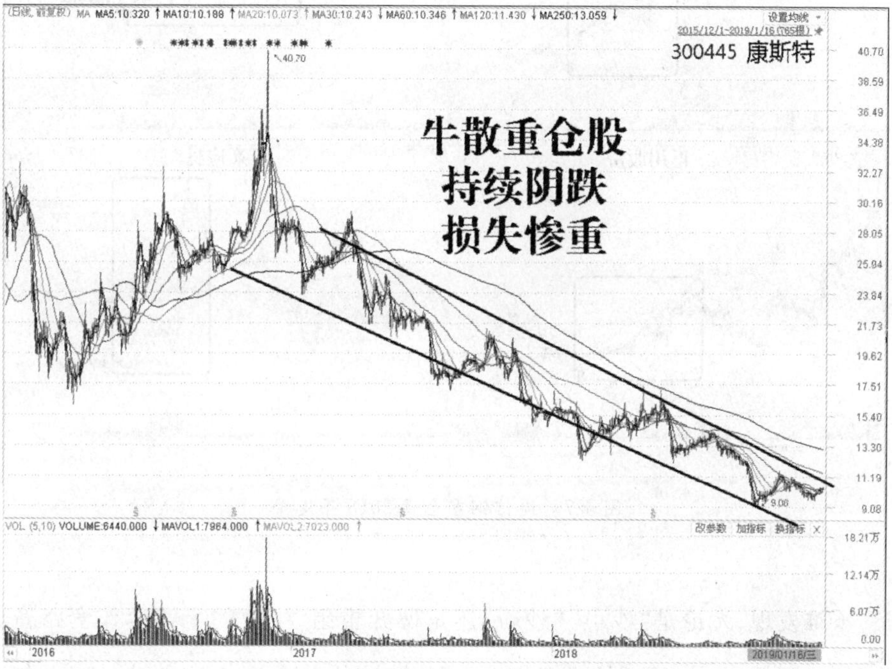

图 4-6　康斯特 2017—2018 年走势

不只是周信钢，曾经“押宝”重组股起家的牛散景华，2018 年的形势同样不太乐观。景华自 2016 年起大举布局仁东控股和冀凯股份。2018 年三季报的公开数据显示，上述两只个股仍是景华的重点持仓标的，而它们 2018 年都发生过股价“闪崩”事件，跌幅明显。同时，日渐庄股化的演变趋势无疑令景华陷入了进退两难的境地。

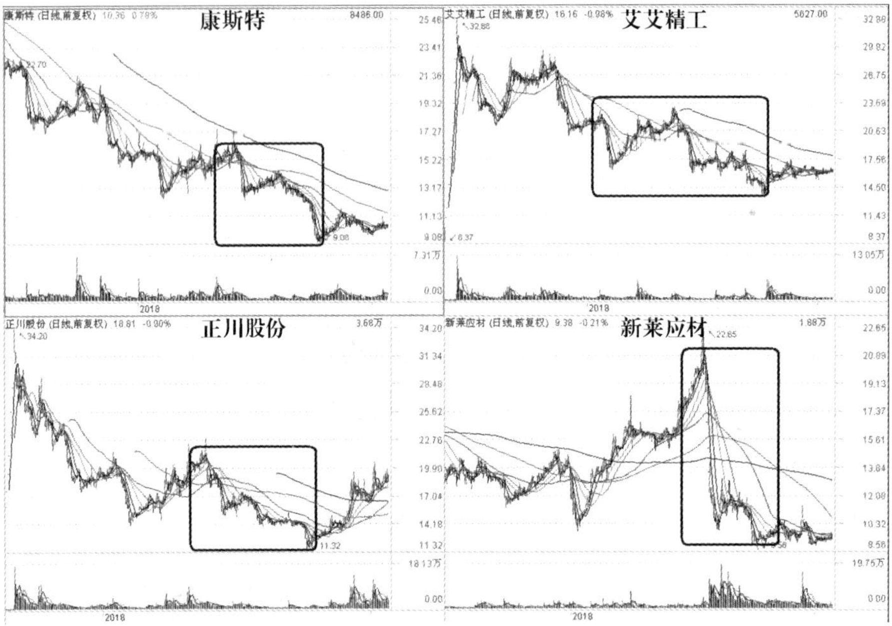

图 4-7　周信钢重仓股 2018 年走势

不难发现，无论是"炒小""炒新"还是博弈重组，牛散的上述运作套路皆已"失灵"。同样，作为 ST 股"投资代言人"的陈庆桃如今也命运多舛。2018 年三季报显示，陈庆桃重点持有(入围十大流通股东榜)的标的仍是清一色的 ST 股，包括* ST 众和(众和退)、* ST 华泽(华泽退)等。随着退市政策不断完善，加之监管部门重拳治理，上市公司退市已非新鲜事，相关退市案例不断涌现。而且即便如 ST 亚邦在 2018 年 11 月 7 日摘帽成功，也没有走出一波行情。这和 2018 年年初的 ST 摘帽股情况类似，除了山东墨龙走出过一波 30%的冲高行情，其余摘帽股均没有太多表现。所以，盲目博弈 ST 股，不讲究投机模式，是难有大机会的。

综合来看,股票投资要顺势而为,昔日的成功只代表过去。如果不结合政策、市场等大趋势,将以往的投资思路当成制胜宝典,不坚持研究、改变思路,那么迟早会遭遇滑铁卢。

阿里、腾讯等产业资本被套成常态

2018 年 8 月 27 日,华谊兄弟 2.91 亿股定向增发股将解禁,解禁规模 16.76 亿元。当年参与定向增发认购的阿里创投、腾讯、平安资管和中信建投证券 4 家机构合计出资 36 亿元,这也就意味着这笔认购总浮亏达 19.24 亿元。这可能和很多投资者预期的不太一样,因为不少投资者总是喜欢跟随大资金,尤其是阿里、腾讯等有很大影响力的大资金,甚至有投资者心中默认跟着大资金买股就会大赚。如果我们顺着这个思路做一个研究就会发现:这些实业派大资金的目的,是完成实业的拼图,获得大的收益。至于二级市场的投资收益,并不是其投资的核心。

回溯当年阿里和腾讯参与华谊兄弟定向增发的原因,根据上市公告书:2014 年 11 月 17 日,发行人华谊兄弟与阿里巴巴签署《战略合作协议》,与腾讯计算机签署《战略合作框架协议》,将在电影及其衍生业务项目、电商平台、IP 互通、游戏业务等领域与阿里、腾讯进行深度合作。

同期腾讯参股的还有掌趣科技、四维图新、顺网科技等,除了四维图新在一波反弹后跌回起涨点,其余几只个股都持续下跌,连局部反弹都很少。问题的核心在于投资者把腾讯等大资金的盈利模式和散户的盈利模式搞混了,投资者只有低买高卖这一种盈利模式,而大资金可以通过并购、参股等方式,通过实业的发展来实现更大的收益。例如腾讯以即时通信工具起步,逐渐进入社交网络、互动娱乐、网络媒体、电子商务等领域,已经逐步走上了平台开放的道路,并且拥有越来越多的合作伙伴。

分析阿里和腾讯在新零售行业的并购项目，三江购物、永辉超市等都是典型的被套情况（见图4-8）。但2018年年底，我们却看到阿里巴巴的最新季报显示其新零售收入大幅提升近4倍。这些都是二级市场投资之外的收益，散户是拿不到的。所以，投资者千万不要觉得阿里、腾讯参股的企业股价就会大涨，相反，很多很可能是陷阱。盈利模式的不同，决定了操作的不同。

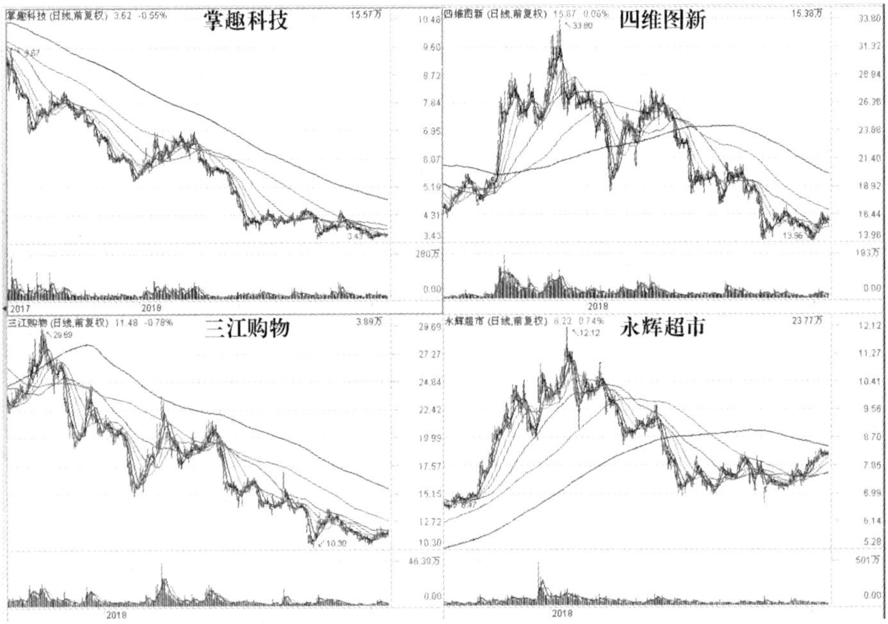

图4-8 腾讯、阿里系持股被套现象

试错后的总结与思考

想要学会游泳，就必须下水扑腾，即便可能会呛水；作为投资者也是如此，在资金量较小的时候，或者拿出小部分资金的时候，笔者是非常赞成投资者试错的。只有对各种操作和机会进行尝试，才能在资金量大的时候更游刃有余。毕竟，大资金的代价太大，是不容许试错的。

“一哥”走下神坛的思考

数据显示，2018 年前三季度，私募产品清盘总数达到 4045 只，涉及机构 1942 家，创 5 年来的新高。在这些清盘的私募产品中，股票策略私募产品就有 2087 只，占比达 51.59%。基金业协会数据显示，王亚伟旗下的中铁宝盈祥云 3 号特定客户资产管理计划也提前清盘。这是为何呢？因为市场的盈利模式已经发生了重大改变，这些曾经的“大佬”们押宝重组模式已经不适合市场现今的发展了。如果继续坚持之前的模式，只能被市场淘汰。

从 2018 年三季报来看，曾经的“公募一哥”王亚伟管理的多只产品在三季报中的亏损幅度超 20%，有些甚至已经超过了 30%。尽管 2018 年几家知名的百亿私募代表产品年收益都是亏损的，但是内部差异较大。以王亚伟旗下的昀沣 3 号证券投资集合的净值为例，其和沪深 300 差异不大，在阳光私募基金中净值明显靠后，显然在对市场的把控和操作方面没有突出表现(见图 4-9)。

2018 年 10 月，随着市场连续跳水，A 股“千股跌停”再现，其中一批个股跌幅超过 30%，随后又有了一波投机模式的反弹。但是我们看到，“一哥”王亚伟投资的股票依然没有起色。例如最知名的三聚环保，从 2018 年年初开始计算，跌幅达到 60%。公开数据显示，王亚伟的千合资本旗下昀沣证券投资集合资金信托计划、昀沣 3 号证券投资集合资金信托计划，位列该股前十大流通股东，持股数量分别为 3700 万股和 1530 万股，合计持有 5230 万股。所以该股的走势对投资者理解震荡市，也有重要启示。

数据显示，昀沣证券投资集合资金信托计划最早出现在三聚环保十大流通股东中的时间为 2013 年年中报，这意味着其持有三聚环保的时间超 5 年，并且

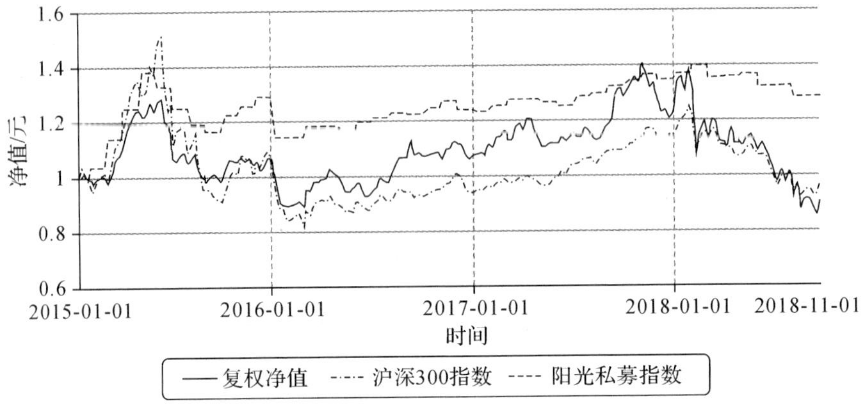

图 4-9　王亚伟昀沣 3 号基金净值走势

盈利颇丰，其间最高获利超 7 倍，但在 2018 年下跌时回吐了大部分。而昀沣 3 号证券投资集合资金信托计划最早在 2016 年年中报里出现在三聚环保十大流通股东中，复权后持股成本价约在 11～14 元。也就是说，2 年之后它的盈亏归零，甚至出现了亏损。这就是残酷的现实。笔者认为这对投资者来说是一个启示：震荡市周期如果盲目持股，不跟随市场的趋势操作波段，即便是百亿元私募，即便是明星基金，最终也难逃市场的教育。而且用这样的大资金来试错，代价太大了。

试错中的经历与感受

作为投资者，逐利自然是第一位的。投资者会面对很多财富诱惑而无法自拔，如“妖股”、重组股、次新股、问题股等。是的，很多投资者十分热衷于问题股，因为其中巨大的财富效应，充满诱惑力，如乐视网从低位走出 60％的反弹，千山药机的翻倍走势，还有冀凯股份的走势等。但实际上，这其中的很多尝试最终是要付出惨痛代价的，因为还有大连电瓷、奥瑞德等更多大跌股并没有像这样反弹，而是持续阴跌，有的在跌幅高达 80%后依然跳水。但很多时候，投资者没有亲身经历，没有真正感受过切肤之痛，就没有更深的体会。

投资者在很多时候是浮躁的，最典型的表现是无法沉下心来思考和研究问题。以分红为例，不少投资者听信宣传，认为“分红的就是好股”。但是真的如此吗？其实分红并不是判定公司好坏的唯一指标，投资收益回报率才是关键。高分红的企业并不代表股价表现就一定会好，而且分红这个因素也并不是真正驱动股价的关键。投资者要思考一个问题：分红是要除权的，如果分红后没有股价的稳定和填权，从短线来说，投资者是难以获得实际收益的；而从中长期角度来看，分红收益对于大股东或者是有出售限制的大量持股的股东来说，是有好处的，因为其所持的股份是不能动的，大额分红能为其提供新的现金流，这样就有了额外收益。因此，“国家队”、社保、险资等一些投资机构都选择了定期分红的品种，这样可以带来新的现金流补充。考虑到普通投资者的资金量小，“船小好调头”就是优势，所以分红的优先级并不高。

一些投资者热衷于猜底，认为猜中点位就能赚钱，这也是错误的。从高点到真正的底部，只有最低点是有意义的，其余的低点，尤其是砸盘后的新低，是没有太大意义的。对于不同底部，其热点类型完全不同，例如中长期底部的热点和短期底部的热点是截然不同的。如果选错，势必会导致操作上出现问题。

有的投资者担心自己会踏空历史大底，其实这都是媒体忽悠人用的标题。真正的历史大底，筑底周期都长达数月，并没有一个时间点。而且如果牛市真的来了，马上追一波券商便可实现不错的收益。但如果不是重要底部，券商股根本没有表现，那么只有超跌反弹股有大额利润。

而针对超跌反弹股必须采用典型的投机模式：利用资金高换手推高股价，一个指标顺势做一波。不过投资者一旦心存杂念，从投机变为其他操作，很可能导致新一波跳水式被套。

还有投资者经常问:“您看这个形态有可能吗?”从自上而下的选股模式来分析,投资者不仅要看大盘,也要看市场、资金、热点、行业、趋势、板块、个股,最后才用一点技术筛选。如果不考虑之前的因素,单考虑技术便毫无意义。纯投机也要靠技术吗?很多时候靠“盘感”就够了,但是“盘感”来自哪里?执行力和资金控制靠什么?答案是来自长时间盯盘与研究后的积累。那些不用技术的操作看似简单,却是无数实战磨砺而成的。

股市热点很多,看着都热闹,但事实是一年把握一两个大板块就很不错了。一年下来热热闹闹,但利润未必好,这时就看投资者是选择热闹还是财富了。在股市中,局部操作有几次盈利都是很正常、很简单的;但是如果把周期拉长,投资者能否保持财富的持续增值,就很关键了。

我们看到很多时候,投资者差不多的操作、差不多的个股、差不多的操作成功率,年末一算账却发行盈亏差别非常大,这就是盈利模式的效应。投资者对此应该有所总结,别只赚了热闹,却忽略了财富的意义。毕竟在很多时候,股市操作就是枯燥的,甚至需要机械化的操作、刻苦的功课储备及毫不留情的止损止盈操作纪律。可能很多读者不能马上理解,但只有实践过后看,才会有不一样的感受。

第二节　如何做好波段

大部分时间里，股市并不是处于长牛或长熊的状态，这就需要我们顺应市场的走势做好波段。如果投资者不能在波段高位时休息，就无法在低位买回。没有只涨不跌的股市，更没有只涨不跌的个股，中长线股更是要经历市场的牛熊周期及个股的涨跌起伏。

在投资市场做波段，就像是小马过河的故事——同样深的河水，对于老黄牛来说就到腿肚子，对小松鼠来说就会淹没它，那么小马听谁的？二者说的都没有错，也可以参考，但是最终要通过自己的实践，才能知道自己能不能过河。波段行情就是如此，每个人都有自己的理解，也有不同的做法，但目的都是顺应市场，实现利润最大化。

想做波段，你做好准备了吗？

2010—2013年，震荡市结构性分化；2014—2015年，先经历了资金杠杆牛市，随后又是股灾大跌；2016年，大跌后一波反弹；2017年，炒蓝筹；2018年，炒波段，看上去每个板块都有机会，但真正进去了就会发现每个板块都在调整。所以，当我们看到大资金、“国家队”、社保、机构等都加入了波段炒作大军，就要问问自己：“准备好了吗？”

对大资金操作模式的思考

通过仔细观察可以发现，2018 年很多牛股的回落空间都超过了 30%，有些甚至超过了 50%，这是典型的资金不足造成的现象，波段特性强。随后投资者发现，“国家队”资金也在进行典型的高抛低吸操作，不仅在银行、地产板块大涨后几乎完成了一年的投资目标，而且快速兑现了利润，选择低位品种重新吸纳。

无独有偶，被认为是中长线投资的社保基金也出现了大幅的调仓轮动，2018 年第一季度新进 109 只个股。其中东兴证券、海螺水泥、三安光电、兆易创新、豫园股份等新进个股市值较大，均超 5 亿元。而在 2018 年第一季度，社保基金还退出了 130 只个股，按照持股市值来看，中金岭南、康得新（*ST 康得）、爱尔眼科和利亚德的退出市值较多。根据随后的走势可以发现，这些被退出的个股中有很多品种都出现了跳水，其中甚至有康得新等大跌的品种。所以，社保并不是介入后就一路持有的，它也同样会做波段。如果说大资金都在腾挪以顺应市场，那么作为普通投资者的我们，难道不应该也跟随市场的变化，调整我们的策略吗？

2018 年 6 月之后，我们可以看到，每隔两三周都有一波白酒股跳水，并且十分有规律，甚至贵州茅台、洋河股份、水井坊、舍得酒业、口子窖等白酒股也出现集体跳水。发展到后来，连贵州茅台都有过跌停，但随后又出现反弹（见图 4-10）。

这样的走势很有意义，这一方面说明一些资金在反复做波段以顺应震荡市行情，因为震荡市中没有哪个热点板块是持续活跃的，都是阶段性走强。

另一方面，投资者观察到这样的现象，不仅要引起注意，跟随市场的变化，还要思考如何应对。首先，投资者选股要更为谨慎，更重视基本面因素，一旦市场

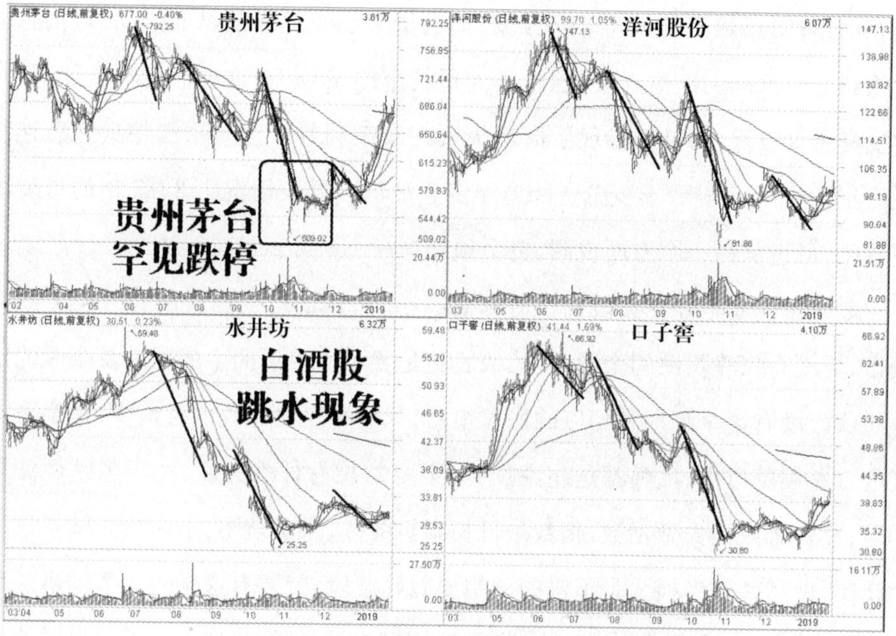

图 4-10　白酒股 2018 年下半年走势

环境出现系统风险或局部走弱，就要做好打持久战的准备。对绩差股、基本面有硬伤的品种要规避，对次新股和短线股，要严格执行短线操作纪律。其次，投资者要做好波段，靠单纯捂股模式积累利润会比较慢，并且会多次遭遇调整后的利润缩水；如果不能做波段，就只能容忍更多的局部调整走势。

“主力资金预期低”vs“投资者预期高”

在股市中，我们经常碰到这样一种情况——资金量不足、热点稀少、个股弱势。但不少投资者的心气非常高，总是想着大行情或者大涨。可是梳理 2018 年的行情就会发现，没有一个板块是可以持续的，它们都经历了大起大落。在这样的行情下，投资者希望靠捂股这种简单的操作实现盈利，是不现实的，所以只有做波段。

震荡市的行情中，市场最大的一个特征就是量能萎缩，尤其是大资金，几乎鲜有动作；市场热点切换得非常频繁，而且很多热点都靠消息面推动，对消息面的依赖度非常高。在概念股、题材股大行其道的市场上，这种情况看着热闹，其实投资者很难操作，甚至出现了海南板块在政策利好产生一个涨停板之后连续4天大跌的情况，导致不少游资和追涨资金被套。这一情况比2017年的雄安股更残酷，但也从另一个方面说明，资金预期是在不断降低的。

如果投资者不能在波段高位时休息，就无法在低位买回。没有只涨不跌的股市，更没有只涨不跌的个股，中长线股更是要经历市场的牛熊周期及个股的涨跌起伏。没有这个预期和相应的操作策略，只活在自己想象的行情中，是毫无意义的。在震荡市中，反弹都是超跌反弹，不要幻想有什么大底，按照超跌做波段即可；投资者应该先做指数，指数单日长阳机会多，赚了就跑，不恋战。坚持这两个策略，做超跌反弹模式是不难的。想要做好波段，就要有这样的思维铺垫。

那么如何做波段呢？实际上，每个人的标准不一样，我们需要根据自己的情况操作。在震荡市行情中，投资者要做的是选定一两个自己熟悉的板块或行业，无论是涨价题材、行业复苏，还是次新股这样的投机模式，都是可以的。但其核心还是要有一个研究、消化及对比其他个股做抉择的过程，毕竟哪个股票更适合自己，是别人无法替你选择的。就如同选择一双鞋子，必须自己试穿了才能知道尺码对不对，穿上是否舒服。一旦形成自己的主体优势，别人就拿不走，这才是最需要做的。做好了这些准备，接下来就告诉大家如何做好波段。

适合做波段的几个投资品种

做波段的方法非常多，这是由于适合做波段的投资品种不同，每个人的偏好也不同。笔者推荐的有四类。

· 第一类：对固定行业进行持续跟踪研究

对投资者来说，当操作一再失败，他们就会毫无方向。这个时候应该怎么办呢？笔者有一个办法，那就是先学会做好一两只波段股。虽然一开始会遇到挫折，会做错两三波，但只要坚持做下去，多总结、多思考，熟悉了个股之后就可以反复操作这样的个股，实现利润积累，从而形成优势，建立自信，一步步拓展到更多的个股。

那么如何做波段？选一些自己喜欢的行业进行跟踪，并选择进入景气周期的行情进行操作。投资者选择的行业无论是医药、石油天然气，还是食品、机械等，都要深入研究，选出行业内价值潜力大的品种，并制订好操作计划。

例如，鸡肉板块就很有意思的。由于季节因素，鸡肉产品有旺季和淡季，而且走势特别有规律。笔者个人喜欢的两只鸡肉股是民和股份和仙坛股份。并不是说这两个就最好，而是笔者对它们的股性最熟悉。以仙坛股份为例，可以看出历史上多次出现波段走势（见图 4-11），在熟悉了之后，就能很清晰地看出其规

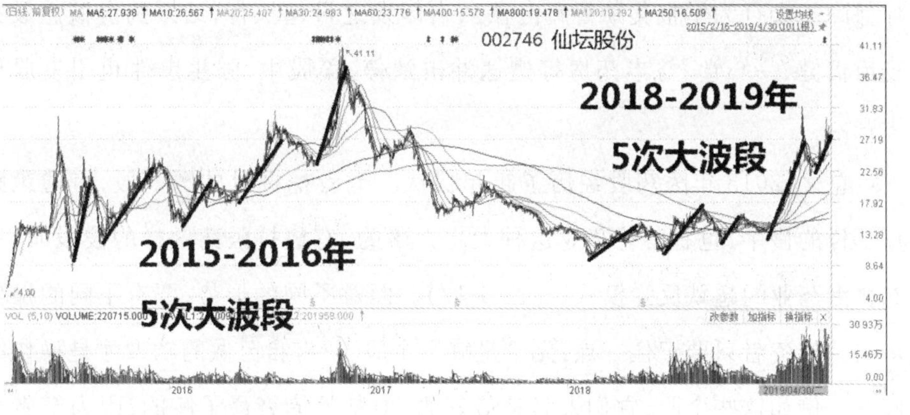

图 4-11　仙坛股份 2015—2019 年走势

律,可以反复做。2018－2019 年 4 月,该股就有过 5 波比较典型的走势,每波都有 20%～30%的涨幅。而把握住这几波走势,需要的就是功课积累及对走势的顺应。这个尝试和实践的过程,别人无法替代,否则连财富也是别人的了。

专心研究一只个股,几乎不用考虑其他投资者在做什么。无论别人做次新股、打板股、慢牛股还是短线股,都不需要羡慕,踏踏实实做好自己的波段股,熟悉并总结个股走势规律就行——如何起涨,什么时候适合博弈,如何止损更合适,如何止盈更到位。只要反复做,时间久了,自然对个股走势就非常熟悉了。这样就避免了不断换股的情况,避免每次都要从头做起、无法积累的弊端。

再换个行业,以医药板块为例。2018 年尽管医药板块有过多次反弹,但局部调整也不少,因此在一波反弹后出现明显的跳水时,往往就是比较好的切入点了。

医药板块算是这两年白马股的一个缩影。2018 年上半年,医药股是最牛的板块,甚至比国产芯片的持续性更好,资金介入最多;但是从下半年开始就有点冷了。先是疫苗事件让长生生物退市;然后是传出 12 月将实施“4＋7 带量采购”的消息;国家医保局、财政部于 2018 年 11 月 29 日印发《欺诈骗取医疗保障基金行为举报奖励暂行办法》,自印发之日起执行,结果药房概念股如汤臣倍健、一心堂、益丰药房等遭遇冲击跌停;美股中,强生事件也引发股价大跌。

总之,2018 年医药股经历了起起伏伏。笔者挖掘过的医药股,有通策医疗那样的慢牛,也有葵花药业这种大起大落的,有鲁抗医药这样的波段股,也有普洛药业的超跌反弹模式(见图 4-12)。面对不同的形势,要有不同的操作策略。投资者只要记住一点:无论是哪只个股,只有自己做的功课才是操作的底气。例如这些个股,它们未必是最好的,但都是笔者最了解的,因为笔者知道风险点、机会点这些核心因素。没有这些做基础,操作就无从谈起,自然也

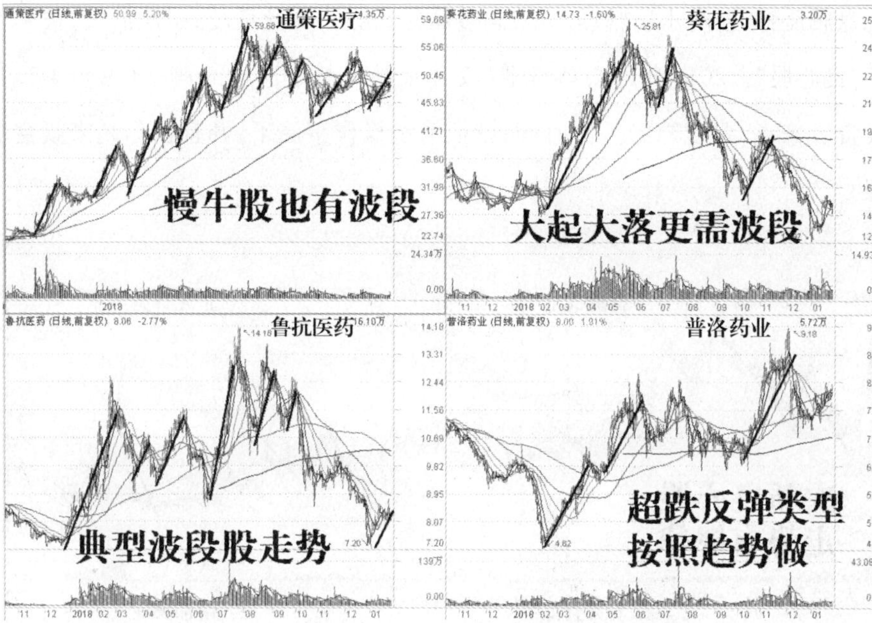

图 4-12 医药股中的不同股性

不能贸然参与。

所以,当投资者自上而下地选股时,遇到一个行业的高景气周期,依托这个周期就会出现牛股群。借助资金风口,投资者就可以从中选择个股,反复操作,实现收益。

- 第二类:次新"良心股"的启示

A 股是审核制,所以次新股是稀缺资源,每次上市后都会有一波炒作,有些还会反复炒作,成为游资最喜欢的品种。它们经常因连续涨停而吸引市场的眼球。

但是有一批次新股很少或几乎没有涨停,从而形成明确的反弹通道。在局部洗盘后反弹,在跳水后整理,并且再度构筑机会。如此反复,手法清晰,被称作次新"良心股"。2018年的合盛硅业、安井食品等都是这样的典型(见图4-13)。对投资者来说,只要熟悉一段时间,就很清楚操作手法了,并且操作起来就会很舒服。

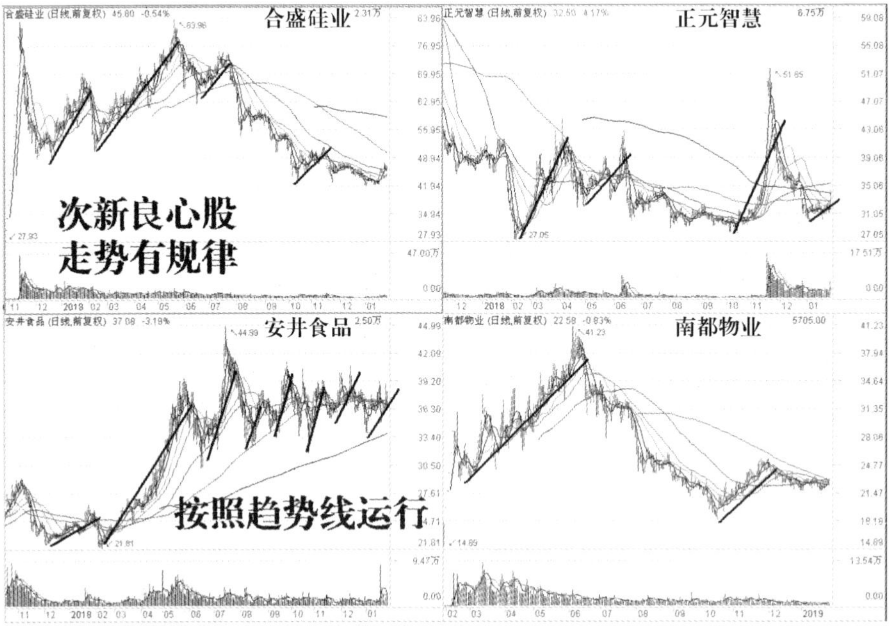

图 4-13　次新"良心股"走势

当然,并不是说投资者的思维就局限在这些个股上了。投资者应该学会举一反三。比如,有投资者挖掘了南都物业,这也是可以的;还有投资者挖掘了正川股份等类似的股票,都是不错的。

不过,选股的关键因素不是个股,而是投资者的功课是否做足了。太多的时候,投资者对别人熟悉的个股,自己不懂还不研究,却非要跟着操作。这也是同一只个股,不同的人最终盈亏差异很大的原因。实际上,选个股和选鞋子一样,只有适合自己的、能把握的,才是好股。

- **第三类:对期货因素的思考**

笔者长期对一些期货品种进行价格跟踪,发现与维生素、化工、医药原材料等高门槛的行业不同,焦煤、焦炭等行业的垄断性明显不足。所以从严格意义来说,这些板块不能算在价格显露会暴涨实战系统里,但它们也存在明显的涨价因素,尤其是期货走势的影响。这就让笔者有了一个"投机取巧"的方法:利用期货与股票的联动来操作,比其他单纯的股票,多了一个可靠的指标。这就是笔者经常追求的主体优势,我们通过自己对行业研究的积累,并发现其与期货走势的互动,实现更好的操作。

以焦炭板块为例,笔者是盯着两只个股进行操作的,分别是陕西黑猫和山西焦化。选择这两只个股,是为了方便给大家做一个对比。如图 4-14 和图 4-15 所示,这是两只个股与焦炭主力合约的走势叠加后的对比,这两张图有两个明显的特征:

第一,期货走势和股票走势的趋势方向是同步的,也就是说,期货的确能给我们操作这两只个股提供指引。这一步也是投资者在分析类似品种时要做的,我们不能想当然地说:"只要某个价格涨,对应的股票就会涨。"尤其是在非高垄断行业中,更是如此。

第二,幅度不同。通过这两只个股的对比,可以很明显地看出,山西焦化的涨幅在局部甚至超过了期货,而陕西黑猫的涨幅则明显弱于期货。这就是个股股性的差异了,也是很多投资者经常碰到的。对于板块内个股的差异,我们应该如何处理?笔者认为,个股本身没有好坏之分,只有自己能够把握的才是好的。

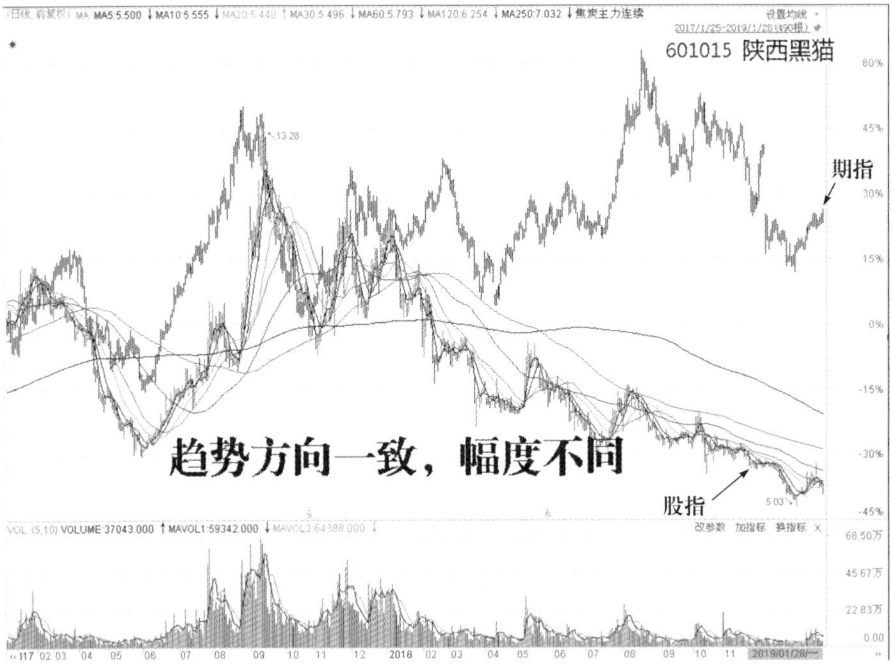

图 4-14　陕西黑猫 2017—2018 年走势

我们不能说哪只个股更好，而是要反问自己，是否按照对应的策略做了，可以看懂哪一类走势，承受哪一类风险。

从笔者的个人喜好来说，做山西焦化比陕西黑猫更多一些。因为前者股性更强，长阳和长阴多，只要控制好止损、止盈位，就可以得到较大幅度的利润空间。而陕西黑猫更稳定一些，即便局部做错，风险也相对小，当然反弹时空间也更小一些，比较适合稳健型投资者。无论选择哪只个股，都必须是自己熟悉的才行，否则同样个股，别人操作赚钱，你操作就亏损。因此，我们根据期货走势操作是一个不错的思路。

下面以石油板块为例，告诉读者如何做功课。

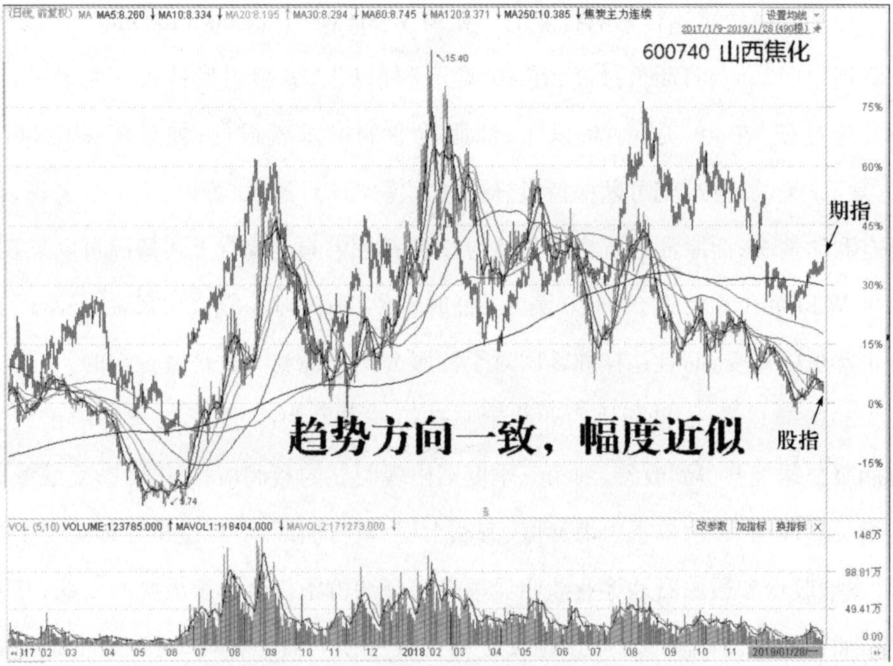

图 4-15　山西焦化 2017—2018 年走势

当我们发现自己的思想跟市场走势不同的时候，一定是我们忽略了某些因素。有投资者说："有时候期货涨了，但是个股不涨。"这个说法是片面的，我们要将期货历次走势与个股对比，考虑行业的垄断度（垄断度越高，期货价格对股价影响越大）、股价与行业价格敏感度（历史上行业价格变化是否带来股价的大幅变化）等因素，这些都是判断股价与期货走势联动的关键因素。

从期货走势与股市方面石油天然气板块走势对比来看，并不是说期货价格涨了，板块就会涨，这是因为原油产业链很长，涉及的公司很多，不像垄断行业和高门槛行业是那么明显的价格驱动，而且股市方面的调整因素也会对其有影响。

原油的逻辑是这样影响行业的。如果 WTI(West Texas Intermediate,西德克萨斯中间基原油)油价过高,在 80 美元/桶以上,就会引发替代能源增长;如果油价过低,在 40 美元/桶以下,油服行业的需求就很低;如果能保持 50～70 美元/桶的价位,就可以保持最好的利润率。这对油服、炼化、化工等来说,都是有利的情况,而原油的价格也是值得投资者考虑的。综合上述情况可以发现,如果 WTI 油价保持在 50～70 美元/桶的价位,不仅对油服公司来说比较好,各方也都可以接受,而且这样的区间对于油服公司来说利润也是最稳定的。

2018 年以来,石油板块的业绩走向在第一季度为淡季,第二季度由于大多数油服公司经营得到改善,到第三季度则出现明显的利润增长,第四季度继续保持增长。环比来看,单季中海油服、海油工程、贝肯能源、石化机械等都实现了扭亏,杰瑞股份和通源石油等业绩明显领先。高油价不仅会带来板块的活跃,甚至中石油都走出过一波 30%的涨幅,前期业绩亏损的石化机械,更是一度走出翻倍行情(见图 4-16)。由此足可见基本面的力量。

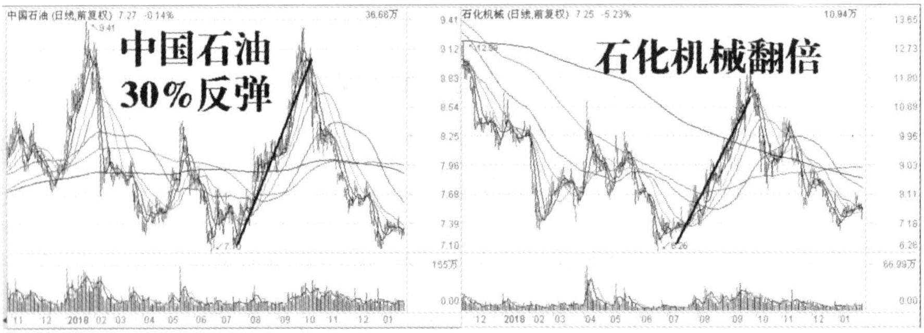

图 4-16　部分石油股 2018 年走势

天然气板块中，贵州燃气“次新＋概念”的投机模式在石油天然气板块中十分常见。那么石油板块中可以关注哪些个股呢？中曼石油虽然也是次新股，但是走势太弱。投资者可以放开视野，如康普顿是石油板块内比较“妖”的品种，仅仅在2018年就有过七八次长阳的走势，属于较为活跃的品种。利用“高换手推高股价”的投机模式，当局部出现资金风口时，是可以放量走势跟随做短线的，但是在走弱时就要撤离，毕竟只有脉冲行情，缺乏趋势机会。所以在同一板块内，不同的品种股性也不同，只有加以利用才能做好波段。

- **第四类：指数与基金品种**

很多时候，投资者不要限制了自己的视野。因为投资不仅可以针对个股，还有基金。顺着前面分析的石油期货来看，投资者还可以从原油基金入手。通过分析一波行情中的涨幅和跌幅，投资者把握跟随油价涨跌最紧密的基金，筛选出一批目标品种。然后，投资者还要做两个功课：第一，这样的基金历史表现如何，检查其基金的运作能力；第二，对比原油走势，总结该基金市值情况，同时观察相关规律。如果没有这两个功课做基础，一切都是空谈，无法进行后续操作。

通过观察2018年10月原油大跌前的QDII油气基金排名，我们可以看到有10只基金收益率超过20%，但这10只基金之间的收益率差异很大，相差近20%。投资石油产业链个股的基金大多是亏损的，例如投资国内石油行业的相关基金有3只，分别为银华逆向投资定开混合、华宝资源优选混合和诺安价值增长混合，它们的收益非常差。这主要是因为它们主要投资中国石油、中国石化等个股。所以投资者要注意，并不是说基金里有石油、原油，就可以有好的收益，我们还是要仔细地筛选和研究才行。

以嘉实原油基金为例。对比WTI原油走势，它的走势明显非常吻合，局部波动幅度更大，甚至一度出现过6天涨幅42%的情况（见图4-17）。那么这个基金就可以作为投资者对原油期货的跟踪品种,并博弈相关机会。当然,原油作为全球最重要的战略性能源之一,容易在突发事件驱动下出现剧烈波动,且并不只有反弹,也有下跌。虽然这种基金不适合定投和单一博弈,却非常适合根据节奏做波段。

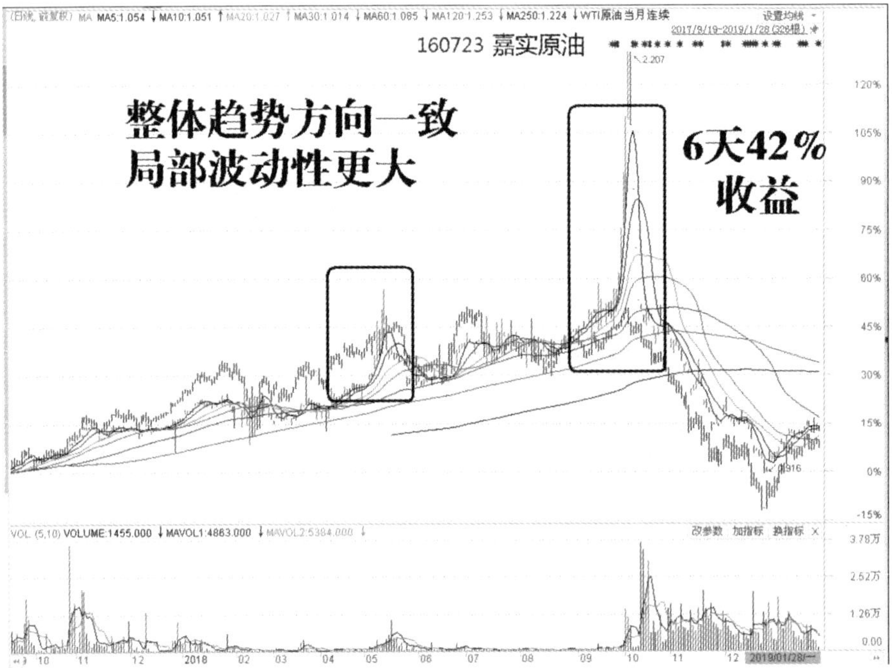

图 4-17　嘉实原油 2018 年走势

炒波段的两大核心指标揭秘

不少投资者抱怨:“做波段好难啊,不知道该怎么做。”其实投资者最需要解决的是两个问题:第一,投资者对自己操作品种是否熟悉。这个非常重要,做波段的品种一定得是自己熟悉的,投资者对其股性、资金运行模式等都要非常了解。第二,风险收益比如何抉择。每次波段操作时,股民都需要对风险收益比进行抉择,不是说有机会赚钱就操作。如果风险收益比不理想,即在面对较大风险而收益有限时,如前文介绍过的风险收益比仅有 1∶1 或 1∶2 时,就最好选择等待;而当风险收益比合适,如有 1∶4、1∶5 以上的空间时,投资就应该选择博弈。一旦博弈成功,就会有相对丰厚的收益。

熟悉个股股性是波段操作的关键

如何做波段,怎么做波段?最重要的就是要熟悉个股,之后才能继续操作。为什么不同投资者操作同一只个股,最终盈亏差异很大?很多时候不是个股有问题,而是投资者自己的研究和对个股熟悉度的问题。

波段操作还有一个关键点,那就是每个人都有适合自己的模式。投资者要盯盘一段时间,对个股本身的股性和运行模式有了解,再结合自身的操作习惯进行磨合,才能有好的收益。

很多群友已经见证了笔者在美股的操作。2014—2018 年,笔者做了很多次特斯拉的波段,其他个股关注较少,因为品种太多,也没那么多精力。该股没有特殊的行情(见图 4-18),投资者就老老实实地等着,波段来了做一把,结束了就撤离。别的个股不用太多关注,只做自己看得懂的,这样即便局部有一些操作失误,但由于反复做单一个股,经验累积之后操作就会越来越好。

前面也提到过医药股在 2018 年的波段机会非常多,如鲁抗医药股性活跃,大起大落几次。如果投资者对此熟悉,就会得到自己的模式,反复做,就会受益良多。但这其中赚钱的核心是个股吗?其实并非如此。风险收益比才是股市中赚到钱和积累财富的关键,只有明白了这个,才能在股市中生存。

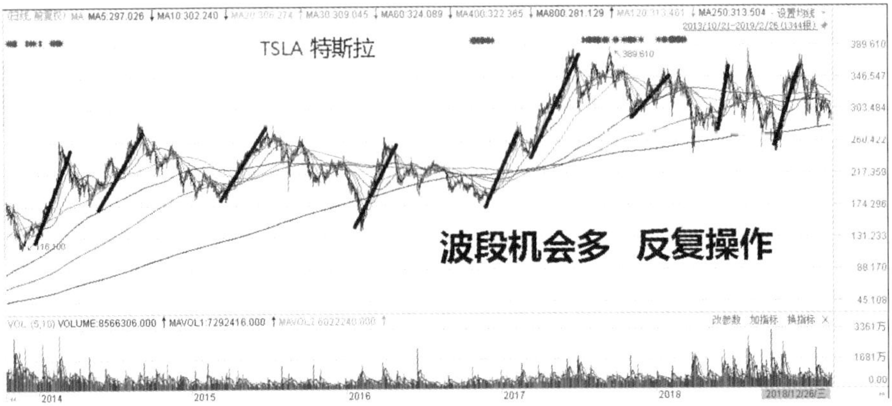

图 4-18　特斯拉 2014—2018 年走势

投资者波段操作的两个要点

做波段的最大问题是，投资者每次都要对风险收益比做出抉择，不能有机会就上。风险收益比如果不好，就不能做；风险收益比合适，有过研究，才能博弈。一旦成功，应该能获得丰厚的收益。如设置 10%止损，那么收益要符合预期，至少应该是 30%～50%。这样风险收益比在 1∶4 以上，意味着一次收益可以弥补 4～6 次损失。那么如果操作成功率在 50%，在一段时间内，财富也是在不断积累的。如果设置 5%止损，且预期最大也就是 5%的盈利空间，那么风险收益比是 1∶1。就算操作成功率很高，在 80%以上，你也处于盈亏边缘。这就是盈利模式抉择带来的不同结果。

还有一个要点是靠节奏赚钱。如投资者自己的盯盘能力和资金控制力一般，那必然不能频繁操作，或者什么热点都操作，因为很多是自己看不懂或者玩不了的。笔者建议这样的投资者：等着市场群体大跌，然后入场做超跌反弹，玩一波分级 B，赚了就撤出。如果看错，就在自己的承受范围内止损。这种盈利模式可以保持不败,积累财富。举个例子,2018 年 11 月 4 日,A 股中多达 22 只股票分级 B 涨停,涨幅超过 5%的股票分级 B 数量达到 60 只,占股票分级 B 总数的一半(见图 4-19)。这种情况在 2018 年多次超跌反弹中都出现过,也是震荡市的特点——机会多、调整多、波段行情。

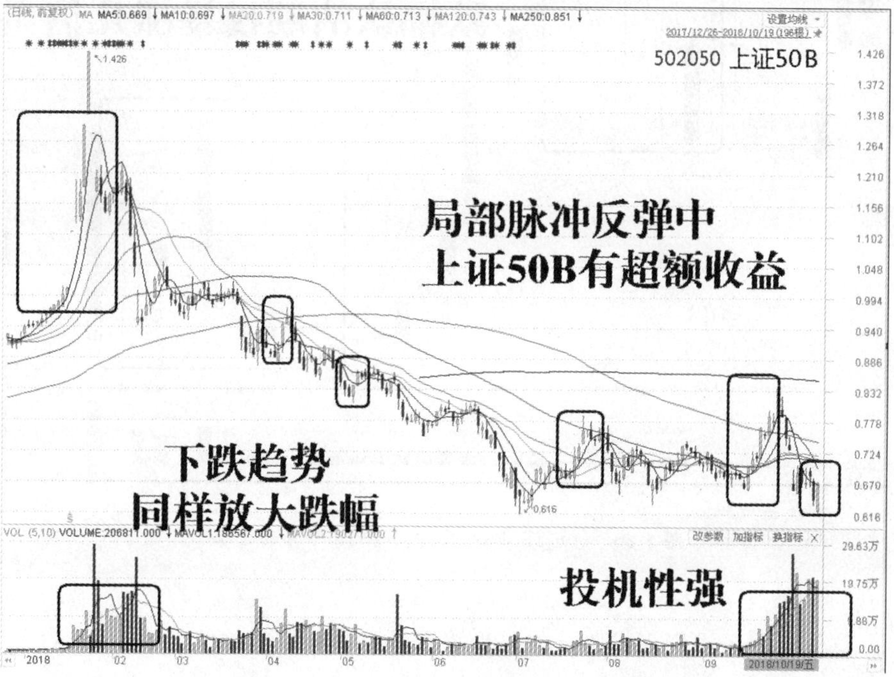

图 4-19　上证 50B 在 2018 年前 10 个月的走势

当然,笔者也要提醒投资者:分级 B 是投机品种,不可以长期持有,只能局部做波段,趋势破了就撤出。例如在 2018 年 10 月的跳水中,分级 B 基金同样放大了下跌幅度,此时若能叠加 50ETF 期权进行对冲,操作就会更加安全(见图 4-20)。

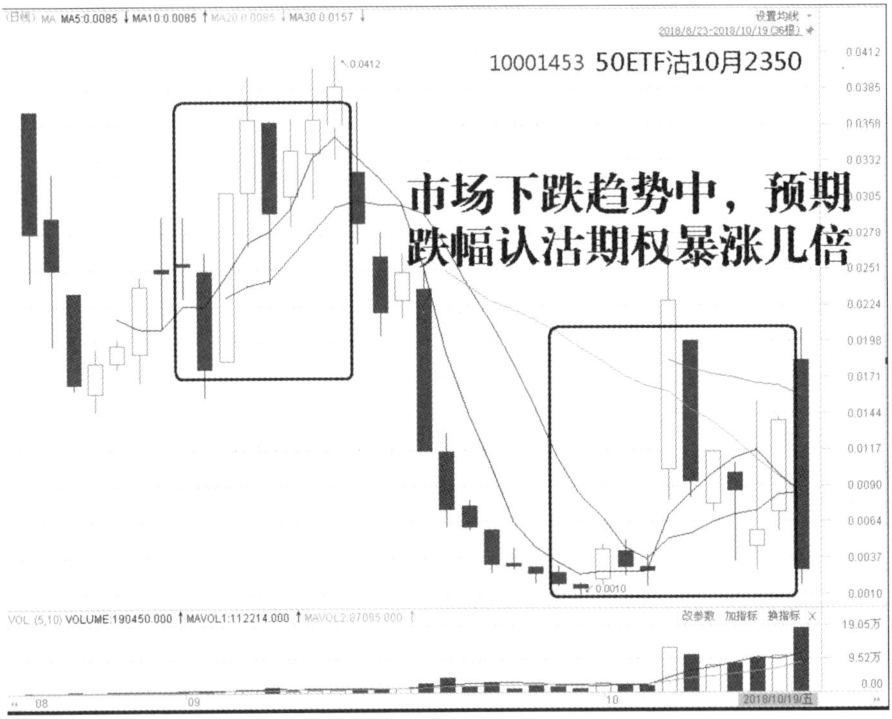

图 4-20　50ETF 期权 2018 年前 10 个月的走势

这值得很多投资者借鉴。如果投资者没有参与期权的能力,就意味着大部分时间不要操作,而是等待,这也降低了很多操作难度。

综合来看,作为投资者,我们对个股或投资品种是没有偏见的,只要符合风险收益比,自己熟悉相关模式的,适合博弈就参与;如果不符合就撤离。这才是投资者的生存之道。

第三节　如何运用投资者的股市经验

只要在股市中一天，就要改变自己，顺应市场，否则只能反复被市场教育。震荡市中没有“朋友”，各路资金的日子都不好过。所以这个时候，只有自己做的功课和平时积累起来的经验，才是最好的“朋友”。自己熟悉的品种和个股，熟悉的操作模式，会给投资者带来盈利。这才是普通投资者的生存之道。

股市操作其实很简单，一买一卖就可以。但越简单，就越考验智慧。如何从操作角度实现股市生存呢？笔者曾经试验过各种方法，吃过各种苦头，最大的感悟还是：只有做自己，才能在市场中生存。

要坚定地做好自己，其他人赚多少、怎么赚，和我没关系。我只做能力范围内的事，自己提高自己。这样，盈利圈就会一点点变大。操作的时候越是着急，越想着歪门邪道，越容易进入恶性循环，从而抱怨市场，抱怨行情。如果一直抱怨，自己的操作就会成为负能量的循环。

或许很多投资者觉得自己亏了，股票难做，最终选择离开市场，这也没有关系。因为很多时候，这些道理和生活是相通的。继续留在市场里的投资者要明白，亏多亏少不是重点，重点是明白自己的能力圈，这是很重要的。巴菲特玩衍生品亏了，虽然没亏多少，但他一生再不碰衍生品，这就是一个典型的例子。

投资者对话引出一连串个股操作经验

如果遇到市场调整、持续走弱，作为投资者，你会怎么办？是就地卧倒，编段子寻开心，或者找个替罪羊骂个痛快，还是画饼充饥，高喊牛市从明天开始？这些“傻事”，或多或少每个人都做过。但说实话，做这些没有意义。笔者用在股市近 20 年的经验告诉你，要么退出股市，退一步海阔天空；只要在股市中一天，就要改变自己，顺应市场，否则只能反复被市场教育。震荡市中没有“朋友”，各路资金的日子都不好过。所以这个时候，只有自己做的功课和平时积累起来的经验，才是最好的“朋友”。自己熟悉的品种和个股，熟悉的操作模式，会给投资者带来盈利。不少投资者应该已经尝到的甜头，但是笔者再根据具体案例做个总结。

投资者的反思：按照市场规律生存

投资者问：“您写文章、做研究，最害怕什么？”

笔者答：“最棘手是两件事：第一，读者不好好看文章、做研究，总是把做功课放在嘴边，但不去行动；或者对他阅读的所有文章，都以自己的主观想象断章取义，选择自己喜欢的一部分甚至曲解文章的内容，而不是完完整整地阅读。所以，选股看上去是选个股，但真正的关键是选股的逻辑条件。如果投资者没看懂逻辑条件，就会连机会产生的机制都不懂，这时候单纯地操作个股也毫无意义。因为只有选股逻辑和市场节奏匹配，才能有好的操作。

“第二，有好股，投资者初期不买，反弹通道也不买，到了一段涨幅较大之后，才想到买；或者是第一次研究不参与，第二次还是不参与，等到第三、第四波了，才想参与。实际上很多时候，机会时不我待，错过了就是错过了。而且，错过了龙头股机会，选择其他个股，本身就意味着这些个股走势要弱于龙头股。如果以龙头股的标准要求,那就是强人所难,不切实际。”

有投资者说:“监管层搞的一些东西太儿戏,股市里投的是老百姓的血汗钱,都被一个个想当然的政策搞没了!”

我们冷静下来思考,会发现这位投资者仅仅说对了一半,对的部分是市场的政策及停牌因素,这些的确需要改进;错的是,没人逼着你入股市,而且股市从来都是如此。不要以血汗钱、“为国持股”这样的说辞来“道德绑架”。知道是血汗钱,难道就不知道股市的残酷?没有人是来股市做慈善的,投资者都是为了赚钱。

股市的规则就摆在那里,你来,你去,都可以。但你要想拿走点什么,就得顺着规则来。来了,就默认你得遵守股市规则。

不仅A股如此,美股也同样残酷。且不说美股百年历史上多次的大股灾,就是最近20年,也有过60%的大跌。哪怕是这一波9年多的牛市行情(截至2019年4月),其间也有过十几次20%的局部调整(见图4-21)。如果投资者不遵守股市规则,那么在美股一样会亏损,而且损失更大。

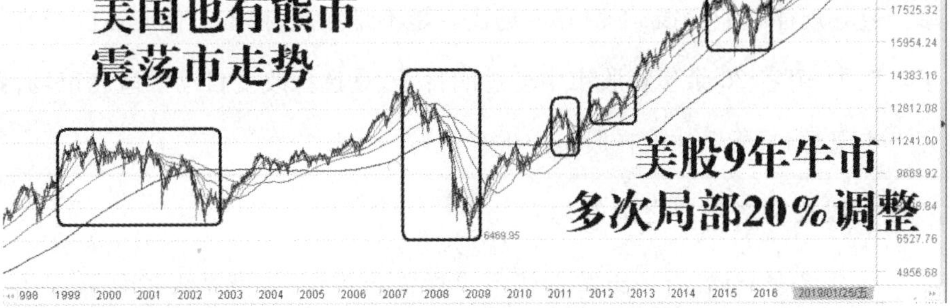

图4-21 道琼斯指数1998—2018年走势

还有投资者说:“市场机制不合理,中国石油那么高的价格,明显就是害人,这样的 A 股太不正常了。如今频繁 IPO 也不合理,就知道圈钱。”

其实这也只说对了一半。的确,新股定价机制及申购机制,有很多不尽如人意之处,但这不是投资者被套的原因。纵然新股定价再高,按理说套的也该是一级市场。但如今一级市场反而赚得多,这才是问题。投资者明知道中石油等新股定价高,却不做空或规避,而是从二级市场买,是不是欠考虑的行为?如果连定价机制都不懂,还想炒股赚钱,哪有这样的道理?这种投资者如果不亏,才是最大的不合理。换言之,这就是市场的教育。美股的这些教训也导致散户逐步退出,转而投向机构投资者的怀抱。

说到这里,有些投资者该急了,请少安毋躁。笔者写过这样一段话:“无论是谁,天生有一个特性,一旦出现问题,一定会找别人的原因,绝不是找自己的,因为这样会让自己觉得踏实。我们可以说股市不好,机构差,可以大骂,也可以高谈阔论说仁义道德,但问题会解决吗?永远不会解决。怎么办?只有从自己身上找根源,找解决方案,你才会是市场中最后活下来的那批人。”

所以,笔者不反对投资者跟着人乱喊、发泄,这些都可以。但记住,只要想在股市里继续操作,就应该忘记那些怨言,回归市场本身,做好自己该做的功课。这才是生存之道。在股市,就得按照股市规律来,就是这么残酷,但也就是这么简单。遵守规律就能赚钱,不遵守就赔钱。是不是如此,投资者们应该已经有体会了。至少,笔者 20 余年在股市中度过的日子,是选择改变自己去适应市场,做研究来实现盈利,所以才能在股市中生存。

对 A 股投资者生存之道的思考

2018 年 8 月开始,有一组数据让不少投资者震惊,那就是大型私募首次出现全面亏损的局面。在北京、上海、广州、深圳地区,管理规模超过 50 亿元,或管理规模30亿元以上且机构成立满5年的股票私募并展示产品业绩的共有38家,但是截至2018年8月底,这38家私募的业绩已经全部由正转负,甚至有23家私募亏损超过10%。

具体数据是:2018年前8个月,共有6222只成立时间满8个月且有业绩记录的股票策略私募基金产品纳入排名统计。其中,仅有1124只产品在2018年前8个月实现正回报,占比18.06%;多达5098只产品亏损,占比高达81.94%。有76只产品的亏损幅度在50%以上,3094只产品的亏损超过10%,最大亏损幅度高达89.91%。将数据扩大到2018年年底,亏损幅度会进一步扩大。

这对投资者的启示是非常大的:市场的诸多改变也在逼迫资金做出改变,否则,哪怕是百亿元以上级别的大资金,也难逃被市场淘汰的命运。现实之所以如此残酷,也是由于生存之道的改变——几年前,最赚钱的策略就是消息事件型投资,投资者热衷于炒壳、炒重组,这些策略让不少人大赚;但2016年开始这些模式不行了,选择"死扛"的最终都被清盘,选择改变的却很难找到新逻辑。

对于市场投资来说,首先要搞清楚市场的核心逻辑,其他的都是干扰因素。所以,如今不少大资金在重新寻找自己的定位,适合的盈利模式,即便这势必带来阵痛,甚至是长时间的风雨飘摇。因此如今的A股,没有哪一路资金是轻松的,大家都在寻找自己的生存模式。

A股大跌启示录:活得久,机会多

每当经历"千股跌停",投资者都能听到笔者对市场如此评论:"显然,这不是第一次,也绝不可能是最后一次。"很多投资者认为这样的评论太理性了,实际上,经历多了,被市场教育多了,留下的就只有这样的感受了。有时候,投资者能够通过板块规避,有时候可以通过仓位控制规避,但有时则难以规避。因为很多时候,黑天鹅事件是无法提前预知的,否则也就不叫黑天鹅了。不过,不可预测也是股市魅力的一部分。那么投资者要如何应对呢?未来应该关注的点又有哪些呢?

在微博,笔者与投资者有过这样的交谈

投资者A:“现在只要活下来就行了……老师,看你的文章十多年了,就学会跑得快,风险意识没白建立。”

投资者B:“实际上,A股现在遍地黄金啊。基本面好又快破净的好股票,只要顶过这一两年,都是黄金,以前想买都买不到的。”

投资者C:“2013年的时候我在,那种折磨比现在好不了多少。那时候有人整天喊‘底’,喊一个破一个,到1949点,那家伙立马创造了一个‘建国底’。唉,不服不行。”

投资者D:“怕什么,‘熔断’都经历过。挑几只反弹快的,赚回来就是了。”

大家都有自己的道理。笔者这几年反复灌输给读者两个概念:第一,独立思考,建立主体优势。别人的经验再好,也要在自身基础上使用。第二,风险意识。在市场一天,就要思考市场的各类风险:大盘大跌怎么办?突发利空怎么办?破位持续怎么办?退市怎么办?要等一年半载怎么办?全球金融危机怎么办?不知道各位投资者是否考虑过这些情况,至少笔者每次操作前,都反反复复想过了,所以只操作自己能承受的那些,无论是否有杠杆,都是如此。

每逢长假,笔者都会给大家写一些操作经历方面的文章。不瞒大家,笔者也是经历了市场教育之后,才有了改变的。经过几次爆仓,痛多了,才有了对风险机制的严格执行。这是人性使然,别人怎么说都没用,只有通过市场教育才能懂。

当时笔者将这些经历写出来,很多人不理解,不知道这些到底有没有用,而且不知道是否真的悲观到这种程度。如今来看,这一切并不是危言耸听。笔者认为,无论市场如何变化,我们就记住一点:只做自己风险承受范围之内的操作。所谓的杠杆,也不能超过自己的风险承受范围。可以输,可以亏,但绝不失控;存活时间长,机会才多,这是不变的道理。

这些经验只回答了前两个问题,后面两位投资者说的事,又该如何应对呢?其实,我们可以从市场大跌中找到机会。老投资者的优势不仅是生存时间长,更是生存手段多。

学会用多重对冲工具保护自己

投资者在股市时间长了,增加的不仅仅是伤疤,更有经验和生存的技能。比如说,很多投资者总说美股大跌,A 股就会跟着跌。那么大家有没有想过,如何利用这个现象赚钱?

笔者研究过,也实践过。每逢这个时候,选择图 4-22 的这个品种(中国 ETF-iShares NYSEARCA:MCHI),进行对应的做空操作,利润往往很可观;就算不做空,将其对比 A 股走势,也会有明显超额的收益。如果能对应期权,以小博大,收益更大。虽然没有出现过 2018 年特斯拉期权那种一晚上增加百倍的情况,但十几倍是出现过的。这就是思路决定收益。

大资金的投资者,在遭遇市场群体风险时,因为难以降低仓位,就要使用期权工具进行对冲。但由于没有迷你期权和个股期权及迷你股指期货,只有 50ETF 期权,所以目前对于散户来说,仓位控制还是降低风险的唯一模式。

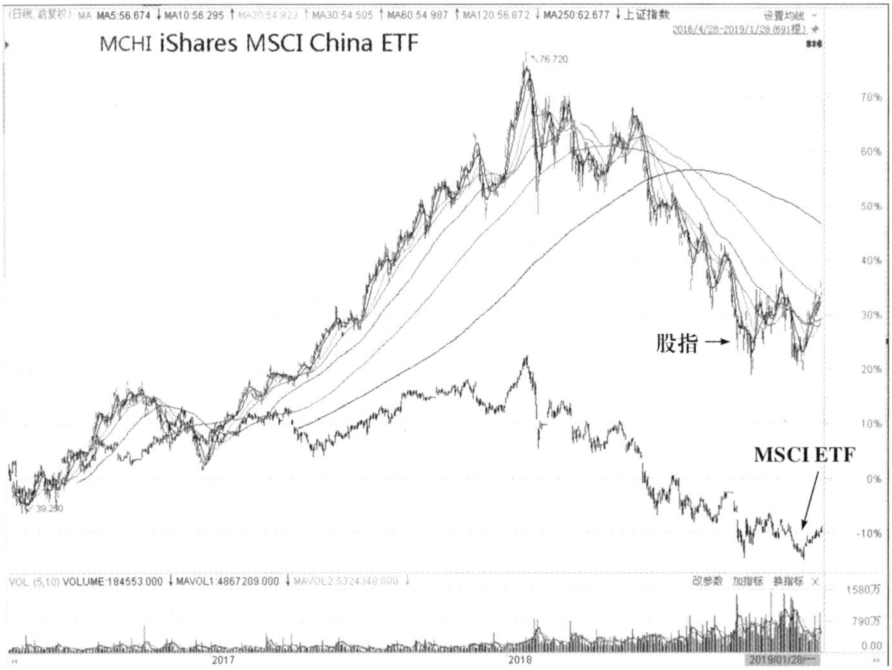

图 4-22　中国 ETF-iShares 2017—2018 年走势

此外，笔者还有一个小经验：在震荡市中，留一笔备用金是很有必要的，在市场大反攻的时候用出来，会有很好的效果。外资为何厉害，就是因为资金雄厚，很多案例中，外资介入后前几年亏损甚至可能达到 40%～50%，但随后外资可以不断地增仓，实现后几年产生几倍收益的操作。所以排名第一的机构投资者，在 A 股可以实现 13 年 14 倍的收益，这是非常值得投资者借鉴的。

长线有长线的好处，只要进入相对价值区间博弈，无论个股过程如何，未来能够到达目标区间就可以了。哪怕过程再波折，到达过哪里，都无所谓。当然，长线也意味着时间周期长，过程中经历的考验更多。还记得之前笔者介绍过的伊利股份的例子吧？笔者两三年才获得了3倍收益就忍受不了撤离了，但实际上，该股最后涨了30倍。当时笔者对行业的研究能力只配得到这么多，更多的考验受不了。而一些QFII长线资金持续布局，就能实现大额利润。

有些投资者说："市场这样了，赶快选两只涨得快的'妖股'挽回损失吧。"这样的心情可以理解。但请注意，市场群体风险一旦出现，就是连锁反应，并且短期内很难快速消除。如果投资者贸然进入自己不熟悉的领域，只会扩大损失。此时要做的应该是明确应对策略，将风险控制住，存活下去，才有更多的机会。

市场生存之道的思考

笔者曾经试验过各种方法，吃过各种苦头，最终的感悟还是：只有做自己，才能在市场生存。股市里面方法有很多，但无论哪一种，都要坚持一条：独立思考，只有这个因素坚持了，才有意义；只有自己的主体优势才是最可靠的，任何人的经验都可借鉴，但不能失去自己。

拥有独立思维才是股市生存之道

投资者越来越多地发现，那些具有煽动性、诱惑性的演说和视频，反而是最没有用的。其实，这涉及心理学的规律，那就是演说者想要感动群体，常常要夸大其词、指天誓日，才能激发观者的情绪。因此他们往往会有这些特征：穿凿附会、言过其实、反复游说、绝对不以说理的方式证实任何事情等。

大家通过对照就可以发现，为什么说金融市场分析不能有"网红"，更不能有"爆款"。因为这些要素只是吸引眼球，仅仅是为了迎合大家的心理，并没有真正遵循市场规律，意义不大。投资者越是觉得情绪激昂，越说明自己已经被"催眠"

了。这个时候,就需要清醒一下。

常有一些投资者向笔者提问:"您看某某个股,业绩还行,基本面还行,但就是不涨,还一路下跌,这是主力洗盘吧?是不是很快就会有大行情?"这其实是大多数投资者的通病,将自己摆错了位置。投资者只是行情的顺应者,而不是创造者。为什么笔者始终采取自上而下的选股模式,总是按照市场、热点、资金、趋势、行业、个股的顺序来选股?其目的就是先弄明白市场的状态、资金的盈利模式、热点的赚钱效应这些因素。

炒股不能脱离实际,否则就是臆想和创造行情,那么就没有意义了。市场是动态变化的,投资者却总是给自己一个封闭的环境,这是导致亏损的重要因素。当投资者跳出自己的思维局限和导致亏损的圈子,才会有机会实现盈利。敬畏市场,顺应趋势,才是盈利之道。

我们可以思考一下,为什么机构扎堆股从 2017 年的香饽饽,变成了 2018 年的烫手山芋?实际上,这是市场动态因素导致的。机构扎堆介入也是为了获利,一旦趋势改变,机构撤离就会导致踩踏,于是股价下行。相反,那些被机构忽视的价值洼地股和板块,便成了 2018 年的热点和主要赚钱模式。

如果投资者不自上而下地把握这些变化,就不可能赚钱。例如总有投资者说:"某某个股又有'国家队'资金,又有社保,又有大机构,且每个季末持股数量不变。股票阴跌了十几个月了,这些机构怎么办呢?"投资者以为这些大机构持的就是好股,结果一路被套,大连友谊、南山铝业等都是典型。其实投资者应该反过来思考,其能持续阴跌这么久,其间大盘有过反弹但这些个股却没动作,难道就没有原因吗?所有资金都看不出其价值吗?显然,这里面有被我们忽略的因素。

这个因素就是投资者模式与大资金模式的差异,无论大资金采用什么模式,至少有一种可以肯定——投资者往往只有高抛低吸这一种模式,用这样的模式投资这些个股,就是赔钱。投资者赌气有何意义?毕竟机构大资金和投资者的盈利模式不一样,而且在这些个股上的资金量占总资金量的比例也很小,而投资者往往是重仓。那么投资者如何让自己接受这些个股未来 7 个月、17 个月甚至 70 个月不赚钱,持续缩水?尽管投资者总给自己找各种理由,活在自己幻想的行情中,但结果一定是非常残酷的。

积极寻找对策,才有出路

每逢市场跳水,就能看出投资者之间的差异了。不少投资者发牢骚,但也有很多人相对冷静——有的做分析,有的庆幸自己选对板块躲过大跌,还有的博弈期权等对冲品种,逆势盈利,也有人感慨自己没及时执行止损止盈计划,遭受了损失。

笔者感慨,市场有涨有跌,而且还有股灾和"股疯"的时候。熊市中,投资者有可能踩雷;牛市中,我们研究的个股可能没有新投资者蒙眼买的股涨得多。这就是市场,选择入市就要接受。

还有的时候,市场遭遇到"喊话式监管"、深夜政策突袭、"熔断"跌停等因素。这时候投资者如果埋怨市场,骂这个,诅咒那个,并没有意义。表面上,投资者似乎占据了道德高地,但股市如战场,投资者没有任何解释的机会,事实无法改变。如果不先学会活下去,怎么获得心中的正义呢?

这么说可能有些残酷,但这就是市场,止损止盈永远是我们的生存之道。学会顺从趋势、敬畏市场,才是投资者的正道。保护自己,生存下去,才能把握住更多的机会。因此碰到市场走势不如意时,笔者更愿意去研究,去找对策,这样才能获得改变,而不是把时间浪费在其他方面。

例如我们研究历次大跌后,会发现银行股总是最早收复失地的。这是为何?是不是可以利用?比如选择破净股时,投资者不图短线如何,就是看好未来。一些银行股市盈率6～7倍，也就是光靠利润6～7年就能翻倍，这样的个股滞涨，不就是机会吗？如果6～7年翻一倍，就意味着投资年化收益率在15%以上。年化收益率5%～6%的银行理财产品都有人抢，这样的个股放在股市为何却没人看呢？

我们没必要和别人比，只求做好看得懂的利润。毕竟市场中热点和机会很多，而且总是有新的出现，投资者能把握的总是有限的。所以无论别人怎么分析，怎么研究，最终投资者都要自己做好功课，选择适合自己的一两个热点，把握住，将利润赚到手才是实在的。

第四节　如何避免操作中的恶习

作为投资者,我们博弈价值股时可以设定止损位,但绝不能赌。笔者也有过期货爆仓的经历,没经历过就不懂得,所以多经历也不是坏事。尤其是在资金少的时候,多多实践才能懂得哪些可以做,哪些不能做。再小的操作恶习,也终将酿成大祸。

作为普通人,我们身上必然有这样那样的毛病,人非圣贤,孰能无过?在股市中也是如此,我们要看到自己的一些错误,尤其是错误的习惯一定要尽快纠正,否则会酿成大祸。那么我们可以对照一下,自己有没有类似的"病根"?

幻想行情的代价

人总会有自己的想法,但股市并不以人的意志为转移。敬畏市场,就是要顺从市场的走势,以市场为准,而不是以投资者自己的臆想为准。只有懂得了这个道理,才能在市场中生存。当我们犯错时,就是市场在提醒我们,警示我们:"需要改变了。"

从惨痛经历中总结得失

2018 年 4 月,有一位投资者谈到了长盈精密的走势。当时他认为该股已经下跌了 5 个月,而该股业绩还算可以,就想着抢个小反弹就撤吧。涨了之后他就觉得大行情来了,没想到随后一路下行。他觉得跌不深,没想到一直跌(见图 4-23)。他只好求助,希望得到一些策略。

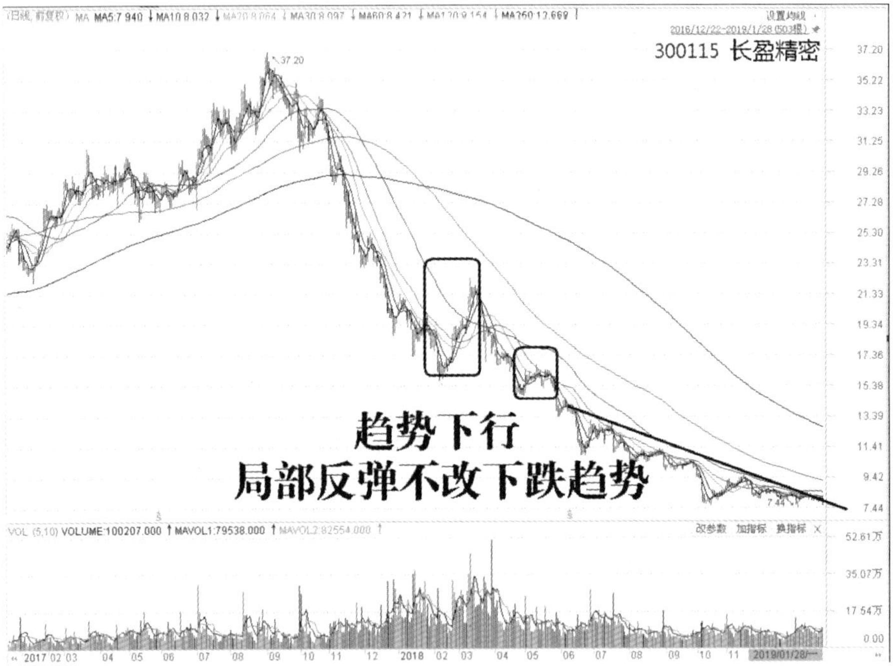

图 4-23　长盈精密 2017—2018 年走势

笔者当时的观点是该股趋势下跌。趋势形成了很难改变,局部反弹没有改变下跌的大趋势,而且又有利空,没必要在是非之地给自己增加麻烦。即便有时候能拿到一些小利,也是小赚大亏的盈利模式。恶习都是从小事积累起来的,做生意有时候偷工减料一下行不行?有时候顾客看不出来,但是贪欲不会停,最终如何想必大家都是知道的。在投资市场更是如此,有好的纪律,才能长久生存下去。

有太多的投资者在经历了失败之后，开始想一些投机取巧的办法，这是非常危险的。股市中最容易落入的陷阱就是失去自我，就怕那种“你跟着谁谁就能赚钱，不用自己想”的噱头。如果一个东西有了某个人就能赚钱，离了某个人就赚不到钱，那几乎和骗局没什么区别。

真正的规律应该是只要按照方法正确使用，无论谁都可以盈利，无论谁都可以成功，这才应该是投资者追求的。所以不要失去自我，一定要做自己。正如笔者说的:“我们能力不够强大时，盈利圈子小。但是没问题的，坚持做，一步步成长，不就大了吗？总想着一步到位是不可能的，一分耕耘，一分收获。慢慢来，财富都是慢慢积累起来的。”

太多的投资者总是活在自己创造的牛市行情中

截至 2018 年年底，有 89 只股票连跌 5 个月以上，其中新天药业、华东医药、佛慈制药、中国医药、瑞康医药等 20 只个股来自医药生物行业，占比超过 22%。从累计跌幅来看:连跌 9 个月的岱勒新材累计跌幅达 67.25%，位居跌幅榜首位;连跌 7 个月的文灿股份累计跌幅达 58.16%，位居跌幅榜次席;连跌 6 个月的欣锐科技累计跌幅达 58.01%，位居跌幅榜第三位(见图 4-24)。

笔者认为，这就是在告诉投资者，白马股也会跳水，而且很多还是持续性跳水。投资者不要觉得这有什么奇怪，毕竟市场中“势”的意义很大，我们只能顺势而为，跌破了就要风控，等待新的反弹的“势”出现。

作为投资者，我们博弈价值股时可以设定止损位，但绝不能赌。笔者也有过期货爆仓的经历，没经历过就不懂得，所以多经历也不是坏事。尤其是在资金少的时候，多多实践才能懂得哪些可以做，哪些不能做。

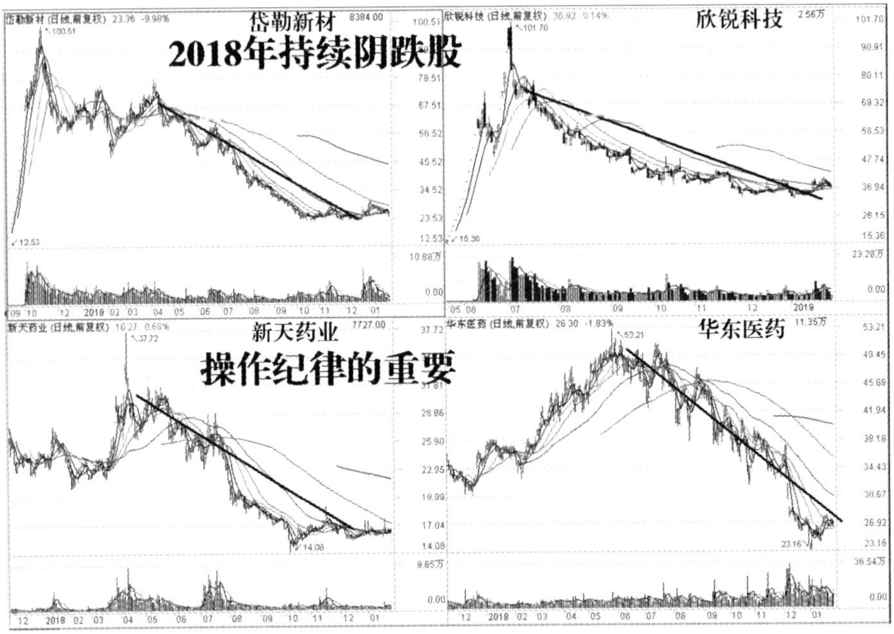

图 4-24　2018 年部分持续阴跌股

投资者幻想行情，总是强加自己的因素

一位读者在微博上和笔者聊天:“老师,你为什么要挖掘美年健康和信维通信,这不是害人吗?”

笔者答:“是吗? 那真对不起,不知道哪篇文章挖掘了这两只个股?”

读者说:“就是 2017 年 12 月 26 日那篇《举牌、增持、扎堆布局,主力资金盯上了这一批股》。”

笔者答:“我又看了一遍,这篇不是学习机构调研的选股思路和机构密集调研的品种吗? 我们只是学思路,里面都是只研究、不买的品种。是要学会挖掘慢牛股,同时分析牛股的风险,以此为一个完整走势的案例,丰富视野。”

读者说:“我以为你是挖掘个股呢。还有你说的那个农业股,是冲着两会去的吧?”

笔者答:“是吗?我真的不知道您说的这层含义。我在文章中写的是猪肉涨价题材,而且2017年上半年挖掘的牧原股份持续反弹,如果大家认可这个思路,就挖掘另一只新的低位的猪肉涨价股。”

读者说:“是吗?我是那么想的,以为你也是那么说的。”

笔者评:很多时候,投资者跳不出自己的小圈子,会拿头脑中已经认定的想法,硬生生地套在别人的分析上,一些时候就会出现歧义。笔者很多时候提到风险因素,持股的投资者会对此非常忌讳,认为这是看空,却忽略了看懂风险才能真正专心做多。一些投资者也恰恰是因为对风险懵懂,才畏首畏尾,涨跌失据的。所以很多时候,应该先放下成见,专心看文章,然后再去评价。好的借鉴,差的摒弃,才能为我所用,并且不断吸收、提高。

由此,笔者也懂了,如果无论怎么解释震荡市要做波段,要敢于高位离场才有低位的机会,投资者都持股不动,甚至连仓位都不减,那么跌到位之后,又拿什么仓位做波段?

无论笔者如何强调“市场是动态发展的”,投资者却总是不研究、不学习,只捂股,那要如何跟随市场的节奏呢?

无论笔者怎么强调“次新股是高风险、高收益的,如果你没有时间盯盘,没有操作能力和执行操作纪律,就别碰”,还是有投资者竟然捂股次新。眼看着利润变成亏损,还怨天尤人,这是个股问题还是投资者的操作问题?

无论笔者怎么强调“能力圈决定盈利圈,只做自己能力范围的操作”,一些投资者还是看到机会就操作,不考虑自己是否有足够的能力。导致同样一只个股,每个人的盈亏差别巨大。

无论笔者怎么分析“要做好研究功课,要专心阅读每日研报,转化为自己的思考,按照自己的情况操作”,有些投资者还是只看个股,不看相关的买入依据、内容研究、风控策略、适合人群等。这又要如何操作?

其实很多时候,分析、策略都很简单,但投资者就是不执行,所以一切就毫无意义了。作为投资者,我们必须无条件地服从市场规律和走势。

市场的残酷与投资者的侥幸心理

股价到箱底了,买不买呢?要不再等等?涨起来了,但比观察时的低点高,追还是不追?涨到箱顶了,卖还是不卖呢?卖了要是还涨,怎么办?又跌了,是接回还是换股?

作为投资者,我们总是在不断地选择。即便在股市很长时间,有过很多成功的操作,我们依然时时刻刻面临选择。这就是股市的魅力——投资者必须不断地进行选择,没有完美的操作,只有适合的。无论短、中、长线等均面临各种考验:短线跌了,该止损还是守着?止损了如果马上又大涨,该怎么办?长线股持股不涨,卖了又怕涨起来,怎么办?

不断地从实践中认识到市场的残酷,并且总结对应的操作,才是实在的财富。

市场是没有如果的,是不讲情面的

有投资者说:“您在微博里直言我们的错误,太严厉了,一点儿面子都不给,能不能委婉一点?看看人家媒体说话多好听啊,您说话这么直白,总是让我们做功课。可我们不是专业的,就是不想做功课,直接得到结果,不行吗?”

笔者答:“宁可让你骂我,我也不希望你的资金受损。”好话、套话谁都爱听,像个别媒体那样煽动投资者,说好听的,也不难学会。但问题是,这些在股市生存中有用吗？至少以笔者个人 20 余年的操作实践来说，我想过各种方法，什么听消息、买策略、找门道、炒重组、玩次新、博退市股等都试验过，但最终我只明白了一个道理——容忍自己的错误和软弱，就会被市场残酷地教育。这是我多次经历市场之痛后感悟的。

截至 2018 年 12 月底，华钰矿业已经连跌 16 个月，这也是一些次新股上市后的典型走势（见图 4-25）。因此笔者反复提醒大家：“‘势’不改变，我们就不碰，这是铁律。我们没时间耗在这里面，因为我们只是行情的顺应者，而非改变者。”焦作万方、潮宏基、天翔环境、安通控股（ST 安通）、步步高、驰宏锌锗、长盈精密、银之杰、歌尔股份等一批个股都是连续阴跌十几个月以上的个股。乐视网 15 个月连跌，也走出了最长阴跌走势。

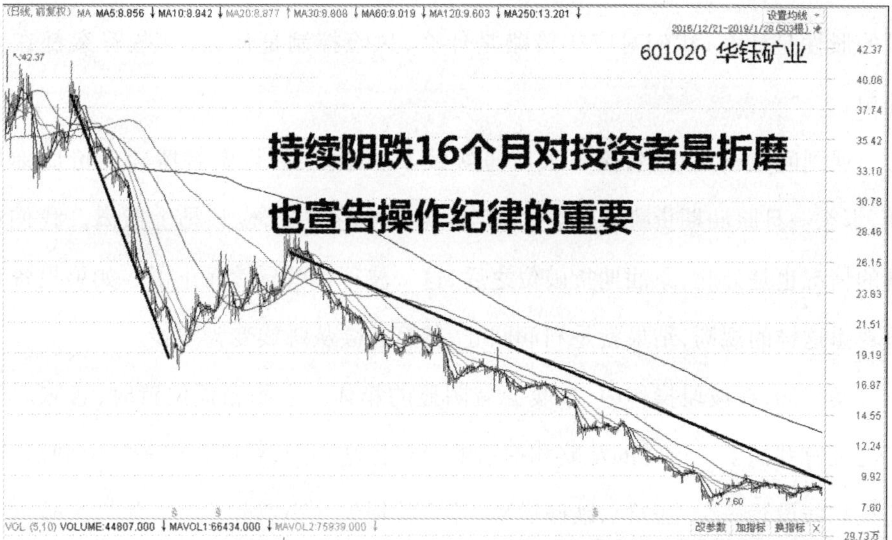

图 4-25 华钰矿业 2017—2018 年走势

操作的底气来源于自己的功课。所谓做功课，是对自己的操作负责。比如次新股对短线操作的要求非常苛刻，如果不懂得次新股运行模式就贸然操作，并且盲目持股，一周内出现30%以上的亏损也是很常见的。所以碰到这样的投资者，笔者一定会严厉地劝住，避免风险失控，先让其熟悉次新股的相关模式，以及文章中介绍过的案例。当然，并不是所有人都能操作次新股的，即便有短线诱人的利益。

我们可以看到，2018年6月至9月，石油板块走出了一波行情。随着国际油价的反弹，这期间连中国石油都实现了突破。这就是自上而下分析行业获得的热点群，只要思路对了，就能挖掘出一批好股，并且成功率很高。与此同时，投资者也面临关键的难题：赚钱了，跑不跑？这就回到了最初的功课：为什么选择这样的板块，板块特点是什么，行业因素有哪些。再具体到个股，个股的股性是什么，我们对应的策略是什么，风险控制是什么，这些答案都在功课里。

遇到问题一一对照，接下来就是实践了。比如说，投资者博弈油价反弹周期，那么一旦原油期货跳水，这一博弈依据就不存在了，应该马上撤离。我们看到的情况也是如此，原油期货破位之后，这一波行情就戛然而止了。如果投资者不尊重这样的规则，结果就是利润回吐，甚至还会从赚钱变为赔钱。

类似的，在波段操作中，个股会有明显的箱体。来到箱顶位置时，意味着我们已经有利润了。这时的策略和追涨的策略完全不同，可以让出一部分利润，在短期均线设置一个止盈位，跌破撤离，那么就损失一小部分利润。如果未破这个止盈位，就一路持有。一旦突破箱顶，就能得到更大的利润。这是比较好的模式。最难受的是一些投资者在低位不敢买，在箱顶附近反而追涨，那才是进退失据。

实战操作的残酷与操作经验的积累

之前笔者介绍过一个真实的投资者案例:2017 年 9 月底,有投资者看到笔者的微博挖掘的通策医疗,随后在 24 元买入,但最后割肉离场。看通策医疗的走势,我们可以发现这位投资者赚钱的机会太多了,甚至要获得翻倍的利润都很轻松。要知道在 2018 年震荡市前 9 个月里,只剩下了 6 只翻倍股,这个比例非常低。所以能博弈到一只翻倍股,就算是非常好的收益了。

可能很多投资者未必了解笔者做了多少研究。通策医疗这个品种,笔者在 2017 年 9 月底之前就已经盯了一年多,知道它价格到达低位之后还继续横盘了 5 个多月,之后有了明显异动,笔者才在文章中展示出来。当时想着这样可以让很多投资者省事,但是由于投资者没有持续研究,没有经历其中的折磨周期,最终就出了很大的问题。一些投资者赚了一点就跑了,也有之前提到过的底部割肉的情况。其实,这种“是底不反弹”的筑底模式很常见,投资者只要经历过、感受过,铭记这种模式而非记住个股,就会有好的效果。

所以,我们不能剥夺投资者实践和感受市场走势的权利,要让投资者从头体会长线股从筑底到最终爆发的过程,只有经历过,才能成为自己的。外资能进行长线操作而国内机构却很少,甚至不能进行长线操作,是由于资金时限。投资者也同样如此,如果可以接受长线的考验就去做,不可以就不要做,还能选择短线和中线操作。

说到短线,基建板块的北新路桥和天然气板块的长春燃气(见图 4-26)也获得过不少投资者的关注,有很多投资者参与,其间也出现过很多的困惑。比如说,短线操作时如果个股出现调整,该怎么办?看均线还是看指标?其实都不是。短线操作靠的是“盘感”与逻辑,而“盘感”是投资者对资金、板块联动、个股运作模式等的综合感受。

对短线操作有个比喻："从桥上往桥下经过的卡车上跳，跳上去了就是成功了。"这说明其对操作要求很高。实际上，如果仔细研究北新路桥会发现，其持续放量涨停后只有两种模式——要么继续涨停，要么次日冲高回落派发，往往就是逃命阳线。这些总结都是靠实践经验积累起来的，并不是个人多有天赋。

综合来看：无论短线、中线、长线，都有自己固定的模式。长线的意义不是博弈最低点，也没有资金这样做，而是个股进入价值低估的某个区间后，大资金觉得可博弈了。巴菲特有他的模式，QFII 也有其自己的模式，接着就是付出时间去陪伴优势企业成长的左侧布局。如果投资者天天盯着股价想着低点博弈，那么一定会比个股先"疯"了。

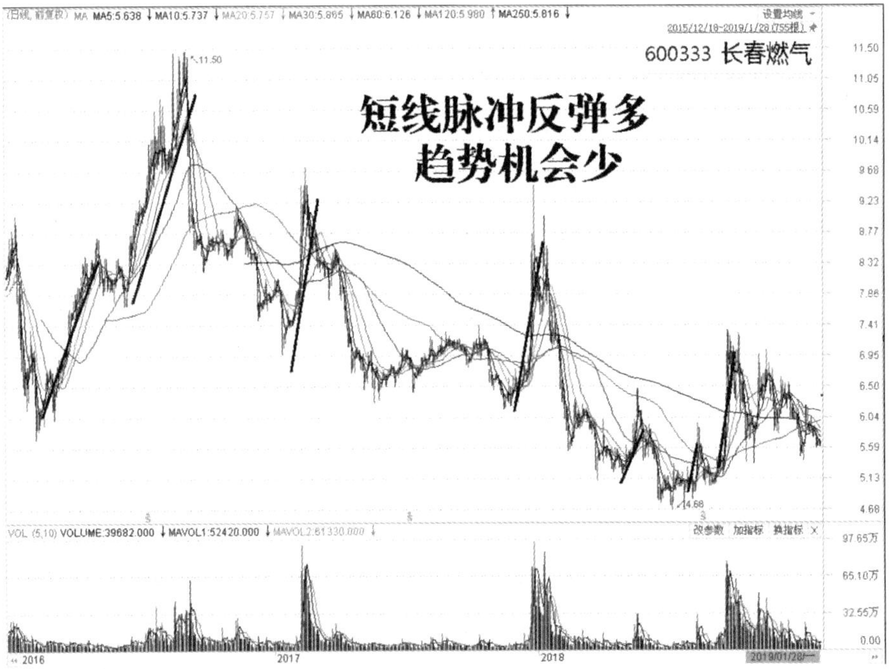

图 4-26　长春燃气 2016—2018 年走势

同样,长春燃气是什么股?很明确,是短线股,那么就不存在所谓的左侧交易,只有等待资金风口来了,高换手推高股价,投资者跟随做一波,才有机会。有投资者又会问:“如何知道要启动?”其实也很简单,每只个股有各自的指标,只要你研究该股在历史属性中启动位置的换手率,再将其平均一下,就有答案了。这就是短线操作中对个股的熟悉和功课储备。

综合来看,操作得多,思考少,按照正确模式实践得少,就很容易出问题。不断积累正确模式的感觉,是接近成功的重要一步。最难受的时候,就是离成功最近的时候。

操作中的感悟与成长

想要成长,就要先学会负责,承担操作成败和抉择的责任。有了责任,才会有发现,才会有“问题—痛苦—转化—成长”的循环。在股市中,并不是说待的时间久了就有经验,如果投资者不断地操作却没有反思和总结,尤其是没有按照市场的发展进行改变,那么徒增了年龄,而没有增长操作经验和技能。

我们每一次操作时,都在面临抉择,操作没有完美的、无任何风险的,只有对风险收益比的抉择。低位就敢博弈了?中位就没风险了?高位就没有机会了?唯一不变的是,没有研究就没有选择,没有选择就没有责任,没有责任就无法提高。

不学会自己做决定、承担责任,怎么可能成长呢?谨慎是一种优点,而勇敢是另一种优点。文字留在这里,有一天投资者经历多了,自然就会顿悟这段话了。

鱼刺行情留给别人

不少投资者问笔者:“你是如何在 2017 年 10 月判断赣锋锂业见顶并撤离,而且随后一年里都不让投资者去碰该股的?”在走势方面,该股的确一路下行,甚至跌回起点,将 3 倍的涨幅直接回吐了。也有投资者问:“你是如何能在 2018 年 7 月初提醒风华高科、鲁抗医药等个股的炒作见顶的?”

其实,这里面有一个主导思想:做个股,不将整条鱼①都吃下去,那么一旦资金风口过去,个股又大涨过了,剩下的就只有跌和各种利空,没有操作价值了。同一只个股,哪怕是同一个价位,在不同周期的趋势不同,市场热点逻辑不同,那么操作也不同。在无法把握个股走势,且相关机会点已在股价上体现后,要学会将鱼刺行情留给其他人,容许其他人赚钱,或者说,可以宽容自己不卖在最高点。

实际上,2018 年 7 月下旬鲁抗医药在那一波几次探底后又有新高,8 月跳水后还有一波拉升(见图 4-27)。但作为投资者,我们要知道这时的操作难度已经非常大了,大幅波动下是很难操作的。所以可以将鱼刺留给别人,直接结束操作,哪怕其随后有新高,也和自己没有关系了。只有这样,才能避免很多风险。

投资者总是不能容忍自己踏空,哪怕是一个很小的局部涨幅都想拿到,结果却往往付出了深套的代价。有所为而有所不为,才能有好的收益。

操作的底气源于厚积薄发

不少投资者被震荡市行情的波段所折磨,持股怕调整,持币怕踏空,感觉涨跌都不适应,总是如坐针毡。要做波段,就要敢于高抛和低吸,但不少投资者大

---

① “整条鱼”是指从最低点反弹到最高点的整个行情。

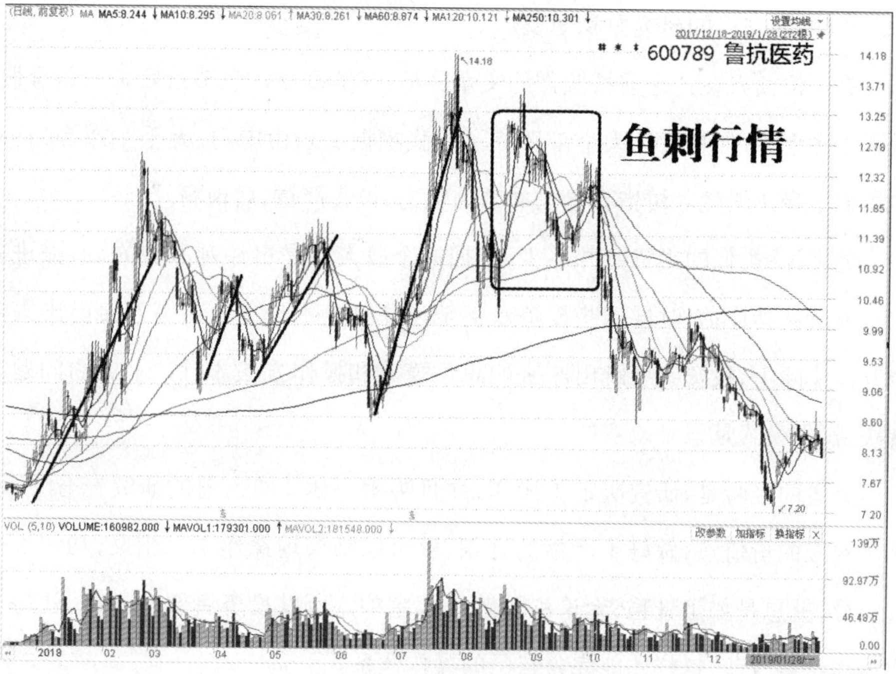

图 4-27 鲁抗医药 2018 年走势

呼“受不了”。

其实之所以如此,归根结底在于投资者没有做好研究。这个研究的对象不仅是个股,还有市场、资金、热点、行业、趋势、板块这一系列因素。做好了研究,投资者自然就会非常有底气,操作时果断、自信。

很多时候,投资者的心惊胆战源于买卖的失据——没有任何的依据,也没有研究,拍脑门就买了,拍脑门就又卖了。有投资者羡慕说:“你之前挖掘的通策医疗、士兰微等,走势都不错啊。”但实际上,这些个股一路过来经历的洗盘、调整也不少,很多时候洗盘非常凶狠。如果没有足够的研究支撑,稍有下跌就嗷嗷叫,投资者怎么可能等到最后的利润累积呢？所以操作的底气和勇气，不是来自别人，只能依靠自己的研究厚积薄发。

有一位读者说："之前按照你的文章分析，在美联储加息节点后买入黄金股，赚了十多个点，但是这几天全部败完了。我挖掘了乐山电力、大丁生态等，看到你挖掘了贵州燃气。可惜自己去补乐山电力，被套严重，后悔啊。"

笔者评：类似的投资者并不少，挖掘的个股大多是事件刺激型的，追涨进去很容易就被套住；有时候这些投资者甚至还怀疑是不是主力在等着自己出去才拉升。实际上，投资者要跳出原来的思维模式和操作方法才行。上层的问题不解决，操作模式是很难改变的。

笔者的经验是，研究决定了操作，并且买卖一体。买入前的研究充分了，找到了对应的价值点，做好了严格的计划，就可以踏实地操作了。相反，功课没研究充分，就总是如坐针毡，无论涨了跌了都害怕。所以投资者要多总结，让每一次操作都有收获，这样才能完善自己的操作体系。

自己的功课，才能成就自己的财富

有网友说："市场热点太多了，次新股、两会股、中长线股、中小盘成长股、年报股。虽然走势都不错，但有时候不知道哪个利润更多。能不能就说一个热点，让大家一起做？"

也有网友说："我看好了热点，但是拿不住啊。2016 年年底时觉得 300ETF 风险不大，指数总体应该是向上的。但是嫌它涨得慢，拿不住。结果它 1 年后涨了近 50%，比我自己操作还高。"

笔者答：投资者之所以纠结，是因为不知道自己的能力圈。不同类型的热点，适合不同风格的投资者，不能所有投资者都投同一个热点。正所谓彼之蜜糖，汝之砒霜，只有适合自己的才是对的。而且投资者必须明白，一定要保持独立思考，才能在股市中生存。别人可以挖掘、研究,但最终还得靠投资者自己消化。就像可以别人做饭、喂饭,但是嚼和咽就必须靠自己了,任何人都替代不了。如果投资者自身没有方向,那么来自哪方面的风都不是顺风。做好研究为自己所用,才是正道。

还有一些投资者谈到了自己操作时的困惑:“看到你文章挖掘的金股,感觉不错,但我就是拿不住,沉不住气。2017 年就好几次倒在了黎明前:皮阿诺涨停前一天卖出,结果皮阿诺翻倍;通策医疗也是卖出就涨停;贵州燃气想了想没敢买,结果它又是连续大涨,两周就翻倍了;近期看到华夏幸福不错,一犹豫结果它涨停了。唉,错过太多了。”

一些投资者说:“你给我一些信心吧。涨了我不敢拿,跌了又怕破位。你如果认同个股,起码会给我几分信心。”还有一些投资者说:“你在 2018 年第一篇文章中写的中长线年报增长股真是不错,但我一开始看着它们跌,没敢买,后来涨了才买。昨天抛了,结果今天又涨了,都不知道怎么办了。”

笔者答:“给你信心是没用的,到时候做决定的还是你自己。只有自己的研究,才是自信的来源。否则所有的研究、积累都还是我的,而不是你的。信心不是别人给的,而是自己在实践中积累的。世界冠军的信心是怎么来的?还不是一点点积累起来的?”

所以当我们发现问题后,就回到原点,回到自己最有把握的模式中,这样就很容易走出困境了。千万不要每次都从零做起,推倒重来。针对操作尝试做计划,同时适当减少操作频率,因为操作多了,自然犯错也会多,得不偿失。能否持股,最关键的还是靠事先的研究,只有研究充分,明确了价值点,才能享受增值的收益。不努力研究和消化,财富永远都是别人的,而不是自己的。

投资者初期能力不够,那就踏踏实实做一只个股。例如,当升科技靠波段走势,连续 5 年跑赢指数;民和股份从股价角度看,可能一年下来又回到起点,但在 2018 年有过 5 次大波段。如果就做好这些,不看别的个股,一年下来想不赚钱都难。所以就看用心了没有，功课做了没有。

实战操作需要熟悉个股的股性及资金特点，盯盘后要理解资金模式。这些就是研究的意义。这和很多投资者总想着的静态指标是完全不同的。有些投资者总是幻想某某个股跌了多少，或者到哪里就必然涨，这怎么可能？市场是动态的，每次行情都不同，做波段就要先熟悉其趋势的特点，顺着去把握，这样才有意义。

比如富春股份，历次行情都是三波后结束。熟悉这样的股性后，再做行情就舒服了。美股中的个股有几千种，而笔者只做哔哩哔哩，反复做波段，每次获利30％，其余品种太复杂，并且精力不够也研究不过来，这样做照样赚钱。所以没必要看别人如何，在自己感兴趣的方向上一路做下去，积累经验，最后想不成功都难。不管其他人操作什么，专心做自己的，能力提高了再做别的，就是这么简单。很多时候是诱惑太多了，导致我们看这个看那个，最终总是浮在表面，无法真正踏实做事，也就无法成功。

结 语

到了本书的结尾，每逢这个时候，都有些依依不舍。

一只站在树上的鸟儿，从来不会害怕树枝断裂，因为它相信的不是树枝，而是自己的翅膀。作为投资者，与其担心未来，不如努力现在。成功的路上，只有奋斗才能给自己安全感。不要轻易把梦想寄托在某个人身上，也不要太在乎身旁的耳语，因为未来是你自己的，只有自己能给自己最大的安全感。

写这本书，对我来说是一个挑战，不是不知道如何写，而是没有时间。是的，交易日要看盘，还要照顾老人、辅导孩子功课；开通了微博 V+会员，有几千人等着我每天交流；自己还要学习，两周看一本书。哪来的时间写书呢？拖延了很久，有时候写了觉得不满意，又重写。有时候，懒得去整理。

但我最终克服了拖延，完成了这本书，对我来说这是一个奇迹。如何做到的？其实就是坚持去做而已。我们没别人智商高，就不能没别人起得早；起得晚还要睡午觉，睡午觉还久睡不起，睡着了还惦记着今天好好玩，明天开始努力。

有时候最怕的不是在路上慢别人几拍，而是连奋起直追的心都没有。既然知道路远，那就从现在开始早点出发吧。写过了基础篇，接下来是进阶篇，我将进一步分析股市生存技能，提高自己。让我们在下一本书中继续研究。